李天相 著

中国环境软法治理机制研究

知识产权出版社
全国百佳图书出版单位
—北京—

图书在版编目（CIP）数据

中国环境软法治理机制研究 / 李天相著 . -- 北京：知识产权出版社，2025.8.
ISBN 978-7-5130-9678-2

Ⅰ . D922.684

中国国家版本馆 CIP 数据核字第 2025UH7755 号

策划编辑：庞从容	责任校对：潘凤越
责任编辑：赵利肖	责任印制：孙婷婷

中国环境软法治理机制研究

李天相　著

出版发行：知识产权出版社 有限责任公司	网　址：http://www.ipph.cn
社　址：北京市海淀区气象路 50 号院	邮　编：100081
责编电话：010-82000860 转 8725	责编邮箱：2395134928@qq.com
发行电话：010-82000860 转 8101/8102	发行传真：010-82000893/82005070/82000270
印　刷：北京建宏印刷有限公司	经　销：新华书店、各大网上书店及相关专业书店
开　本：710mm×1000mm 1/16	印　张：13
版　次：2025 年 8 月第 1 版	印　次：2025 年 8 月第 1 次印刷
字　数：226 千字	定　价：78.00 元
ISBN 978-7-5130-9678-2	

出版权专有　侵权必究

如有印装质量问题，本社负责调换。

序

虽然我国公法学意义上的软法概念受到来自多方面的质疑,但环境软法在我国生态环境治理领域的广泛存在却是不争的事实。然而,学界对这一问题的研究并不多。天相博士作为吉林白城生人,在吉林大学法学院取得博士学位以后,来到东海之滨的厦大白城,作为我的合作博士后以"中国环境软法治理机制"为选题开展研究工作。他选择走上"环境软法"这一人迹罕至的小路,前路绝非坦途,是需要一定学术勇气的。但值得欣慰的是,经过多年潜心学术的深耕细作,天相博士的这项研究终于果硕花红、行将付梓。他请我为之作序,我欣然应允。

从我国环境法的发展历程来看,以守法、激励为重心的第二代环境法已经成为我国当今环境法学研究的重要阵地。在这方面,生态环境保护公共政策、环境法律法规中的弹性条款、市民环境公约等林林总总的软法规范均发挥着不同程度的作用。环境软法治理机制在我国生态文明建设中的独特作用已无法为环境法学界所忽视。但是,当前对于软法的研究多是在公法学或国际法学语境下进行的,以"环境软法"为对象进行的专门研究尚付阙如。

生态环境问题的特殊性使得环境法的目的和任务迥异于传统法律领域,也使得环境软法具有不同于其他领域软法的理论特点和实践需求。软法的一般理论难以解答我国法治实践中对环境软法治理机制的诸多疑问,尤其是环境软法治理机制"为何有效"、"有何效果"以及"如何有效"等理论命题。

天相博士在《中国环境软法治理机制研究》一书中运用了以协调与融合为核心的环境法学方法论,围绕软法理论与环境法学理论,协调二者之间相互冲突的方面、融合二者之间相互一致的方面，并从"治理机制"的意义上对环境软法的运行机理和制度构建加以深入剖析。

具体而言，一方面，本书从生态环境公共治理的整体逻辑出发，探讨环境软法治理机制的概念、兴起过程和意义、运作机理、基本功能及软硬法协同治理等一系列问题；另一方面，立足当今中国社会存在的环境软法规范，探讨中国环境软法治理机制的两种主要类型及其代表性软法规范，包括以环境行政处罚裁量基准为代表的行政主体行为的环境软法治理机制和以市民环境公约为代表的社会主体行为的环境软法治理机制。

中国环境软法治理机制既是一种治理机制，也是一种治理方式，更是一种治理思维和策略。它代表着对以政府监管为主的传统生态环境法治思维的突破，以及对新时期绿色生产方式和生活方式的法治形塑。诚然，强力行政管制往往能够在短期内实现生态环境质量的提高，但在风险社会下，人人自觉主动保护生态环境才是生态环境治理的理想状态和最终期待。同时，环境软法治理机制对人们价值观念的引导，代表着环境法对人文关怀的拥抱。这对充满技术理性的环境法来说是弥足珍贵的。从这一角度来说，环境软法治理机制具有制度建构层面的意义。

中国环境软法治理机制作为健全生态环境治理体系的一个重要选项，回应了国家生态环境治理体系和治理能力现代化的现实需求，有助于解决中国式现代化进程中的生态环境法治难题，是具有中国智慧的中国方案。生态环境治理与社会治理在法治的语境下融合，碰撞出了精彩的火花。在这簇火花中，一种"软硬"兼备、刚柔并济的生态环境治理模式应运而生。在环境软法与环境硬法的相互协同中，我国环境法律体系将在更深层次上实现严密化和科学化，人与自然和谐共生的美丽中国新画卷正在徐徐展开。

2024年9月于厦大白城海滨

目 录

绪 论·001

总 论

第一章 中国环境软法治理机制的本体解析·013

第一节 软 法 / 013

第二节 环境软法 / 016

第三节 中国环境软法治理机制 / 020

第二章 中国环境软法治理机制的兴起和意义·022

第一节 中国环境软法治理机制的兴起 / 022

第二节 中国环境软法治理机制的现实意义 / 027

第三章 中国环境软法治理机制的运作机理·031

第一节 中国环境软法治理机制的效力基础 / 031

第二节 中国环境软法治理机制的规制策略 / 039

第四章　中国环境软法治理机制的基本功能·043

第一节　生态环境治理功能 / 043

第二节　社会治理功能 / 045

第三节　中国环境软法治理机制功能预期的厘定
　　　　——基于两方面功能的协调与融合 / 047

第五章　中国环境多元规范体系下的软硬法协同治理·052

第一节　中国环境多元规范体系的形成和特点 / 052

第二节　环境软法的地位和任务及其与硬法的协同 / 055

第三节　法律规范中的环境软硬法协同
　　　　——以《循环经济促进法》为例 / 057

第四节　基层实践中的环境软硬法协同
　　　　——以社区生活垃圾分类为例 / 067

分　论

第六章　中国环境软法治理机制的两大类型及其代表性软法规范·085

第一节　中国环境软法治理机制的类型划分 / 085

第二节　中国环境软法治理机制两种类型的代表性软法规范 / 086

第七章　行政主体行为的环境软法治理机制
　　　　——以环境行政处罚裁量基准为代表·088

第一节　行政处罚裁量基准的兴起及其软法性质 / 088

第二节　环境行政处罚裁量基准对行政自制的促进机理 / 097

第三节　环境行政处罚裁量基准的软法生成路径 / 105

第四节　环境行政处罚裁量基准的柔性规制内容 / 108

第五节　环境行政处罚裁量基准的灵活适用规则 / 113

第八章　社会主体行为的环境软法治理机制
　　——以市民环境公约为代表 · 124

第一节　硬法在城市生态环境治理中的局限性 / 124

第二节　市民公约：城市生态环境治理需求的软法回应 / 129

第三节　市民环境公约的正当性 / 132

第四节　市民公约在城市生态环境治理中的作用 / 137

第五节　市民环境公约的实效评估 / 139

第六节　市民环境公约规范内容的规范化建构 / 169

第七节　市民环境公约生成程序的规范化建构 / 173

结　语 · 178

参考文献 · 180

绪　论

一、研究背景和意义

（一）研究背景

社会治理制度的建设是全面推进依法治国的重要一环。在环境保护方面，更是强调要"全民共治"，"构建政府为主导、企业为主体、社会组织和公众共同参与的环境治理体系"。这使得环境保护与社会治理有机联系起来，从单纯地依靠国家"命令－控制"式的环境管理，逐渐向以激励、协商、行业自律、公众参与等为特征的环境治理转变。这不仅体现了管理手段的多样化和治理主体的多元化，也表明国家环境保护工作的重心开始由末端治理向全过程控制转变，环境保护策略开始由"堵"向"疏"转变。[1] 这种转变可以说是当前及今后一段时间国家环境治理模式的发展方向。在这一过程中，以社区自治与多元共治为代表的社会治理理念开始在环境法领域得到广泛的探讨。[2]

从环境法的发展历程来看，早期环境法集中于末端治理，单纯依靠国家"命令－控制"式的环境管理，以硬法为主要手段，强调对受损环境利益的救济及对破坏环境资源行为的惩戒。[3] 在20世纪六七十年代，现代意义上的环境法产生以后，公民环境权利与环境保护的公众参与逐渐得到强调，这一时期产生了环境公共信托等重要的环境保护理念。[4] 20世纪90年代，在

---

[1] 参见郭红燕：《加快建立健全环境治理全民行动体系》，载《环境》2020年第4期。
[2] 参见秦天宝、段帷帷：《多元共治助推环境治理体系现代化》，载《世界环境》2016年第3期。
[3] 参见刘伟明：《环境污染的治理路径与可持续增长："末端治理"还是"源头控制"？》，载《经济评论》2014年第6期。
[4] 参见吴真：《公共信托原则研究》，吉林大学2006年博士学位论文。

美国"明智利用"等反环保主义思潮影响下，世界环境保护运动进入了低潮期。[1] 我国以1989年《环境保护法》的正式出台为标志，环境法律体系日益健全。尤其是在党的十八大以后，党中央以前所未有的力度推进生态环境保护工作，全党全国的生态环境保护意识不断增强。

随着我国生态环境保护事业的不断发展，我国所面临的环境污染和生态破坏问题也在发生着变化。改革开放初期，人们的物质生活水平相对较低，消费能力相对较弱，生产企业高污染、高排放的生产方式是造成我国生态环境问题的主要因素，政府监管部门生态环境保护意识淡薄、"唯GDP论"的政绩观是造成我国生态环境问题长期得不到根本治理的重要因素。但在当前时期，我国已经成为世界第二大经济体，社会主义市场经济不断健全和发展，人们的物质生活水平有了显著提高。可以说，我国的社会发展已经从"工业社会"进入了"风险社会"阶段。在这一阶段，生态环境保护全民参与的重要性不断提高。一方面，生活源污染所占比重逐年增加。随着城乡居民消费水平的不断提高，我国生活源污染问题逐渐凸显，多地深陷"垃圾围城"的困境。生活源污染减量化、再利用、资源化的需求日益突出，生活源污染所带来的环境恶果和生态危机日趋严峻。另一方面，人们参与生态环境保护的意愿逐渐增强。在人们的基本物质需求得到满足后，对良好生态环境的向往就成为普遍的追求，这在发达国家已被证明是一种普遍的社会规律。我国当前时期，人们的生态环境保护意识已经有所提高，人们关注生态环境保护、参与生态环境保护的热情日益高涨。法律应当为这种环境保护公众参与提供更加常态化、更加有效的渠道。这不仅能够提升国家生态环境治理效能、弥补政府独自进行生态环境保护的不足，而且能够提高公民对于生态环境保护的关注度，夯实环境法律法规的实施基础，赋予环境法更多的人文关怀。

在全面推进美丽中国建设、推进人与自然和谐共生的中国式现代化的新阶段，我国以管制为核心的生态环境法律体系已基本建立，对污染者的外部约束已经初具规模。但是，对环境保护内生动力的关注还相对不足，尤其是在社会公众参与环境保护方面。值得注意的是，以社区自治与多元共治为代表的社会治理理念已经开始在环境法领域得到广泛探讨。[2] 软法作为社会治

---

[1] 参见王雪琴：《美国反环境运动初探》，载《中国人口·资源与环境》2005年第4期。
[2] 参见秦天宝、段帷帷：《多元共治助推环境治理体系现代化》，载《世界环境》2016年第3期。

理的一种有效手段,具有丰富的功能以弥补硬法治理的不足。在环境治理中,软法的作用尤其重要。在我国环境法诞生之初,环境软法就已广泛存在。实际上,环境软法一直是我国环境管理的一种常用手段,其灵活性和有效性较为适合我国改革开放以后快速发展的社会经济情况。如果从规范层面为环境软法划定谱系结构,那么其大致可以分为法律法规中不具有法律后果的鼓励支持类条款、环境保护公共政策、民间环境自治规则和环境行业标准等。[1] 在新时期环境保护多元共治的背景下,这些环境软法治理手段具有了更加重要的地位和作用。环境治理的多元共治,强调治理主体的多元化、治理手段的多样化和治理对象的多维化。也就是说,在多元共治的视域下,环境治理不能仅仅依靠政府,而是要发动社会力量;不仅要运用国家强制力进行监管和惩治,而且要运用柔性手段促进环境友好型行为和环境治理目标的实现;不仅要在末端控制污染和生态破坏,还要采取预防为主的方案和策略。[2] 在这些方面,软法治理有助于协调公共利益与私人利益、环境利益与社会经济利益之间的关系,调整人与自然之间的关系。

(二) 研究意义

对中国环境软法治理机制的理论研究在我国尚较为少见。环境软法研究能够使人们突破长期以来形成的依赖国家强力管制的环境管理思维,从更加"社会化"的角度看待环境法——这一以社会利益为本位的法律。环境软法蕴含于我国传统环境管理中不被国家制定法所承认的规范和规则里,为环境法律的实施培育了良好的传统道德和社会习惯。从这一意义上来说,环境软法治理机制的制度建构作用并不亚于传统硬法治理机制。[3] 生态文明的法治保障,首先必须是规范的和谐。而规范的和谐,必然要求蕴含内生动力的环境软法和蕴含外部约束的环境硬法之间的协同。[4] 因此,本书的研究大致有如下意义:

第一,有助于推动生态环境治理重心向社区基层下移,提升社区生态环境治理能力和治理效能。"基层是一切工作的落脚点,社区治理的重心必须

---

[1] 参见吕忠梅主编:《环境法学概要》,法律出版社2016年版,第43页。
[2] 参见秦天宝:《法治视野下环境多元共治的功能定位》,载《环境与可持续发展》2019年第1期。
[3] 参见吕忠梅主编:《环境法学概要》,法律出版社2016年版,第17页。
[4] 参见梁剑兵、张新华:《软法的一般原理》,法律出版社2012年版,第5页。

落实到城乡、社区。"[1]我国生态环境法律制度长期以来的关注重点在于国家层面的生态环境治理活动，但对不同地区生态环境治理的特殊需求关注不足。而社区基层的生态环境治理活动具有其特殊性。环境软法具有很强的社会性，是生态环境治理和社会治理的法治结合点。本书认为，社区生态环境治理与社会治理之间具有紧密联系，社区基层层面上的生态环境治理体系与社区治理体系之间也具有这种紧密联系。本书欲将市民环境公约这种具有代表性的环境软法治理机制实践经验提炼为理论模式，为我国社区生态环境治理贡献具有中国智慧的中国方案。

第二，为生态环境治理中外部约束与内生动力之间的协同描绘了一幅可行的法治图景。外部约束和内生动力在生态环境治理中具有辩证的关系。一方面，二者缺一不可、互为补充。缺少内生动力的外部约束往往会变为一种国家强制。如果生产者遵守环境法律的原因仅仅在于对法律后果的畏惧，而并没有转变自身生产方式的动力，那么监管者权力寻租、被监管者逃避监管是随之而来的问题；如果生产者认同生态环境理念、转变生产方式，那么这会形成一种内生动力，促进环境法律的实施和发展。另一方面，二者存在一定的差异性。我国法律体系长期以来以外部约束为主要手段。如何能够在约束社会主体行为的同时，增强社会主体保护生态环境的内生动力？这是一个值得研究的课题。而环境软法具有柔性治理的特点，能够有效弥补环境硬法的不足，有助于实现生态环境治理目标，是处理外部约束和内生动力之间关系的一个可行答案。

第三，有助于解决社会公众在现代环境治理体系中的参与途径问题，从而缓解我国所面临的日益严峻的生活源污染状况，推动建立环境治理全民行动体系，在全社会形成一种绿色低碳、保护环境的良好社会风尚和社会秩序。就市域生态环境治理中的全民行动项目而言，较为突出的是生活垃圾分类、生态环境分区管控以及"双碳"目标下的绿色低碳生活。通过环境软法对公民生态环境保护行为进行规范，能够促进公众生活垃圾分类投放行为的规范化以实现生活垃圾分类治理目标，推动市域范围内分区域差异化行为管控以实现生态环境分区管控治理目标，以及增强公众绿色消费、绿色出行意识以促进"双碳"目标的实现。本书所着力研究的环境软法治理机制，不仅

---

[1] 中共中央党史和文献研究院编：《习近平关于基层治理论述摘编》，中央文献出版社2023年版，第4页。

是我国实践经验的系统总结，而且考虑到我国各省份的实际情况，具有进一步推广的可行性。环境软法作为一种社会规范，具有独特的治理功能，这使得本书的研究意义和价值不局限于法学领域。环境软法治理机制的实施，不仅有利于促进社会公众对环境法律法规的认识和遵守，而且能够在全社会建立起一种绿色低碳、保护生态环境的良好社会风尚和社会秩序，这反过来也能为环境硬法的实施提供持续的动力支持。

第四，有助于深化对"人与自然和谐共生的中国式现代化"的理论认识。中国式现代化是人与自然和谐共生的现代化。这里的"人"，当然包括我们每一个人。如何实现人与自然和谐共生，如何用法的手段保障和推进人与自然和谐共生？环境软法为我们提供了一个不同以往的答案。这一答案使我们能够有机会重新审视我国长期以来的环境法律措施，重新权衡长期以来社会主体在生态环境保护中的角色定位，重新思考生态环境治理与社会治理之间的关系。而这归根结底，是我们应如何看待"人与自然"的关系，以及如何看待"和谐共生"的命题。

总之，本书对中国环境软法治理机制的理论研究具有较高的学术价值和实践价值，它不仅是对我国生态环境治理和社会治理经验的理论总结，而且能够为我国生态环境法律治理的未来发展提供一个可能的答案。

二、研究综述

国外学者对软法现象的关注，最早可追溯至20世纪上半叶。而软法获得广泛研讨主要是在20世纪70年代以后。国外对软法的研讨，主要集中于宪法学和国际法学领域。宪法学学者认识到了不成文宪法规范的重要地位[1]；国际法学学者则关注非正式协定、案例等软法的作用[2]。

从软法的研究背景来看，国外学者普遍将软法与公共治理理念相联系，在社会秩序实现方式"从管理到治理"的发展趋势下探讨软法的问题。他们认为，软法的形成主体是多元的，从管理向治理的转变过程也是治理主体分散化的过程，即形成一种分散化的公共治理结构[3]。

就软法的本体论来讲，宪法学学者对此较为重视，认为软法是立法机构

---

[1] 参见方世荣：《论公法领域中"软法"实施的资源保障》，载《法商研究》2013年第3期。
[2] 参见何志鹏、申天娇：《国际软法在全球治理中的效力探究》，载《学术月刊》2021年第1期。
[3] 参见姜明安：《完善软法机制，推进社会公共治理创新》，载《中国法学》2010年第5期。

没有遵循合宪性程序和其他正式程序而颁布的规则，该规则因缺少必要程序而无法定拘束力。[1] 在国际法研究领域，软法也受到一定的关注。有学者认为，软法是指在没有法律拘束力的国际文件中，实质上具有某种拘束力，或者正在超越单纯的事实或道德、政治层面的拘束而成为硬法的那些规则。[2] 就其形式而言，学者们认为它介于一般性的政策宣示和立法之间。就其功能来说，软法的多样性、灵活性、不断变动性使其能够在很大程度上起到补充硬法的作用，并增强参与主体，特别是被硬法所忽略的那部分主体的意识。在效力和拘束力方面，一般认为，软法通常不具有硬法那样的法律约束力，不能由法院强制执行。在软法与硬法的关系方面，认为两种法主要在规范或者调整社会关系上具有功能分工与合作关系。[3] 有的学者认为软法是一个概括性的词语，被用于指称许多法现象，这些法现象有一个共同特征，就是作为一种事实上存在的可以有效约束人们行动的行为规则，而这些行为规则的实施总体上不直接依赖于国家强制力的保障。[4] 学界更多的是在与硬法的比较中来探讨软法的相关理论问题。如在与硬法的比较中，总结出其特征有：软法创制的渠道是多元的；软法通过个人、组织的自我约束和相互约束以及舆论约束和利益机制实现规范人们行为、调整社会关系的作用；软法的法源既可以是法律文件，也可以是社会组织或团体的章程、村规民约及政治惯例、社会惯例等；软法既可以是静态的法规范，也可以是动态的公共治理方式、治理手段；软法既具有相对的普遍性，又兼顾一定时间、地点、对象的特殊性，注重在保证形式正义的同时最大限度地保障实质正义。[5] 这些研究成果为软法研究奠定了基础。

在环境软法方面，则研究成果较少，很多学者着重于探讨软法对于环境治理的重要意义。有学者认为：可以通过各种环保组织的规则，补充硬法对人与自然关系的调整；通过各种人类共同体的规则，补充硬法规范人对动物、植物、海洋、太空等外部世界行为的不足和缺陷；通过软法的制定和实

---

[1] 参见黄茂钦：《论基本公共服务均等化的软法之治——以"治理"维度为研究视角》，载《现代法学》2015年第6期。
[2] 参见刘云亮：《经济法的软法形式、理性与治理》，载《南京社会科学》2018年第4期。
[3] 参见黄茂钦：《论产业发展的软法之治》，载《法商研究》2016年第5期。
[4] 参见毕雁英：《软法：社会治理机制进化的结果》，载《人民法治》2018年第17期。
[5] 参见罗豪才、宋功德：《认真对待软法——公域软法的一般理论及其中国实践》，载《中国法学》2006年第2期。

施,不断增强人们的环境和生态意识。[1] 也有一些学者关注到环境软法对行政裁量权的控制。环境行政管理是环境治理的一个重要面向,而环境行政处罚裁量权的控制具有不同于传统行政法中相关问题的特殊要求,如对于预防和公众参与的要求等,但在这些方面,软法具有重要作用。[2]

总的来看,学界对软法及其治理模式已经有了较为广泛的研究,对软法的概念、特征、功能等基本理论研究得较为详尽。但是,对于软法在环境治理中的运用,学界研究仍处于简单套用软法一般理论的阶段,尚缺少因应环境问题及环境治理的特殊性而对软法理论提出改良和修正的探索,难以对在环境法实践中被广泛运用的软法治理手段进行理论指导。

本书相对于学界此前研究成果,主要创新点和研究重点在于,并不关注软法本体论的研讨,而是以实用主义的进路研究在环境治理中软法发挥其应有功能的途径,并将之作为治理机制来探讨。

三、研究思路

在以协调与融合为核心的环境法学方法论视域下,环境法运行中存在着各种独立的价值,它们之间存在着竞争与一致。一方面,我们需要使用一定的方法,根据一定的标准和原则,在认识到这些价值的正当性的前提下,协调它们之间的冲突;另一方面,在一定的制度条件下,我们可以在一定程度上融合这些价值相互一致的方面,使其达到一种共赢的状态。[3] 而环境法,从本质上讲,就是通过这一协调和融合过程,完成对人类环境活动自我设限的任务。从这个意义上讲,环境法实际上是参与了人类环境活动的建构过程。

首先,本书并不止步于对环境软法"文本本身"的研究,而着眼于其在治理机制意义上的运行全过程,具有鲜明的"实践导向"。以协调与融合为核心的环境法学方法论不仅是以协调与融合不同价值的理论解释环境立法行为,也是以此预测和评估环境法在实践中的实际效果。本书的实践导向体现为:其一,本书的选题来源于实践。环境软法是实践先行的产物,在缺少完

---

[1] 参见姜明安:《软法的兴起与软法之治》,载《中国法学》2006年第2期。
[2] 参见刘友宾:《推动公众参与生态环境社会治理 促进生态环境治理体系和治理能力现代化》,载《环境与可持续发展》2020年第1期。
[3] 参见吴真、李天相:《以协调与融合为核心的环境法学方法论初探》,载《法学杂志》2017年第7期。

备理论支撑的情况下，在实践中长期地发展。本书并非旨在论证软法概念的合理性和必要性，而是探讨在我国当前的制度环境下，即环境软法规范大量存在的背景下，如何进一步实现这一治理机制的规范化与合理化。因此，本选题来源于社会现实经验，旨在提出模式化的理论，并最终作用于实践，选题本身即具有鲜明的实践导向。其二，本书的研究路径遵循环境软法治理机制法律实践的过程。如果在较为宽泛的意义上使用"立法论"一词，使之涵盖所有对规则制定的合理性的探讨，那么本书对于环境软法治理机制的探讨在很大程度上属于立法论的范畴。其三，本书关注与法律互相影响的社会事实。以协调与融合为核心的环境法学方法论指出，事实判断与价值判断之间并无不可逾越之鸿沟，在一定的前提和条件下，对于特定事物的事实判断可以推导出正确的价值判断。本书对环境软法治理机制进行的相关价值判断，遵循了这一法学方法论的原理，研究环境软法在发挥其功能过程中的客观环境，以及相对具体的环境软法治理机制对自然环境因素和社会经济因素的平衡。通过上述研究，在经过一定的推导过程后，得出正确的关于环境软法治理机制的价值判断。总之，本书的研究视角具有鲜明的实践导向，试图通过对法律实践问题的关注和研究，提出能够促进环境软法治理机制发挥其预期功能的理论框架。从这一意义上来说，这一研究视角使本书具有了浓厚的功能主义色彩。

其次，本书着眼于环境软法治理机制运行中的几个关键问题，在这些问题上，都有必要因应环境问题的特殊性而对现有软法理论进行改良和修正。本书对于环境软法治理机制的研究主要从一般理论和具体机制两个层面的若干问题入手，这两个层面的若干问题贯穿了环境软法治理机制从理论证成到实践运行的全过程。以协调与融合为核心的环境法学方法论指出，在环境法的研究范畴内，普遍存在着不同价值之间的竞争和一致，其中特别涉及环境保护方面的价值。以价值相关性为判断标准，本书对各部分的研究对象进行了解构和分析，确定了其中有研究意义的相关价值，并试图引入环境保护的价值和理念，以期为这一制度建立理性基础。

最后，本书试图寻求软法理论与环境法学理论之间的接驳与互通。以协调与融合为核心的环境法学方法论要求，环境法学方法论不能与软法方法论"隔空相望"，环境法学方法论体现的应当是对传统法学方法论向环境保护领域的拓展。因此，环境法学理论与传统部门法学理论之间的沟通是其应有之义。此外，关于环境软法治理机制的研究，其主要涉及环境法学理论与软法治理理论之间的协调与融合,因此,应着眼于将环境法的特殊考量和理论视角融入一般意义上的软法治理机制理论模式。本书对于环境软法性质、基本功能、生成模式等方面的探讨,在相当程度上吸收了软法的理论成果,并着重研究这些理论成果在环境法领域的内涵和因应的转化。

四、内容框架

本书分为绪论、总论和分论三个部分,共八个章节。总论是对环境软法治理机制一般理论的研究,通过运用环境法原理改良和发展软法理论,从而形成符合生态环境治理特点的环境软法治理机制的理论模式。分论是立足于中国环境软法规范,对几类具有代表性的、能够体现环境软法对主体自治和共治的促进作用的治理机制进行具体的分析,在具体机制层面上探讨环境软法治理机制的运行及可能的优化路径。

"绪论"主要阐述本书的撰写脉络与核心问题。

第一章"中国环境软法治理机制的本体解析"是总论部分的第一个章节,主要是明确界定本书所使用的基本概念,包括软法、环境软法、中国环境软法治理机制。在循序渐进的概念解析中,最终明确中国环境软法治理机制的概念和范围,为本书的整体展开奠定基础。

第二章"中国环境软法治理机制的兴起和意义"回顾了中国环境软法治理机制的发展历程,初步回答了"为什么需要环境软法"的问题。具体包括中国环境软法治理机制的兴起和中国环境软法治理机制的现实意义。这部分研究既有助于进一步明确本书的研究背景,也使本书研究与当代中国生态环境法治的发展紧密结合。

第三章"中国环境软法治理机制的运作机理"是本书总论部分的重点内容。软法的效力基础与硬法存在很大区别,这也是软法能够脱离硬法而成为独树一帜的法概念的基础。环境软法治理机制也具有效力基础上的独特性。对中国环境软法治理机制而言,其规制策略具有明显的类型化特征,以主体的自治和共治为区分。对这两种规制策略的归纳总结,有助于回答"环境软法为什么有用"的问题。

第四章"中国环境软法治理机制的基本功能"主要是将软法理论对软法功能的理解改良运用于环境软法治理领域,从生态环境治理功能和社会治理功能两个角度来理解中国环境软法治理机制的基本功能。在此基础上,遵循以协调与融合为核心的环境法学方法论，将中国环境软法治理机制的功能预期界定为上述两方面功能的协调与融合。

第五章"中国环境多元规范体系下的软硬法协同治理"探讨了环境硬法与环境软法在治理机制层面的协同问题。硬法与软法的协同一直以来都是软法理论的一个重要命题，在中国环境软法治理机制研究中也不例外。环境硬法与环境软法的并存是必然的，二者能够形成一种混合法的治理模式，推动环境多元规范体系的发展。在法律规范层面，以循环经济法律法规中的软法条款为例，说明这些环境软法规范如何通过引导和激励实现企业主体自觉采用绿色化的生产方式。该章同时还阐释了环境软法对企业主体的几种激励模式，在碳达峰、碳中和目标下具有极强的现实意义。在基层实践层面，本部分主要通过社区生活垃圾分类这一中国环境软法治理机制的代表性治理活动，说明环境软法在社区层面是如何促进多元合作共治的。政府监管有其局限性，而环境软法治理机制不依赖国家强制力的特点，使其能够更好地激发社区自治的活力，在社区自治与政府主导的协调中，实现多元主体的合作共治。

第六章"中国环境软法治理机制的两大类型及其代表性软法规范"是分论部分的第一个章节，从功能主义立场出发，通过适当的标准将中国环境软法治理机制分为两大类型，分别对应行政主体和社会主体环境行为的软法治理机制。本书立足于实在法规范，为每种类型选取最具代表性的软法规范，以供深入研究。

第七章"行政主体行为的环境软法治理机制——以环境行政处罚裁量基准为代表"，即以环境行政处罚裁量基准为例，阐述说明环境软法如何促进实现行政主体对自身行为的自我治理。该章回顾了行政处罚裁量基准这一软法规范的兴起历程，阐释了这项环境软法规范对行政自制的促进机理，以及具有软法独特特点的生成路径、规制内容和适用规则。

第八章"社会主体行为的环境软法治理机制——以市民环境公约为代表"，即以市民环境公约这一典型软法规范为例，说明环境软法规范在促进实现社会公众主体自治方面的作用。该章系统地分析了市民环境公约的属性和正当性，设计调研方案对实践中市民环境公约的实施效果进行评估，在定位了实践难点的基础上，从规范内容和生成程序两个方面探讨了市民环境公约的规范化建构。

总 论

第一章 中国环境软法治理机制的本体解析

第一节 软　法

一、软法的概念

"软法"一词的起源及其在软法研究之前的含义已无从考证。就现代意义上的软法概念而言，最早是国际公法学中的概念，主要用来指称"非条约"协议。自20世纪80年代起，软法逐渐被用来指代欧盟治理中所产生的大量"没有'严格法'拘束力"的行为规则。[1] 21世纪后，软法概念常被用来解释政府角色的变迁，尤其是软法和公共治理的关系。

我们目前所谈及的软法概念，其核心特征在于与公共治理的互动关系。有的学者认为，软法"是行为规则，原则上没有'法拘束力'，但可能有实际效果"[2]。有的学者认为，软法是没有法的拘束力的行为规则，其并不靠强迫制裁来实施，但起草者却希望它能有一定程度的法意义。[3] 有的学者认为，软法是成文的行为规则，虽未被赋予法的拘束力，但可能有某种间接的"法效果"，它旨在产生或可能产生实施效果。[4] 有的学者认为，软法的拘束力比政策宣告更强，但比严格法要小。[5] 有的学者认为，软法是在私域内确立和实施的混杂交织的行为规则。[6] 有的学者从义务、明确

---

[1] 参见姜明安：《软法的兴起与软法之治》，载《中国法学》2006年第2期。
[2] 周佑勇：《在软法与硬法之间：裁量基准效力的法理定位》，载《法学论坛》2009年第4期。
[3] 参见何志鹏、尚杰：《中国软法研究：成就与问题》，载《河北法学》2014年第12期。
[4] 参见程信和：《硬法、软法与经济法》，载《甘肃社会科学》2007年第4期。
[5] 参见王申：《软法产生的社会文化根源及其启示》，载《法商研究》2006年第6期。
[6] 参见沈岿：《软法概念之正当性新辨——以法律沟通论为诠释依据》，载《法商研究》2014年第1期。

性、授权者三个方面的强弱程度区分软法和硬法,即硬法的这三种特征皆被最大化,但若某规范的三种特征被弱化,或者其中的一项或多项缺失,则此规范便是软法。[1] 有的学者认为,软法的一致性不足、义务性规定欠缺,不可被法院用作裁判的根据,无制裁或/和强制实施者。[2] 有的学者认为,软法是对国家或行业具有事实约束力的规范,但并不必然能被法院强制实施。这些观点提到的"法的拘束力",是指硬法或严格意义上的国家立法所具有的,以公权来保障其实施的强迫力量。[3]

以上诸观点具有一定的共同之处,也表达出了学界对软法概念的共识,即软法是不具有硬法的拘束力,但意图产生且事实上也能产生一定法效果的成文行为规则。

二、软法的性质

软法的基本定义决定了其性质或者法律属性。软法并非国家制定的法律规范,不具有国家强制力。其通常由公民自行约定或公共管理主体制定,具有社会约束力。在法学研究中,这类规范被归为社会规范。有的学者将此类社会规范归为"软法"范畴,与国家制定法这种典型的"硬法"相区别。[4]

第一,软法的产生背景是国家单向度管制向合作型治理转变。20世纪末,世界各国一元化权威垄断的政治结构逐渐衰落,权威逐渐向多元化、网格化、分散化发展。在这一过程中,民间力量或者社会力量得到增长。与此同时,社会公众的责任感也越发强烈。在这些因素的影响下,世界各国开始了国家单向度管制向合作型治理的转变。我国从党的十八届五中全会以来也强调"打造共建共治共享的社会治理格局",并将相关内容写入党的十九大、二十大报告。在这一背景下,国家制定法的作用逐渐明晰,而软法的作用愈加凸显。

第二,软法是一种行为准则。法是一种规范性规则,如果进一步按照内容来区分,则可以分为行为规则和裁判规则。而软法的内容是指引或约束主体采取某种行为。就此而言,其是具有规范作用的行为规则。有一些软法中

---

[1] 参见罗豪才、周强:《软法研究的多维思考》,载《中国法学》2013年第5期。
[2] 参见张龑:《软法与常态化的国家治理》,载《中外法学》2016年第2期。
[3] 参见罗豪才等:《软法与公共治理》,北京大学出版社2006年版,第126—127页。
[4] 参见罗豪才、宋功德:《软法亦法:公共治理呼唤软法之治》,法律出版社2009年版。

确实存在一些较强硬的义务性表述，但这并不意味着软法就是一种硬法，因为硬法和软法并不是单纯依靠内容来区分的。

第三，软法是一种"原则之治"。软法往往并不直接规定行为的具体模式，因为即便规定了，相关条款也可能因缺乏国家强制力保障而无法实施。相反，软法是一种"原则之治"，通过原则性的规范作用于社会主体动机，进而作用于社会主体行为。也就是说，社会主体对软法的遵守主要源于"自愿"，这种自愿既有外界的因素，也有自身认同的因素。这也就是我们常说的外部约束与内生动力的关系。

三、软法的特点

软法具有柔性治理的特点。从软法与其他规范类型区别的角度出发，我们可以从以下四个方面概括软法的基本特点：

第一，软法的形式比较多样，但都成文。国家制定法一般都有较为统一的用词、语法、体系、结构，我们有时将之称为"法言法语"。不符合法律通常用语的制定法一般会被认为在立法技术上存在瑕疵。但软法与此不同，它的形式非常多样。从命名上来看，软法有"建议""宣言""礼仪""公约""倡议（书）""行为规范""行为守则""行为准则"等名称。但是无论如何，不成文的倡议、礼仪等并不属于软法的范畴。软法都具有文本的形式，即应是成文的。

第二，软法的制定主体较为多元，并没有明显的权力保留存在。我国《立法法》规定，法律只能由全国人大及其常委会制定和修改，规章和地方性法规都有其特定的制定主体。但是，软法并没有特定的制定主体。就软法的本义而言，其制定主体应是"社会"。也就是说，软法是由公民自行约定，或是由共同体的社会公共管理主体制定。如实践中市、县层级的市民公约一般由所在辖区文明办或民政局主持制定和修改，社区层级则由基层自治组织制定和修改，但也存在不同的情况。

第三，软法的生成过程较为简易、灵活，强调民主和效率。软法的生成过程与国家立法不同，并不会经过立法机关审议，而是具有简易、灵活的特点。与此同时，软法强调民主和效率的平衡。民主是软法的核心价值，软法的产生正是为了发动社会力量以实现国家单向度的管制向合作型多元共治的转变。效率则是软法在社区基层治理活动中最突出的特点。软法简易、灵活的生成程序，凸显了效率的价值。

第四，软法的实施有赖于社会约束力。软法本身不具有法的拘束力，即不依赖国家强制力保障实施，这是其区别于硬法的显著标志。实践中，软法通常并不伴随"制裁"，属于"无制裁"的法，因此其实施更加依赖于社会约束力。社会主体在社会的压力下，"自愿"遵守软法的规定。这种"自愿"并非完全基于内心情感的认同，还受舆论压力、优惠政策的影响。与硬法相比，软法更加尊重个人的自我选择，但同时也更加注重社会压力对个人选择的影响。

第二节　环境软法

环境软法是指在生态环境治理领域的软法规范。它的种类繁多，在本书中主要阐述其中三种类型：生态环境公共政策、生态环境自律规范以及生态环境法律法规中的弹性条款。

一、生态环境公共政策

我国环境法的主要特征包括"环境政策的法律化"和"环境法律的政策化"，其中以生态环境公共政策形式呈现的环境管理规则是难以被忽视的。例如，《生态环境损害赔偿制度改革方案》虽非严格意义上的国家立法，但奠定了生态环境损害赔偿制度的基础。这是因为环境硬法有较为严格的创制与实施程序要求，虽然其能够为生态环境治理提供比较稳定的预期，但这种优势同时也决定了其对社会实践反应迟钝。而生态环境公共政策作为一种机动灵活的制度安排，可以弥补上述不足。生态环境公共政策经常被冠以"纲要""规程""示范""要求""建议""计划""规划""指南""指导意见"等名称，按照制定和实施主体的不同，可以将其分为国家性政策、社会性政策与政党性政策三类。

国家性政策是指行使国家权力的国家机关为了实现公共目标而制定的策略和措施。国家机关按照实际需要依法制定各种类型的生态环境公共政策，这有助于实现生态环境治理目标，同时也是国家权力的一种重要行使方式。在国家权力分工与合作的宪法框架下，不同类型的国家政策纵横交错，形成与国家立法的制度安排相呼应的国家性政策网络，二者共同分解落实、贯彻实施生态环境治理目标。

社会性政策是指各种社会自治组织创制和实施的各种策略与措施，旨在实现自我管理、自我服务、自我监督。随着国家生态环境治理体系的现代化，国家权力的社会化及其行使方式的多样化成为趋势。社会性政策与社会自治逐渐兴起。一般来讲，社会性政策主要规范三种类型的社会自治关系：一是社会自治的组织关系，涉及社会自治组织自身的形成与运行；二是社会自治行为关系，从实体与程序两个方面规范社会自治行为；三是社会自治的监督与救济关系，旨在监督社会公共权力和损害救济。

政党性政策是指党的各项政策，多以"意见""实施纲要""指导意见"等为名称，也是软法的重要渊源，如《生态环境损害赔偿制度改革方案》。政党性政策具有公共性。能够成为环境软法规范渊源的政党性政策，一般应规定有具体措施及可操作的规则。并未设定具体行为模式，而旨在规定行动目标的政策则一般不属于环境软法。而且，作为环境软法渊源的公共政策应当指向政党组织关系之外的公域，而非仅用于内部规定。

环境法的"环境法律的政策化"和"环境政策的法律化"特点意味着：在指向外部公域的生态环境公共政策中，有些会因宪法、法律的确认而成为环境软法规范；有些尚未被法律所认可，但可以根据具体情况选择适当的方式转化为环境软法规范；有些还可能通过立法程序，最终转化为环境硬法。

二、生态环境自律规范

生态环境自律规范以实现生态环境主体的自我规制（self-regulation）为目标，一般分为三种类型：一是由国家机关或行使公共管理职能的权力主体自我创制、自我实施的自律规范，如环境行政处罚裁量基准；二是由企业、公民等权利主体自我创制、自我实施的自律规范，如企业规章、社区居民公约；三是由上述权力主体与权利主体联合创制的自律规范，如市民公约等。这些自律规范可以依据环境道德或环保理念，提出比硬法更高的行为要求。

我们以环境行政处罚裁量基准这一环境自律规范为例，阐述生态环境自律规范作为环境软法主要渊源之一的基本特征。在环境行政处罚裁量基准研究中，这种规制形式一般被称为"自我规制"，即公共权力主体的自我约束与自我克制。与其他环境软法规范的法律渊源相比，生态环境自律规范具有以下三个特征：

其一，以单位或共同体名义。环境行政处罚裁量基准并非执法者个人对自身提出的要求，而是行政机关为了推动生态环境行政管理目标的实现，尤其是防止执法者个人的裁量脱离生态环境立法目的而制定的。它的基础在于科层制的权力体系，是一种以行政机关名义制定并实施的自我约束性规范。由于生态环境因素与社会经济因素之间存在竞争关系，执法者个人对行政裁量基准的自觉遵循并不完全可靠，因此与该环境软法配套的还有相应的督促实施机制，即若未按照行政裁量基准执法，则需要说明理由或承担相应责任。行政机关内部的人事管理、奖惩考核等机制，能够在一定程度上诱导或者迫使执法者"自觉"遵循行政裁量基准。除此之外，行政裁量基准还能够赋予行政裁量以一定的"正当性"。在行政处罚面临司法审查时，根据行政裁量基准作出的行政裁量一般不会被认为"明显不当"。这为执法者"自觉"遵循行政裁量基准提供了动力。

其二，结构多样，内容丰富，规范性较弱。生态环境保护管理机关的职权与职责通常是由立法明确规定的。在这之下，行政裁量基准规定的内容则要更加明确、更具针对性和可操作性。其形式也是多样化的，如我国的环境行政处罚裁量基准有构成因素和判定标准等多种形式。另外，如市民环境公约，其要求经常超出基本素质要求，超出环境硬法所作的保底性规定，而集宪法中的生态文明规定、生态环境公共政策要求、生态环境伦理道德、公序良俗等诸多要求于一体，囊括公民的政治信念、道德情操、个人修养，甚至涉及言行举止、衣着谈吐、个人习惯等，对公民环境行为提出全方位的要求。

其三，自律要求多样化。生态环境自律规范不仅有自我约束的内容，还有自我激励的内容。在其内容中，鼓励、倡导、允许、认可、不提倡、限制、禁止等多个自律"档位"共同构成了自律要求的体系，这些要求都各有侧重。按照法治原则的要求，环境行政处罚裁量基准不能逾越立法规定对执法者提出自律要求，即行政裁量基准是控制裁量权，而非创制裁量权，不能违反法律规范。实际上，行政裁量基准等自律规范普遍存在于生态环境治理的各个环节。基于信赖保护原则，环境行政处罚裁量基准不仅对执法者个人有拘束力，也对制定环境行政处罚裁量基准的行政机关有约束力，进而通过执法活动对社会公众产生影响。

三、生态环境法律法规中的弹性条款

社会规范相较于法律规范具有较明显的弹性。但刚性与弹性都是相对的。由立法机关创制的法律规范，相较于社会规范、道德规范，通常是比较明确和严格的，具有更加明显的刚性特征。但硬法中仍存在大量刚性程度较低的条款，这在生态环境领域十分明显，如我国的《循环经济促进法》。刚性程度较高的生态环境法律规范，一般设定有一套严格的行为模式，并依靠国家强制力保障实施；而弹性程度较高的生态环境法律规范，往往内容比较笼统，一般只作概括性规定，并不创设具体的行为模式和法律后果，如使用"鼓励""支持"等词语的引导性规范。前者主要属于环境硬法，后者则主要属于环境软法。虽然软法概念广受争议，但相较于惯例、公共政策、自律规范、专业标准等软法规范的主要渊源形式而言，人们对弹性法条这种软法规范渊源形式的争议更小。因为这些规范内容一般都是立法程序的产物，当然属于法律的范围；而它们的弹性和柔性特点又显而易见，与依赖国家强制力的硬法规范有所区别。这种类型的环境软法具体分为以下两种形式：

一是柔性生态环境法律规范。法律不仅具有制约与惩罚的功能，还具有引导与激励的功能。[1] 不同法律文本对法律功能的侧重有所不同。如《水污染防治法》更侧重于约束与惩罚，而《循环经济促进法》则更侧重于引导与激励，后者就属于柔性生态环境法律规范。除"促进法"之外，柔性的法律规范还有"示范法""指导法""扶持法"等形态，但在目前生态环境领域中尚无这些形态的柔性法律规范。在柔性生态环境法律规范中也会存在一些监督制约条款，但其制约机制是次要的，而激励机制是作为主导的。在这些事项上，法律并非通过强制方式迫使相关主体为或不为某种行为，而是要求国家通过精神和物质支持激励社会主体参与、配合，以共同推动国家倡导目标的实现。美国、日本制定的各种促进法、示范法也主要在于表达一种宏观调控与长远规划意图。[2]

二是环境硬法中的弹性条款。同一法律规范中不同法律条款也是各有侧重和软硬兼施的。有学者将此类弹性条款分为两种具体的形式：（1）指导、

---

[1] 参见胡元聪：《我国法律激励的类型化分析》，载《法商研究》2013年第4期。
[2] 参见孙佑海：《推动循环经济 促进科学发展——〈中华人民共和国循环经济促进法〉解读》，载《求是》2009年第6期。

建议性条款。立法机关为实现利益诱导的作用，在法律规范中作引导、指导、建议、鼓励等规定，促使国家机关及其基层执法者或社会主体作出有利于生态环境治理目标实现的行为选择。（2）由权利主体自由选择的条款。选择性条款与命令性条款或禁止性条款不同，后两者一般使用"应当"或"禁止"等对行为表达出明确意图。选择性条款虽然表明了立法立场，但并不明确要求权利主体必须作出某种行为选择，而是授权权利主体"可以"根据自由意志自主决定为或者不为某种行为。[1]

第三节　中国环境软法治理机制

"机制"一词原指机器的构造和动作原理，泛指一个工作系统的组织或组成部分之间相互作用的过程和方式。[2] 根据系统论观点，所谓"机制"，是指系统内各子系统、各要素之间相互作用、相互联系、相互制约的形式和运动原理，以及其内在的、本质的工作方式。[3] 国内外软法研究很多是在软法机制的意义上进行的。[4] 本书沿袭这一理解方式，将环境软法治理机制界定为以环境软法规范为主要手段，以生态文明为目标取向，以民主协商为核心要素，以博弈互动为运行程序，以基于环境媒介而产生的人与人之间社会关系为调整对象的一种社会调整机制。

环境软法治理机制在静态上体现为一种"未完全理论化的协议"，在动态上体现为一种"动态合作博弈的过程"，而在本质上体现为一种"程序民主的商谈政治"。环境软法治理机制具有原则性、开放性、自律性和回应性的特征。这种生态环境治理新模式在我国的产生和发展，有望成为一个新的支点，进一步完善我国社会主义生态环境法律体系，加速我国生态环境治理体系和治理能力的现代化。

环境软法治理机制本质上体现为一种"程序民主的商谈政治"。哈贝马斯程序民主思想的核心概念即是"商谈政治"，或称"商谈性政治"。在法学

---

[1] 参见罗豪才等：《软法与公共治理》，北京大学出版社2006年版，第190—203页。
[2] 参见《辞海》（缩印本），上海辞书出版社1989年版，第1408页。
[3] 参见袁曙宏、宋功德：《统一公法学原论——公法学总论的一种模式》（下卷），中国人民大学出版社2005年版，第439页。
[4] See Ulrika Morth, *Soft Law in Governance and Regulation: An Interdisciplinary Analysis*, Edward Elgar Publishing Ltd., 2004.

意义上,"商谈政治"强调自我组织的法律共同体的"自我"消失在一些无主体的交往形式中。这些交往形式以特定方式来调节商谈性意见形成和意志形成过程,以至于这些过程中产生的具有可试错性的结果享有被假定为合理结果的地位。[1] 这种程序民主的商谈政治的着眼点在于合理地促成一致意见,从而在一定程度上减少内部分化。[2]

环境软法治理机制首先体现为一种程序政治(The Politics of Process)。它通常是一个在实践中反复的过程,能够通过反复讨论等策略达成一致意见。[3] 其次,它包含着一种商谈民主。"软法能够很容易被包容于商谈民主之中,这种民主与传统的代议制民主联系微弱。"[4]环境软法柔性治理特点的内在要素在于共同体中各成员之间的经验交换和商谈,并最终达成合意。环境软法能够在一些场合更加有效地产生合法性,从而避免争议性问题导致立法迟缓,使实践部门无"法"可依。[5] 最后,它注重效率目的。"如果把重点放在效率而非输入合法性上,那么软法和自由民主之间的关系是恰当的。"[6] 环境软法往往比环境硬法更具实效性和可接受性,否则环境软法没有必要被制定。而在实践中,环境软法往往比环境硬法更加难以被拒绝。因此,环境软法在某些场合可能是对环境硬法很好的替代,如社区基层生态环境治理领域。可见,环境软法是遵循程序而形成的共同意志,体现了一种"商谈政治"。这是环境软法治理机制正当性和有效性的最终源泉。[7]

---

[1] 参见[德]哈贝马斯:《在事实与规范之间:关于法律和民主法治国的商谈理论》,童世骏译,生活·读书·新知三联书店2003年版,第376页。
[2] 参见[德]哈贝马斯:《在事实与规范之间:关于法律和民主法治国的商谈理论》,童世骏译,生活·读书·新知三联书店2003年版,第380页。
[3] See Ulrika Morth, *Soft Law in Governance and Regulation: An Interdisciplinary Analysis*, Edward Elgar Publishing Ltd., 2004, pp. 97–98.
[4] Ulrika Morth, *Soft Law in Governance and Regulation: An Interdisciplinary Analysis*, Edward Elgar Publishing Ltd., 2004, p. 160.
[5] See Ulrika Morth, *Soft Law in Governance and Regulation: An Interdisciplinary Analysis*, Edward Elgar Publishing Ltd., 2004, pp. 159–160.
[6] Ulrika Morth, *Soft Law in Governance and Regulation: An Interdisciplinary Analysis*, Edward Elgar Publishing Ltd., 2004, p. 159.
[7] 参见罗豪才等:《软法与公共治理》,北京大学出版社2006年版,第244页。

第二章　中国环境软法治理机制的兴起和意义

第一节　中国环境软法治理机制的兴起

环境污染具有负外部性，即污染者会使他人增加成本、减少收益，且这种负外部性不能通过市场机制消解。在传统理念中，政府是公共利益的代理人，在市场失灵的情况下，为保护公共利益，政府必须出面干预，这为政府的生态环境管制提供了正当性。而环境硬法是生态环境管制的主要依据。目前，生态环境治理作为国家治理体系的重要内容，面临着深刻的危机。传统的治理模式将市场与社会基本排除在治理体系之外而由政府完全主导，根本无益于缓解当前严峻的环保形势。而且，中国正处于转型期，由环境问题所引发的诸多群体性事件远超传统生态环境治理模式的能力范围，这也使得其更无法应对新时期生态环境治理所面临的诸多新挑战。环境硬法之治存在很多问题，如效率低下、信息不对称等；而环境软法之治可以将政府、企业和公众都纳入生态环境治理体系，形成一种多元共治的格局。[1] 环境软法治理机制还可以弥补环境行政主体的理性之不足，提升环境法律的正当性与实效性。实际上，在生态环境保护领域长期存在大量的软法并且发挥着实际功用。因此，环境软法治理机制在我国当前及今后一段时间内都将有助于持续促进实现生态环境治理目标，推动生态环境法治发展。总的来看，中国环境软法治理机制兴起的缘由主要包括长期以来生态环境治理对软法的倚重、环境法律的新发展、生态环境行政管理方式的转变以及国家生态环境治理体系的现代化。

---

[1]　参见秦天宝、段帷帷：《多元共治助推环境治理体系现代化》，载《世界环境》2016年第3期。

一、长期以来对软法的倚重

软法在我国生态环境保护领域长期大量存在。首先，我国早在1973年第一次全国环境保护会议上便确定了环境保护的"32字方针"，这属于生态环境公共政策类型的软法规范。在此基础上，会议通过了《关于保护和改善环境的若干规定（试行草案）》。1979年，我国颁布了《环境保护法（试行）》。因此，我国在生态环境保护的初期阶段，便开始将软法作为主要的法律依据。此后，我国颁布了相当数量的生态环境公共政策。这些政策的覆盖面非常广泛，涉及大气、水、固体废物、海洋等生态环境保护的各个领域，如国务院发布的《大气污染防治行动计划》《水污染防治行动计划》《土壤污染防治行动计划》《"十三五"生态环境保护规划》，以及相关部委发布的《"十二五"危险废物污染防治规划》《危险化学品安全生产"十三五"规划》等。可见，生态环境公共政策的制定主体涉及国家、部委、地方各个层级，具有多样性。其次，在生态环境保护领域存在很多其他的软法类型，如政府和社区共同体发布的各类自律规范。在环境软法所适用的这些领域中，硬法往往难以触及或适用的条件尚不完备，而现实中又存在着对规则的需求。因此，生态环境治理的良法善治，首先是"规则之治"，在环境硬法难以或不适合发挥作用的领域，环境软法得以产生并发挥着实际效用。

二、环境法律的新发展

2014年，新的《环境保护法》正式公布，这是一部"长牙齿"的法律，是我国环境法治建设过程中的标志性事件之一。目前，我国的生态环境法律体系日趋完善，覆盖的领域更加全面，处理问题的手段也更加多样。但是，我国环境治理形势依然严峻，环境群体性事件频发，环境污染与生态破坏严重。[1] 这些都在不同程度上表明我国环境法律尚未能完全发挥其应有作用。环境法律发挥应有作用的基础在于其实效性和正当性，但这两方面恰恰是当前迅猛发展的环境法律所欠缺的。而环境软法的特点很好地弥补了环境硬法正当性和实效性不足的缺陷。或者说，在新时期，人们对于秩序、规则、公平和正义的追求难以完全由环境硬法满足，因而软法得到重视。而环境软法

---

[1] 参见吕忠梅主编：《环境法学概要》，法律出版社2016年版，第12页。

确实可以提升环境法律的实效性和正当性，从而推动新修订的各项环境法律的有效实施。

环境软法对环境法律正当性的提升表现在，环境软法规范产生于民主协商过程中，体现了成员们的共识与合意。这使得在新问题出现而环境硬法尚难以应对的情况下，环境软法能够建立起符合利益平衡的公共秩序。环境软法对环境法律实施的促进作用主要体现在：第一，环境软法的制定一般采用开放协商机制，这使得各方主体的利益可以得到表达和交流，在开放、平等的环境下，通过协商、博弈，最终达成合意。第二，环境软法的实施不需要借助国家强制力，而为发挥社会利益诱导机制的作用，则必须照顾到各方的利益诉求，从而使得人们遵守规则的主动性和能动性大大增强[1]。第三，环境软法的立法主体、执法主体与守法主体一般是高度重合的，如自律规范，这能够提升运行效率。

三、国家生态环境行政管理模式的转变

自现代意义上的生态环境保护兴起以来，在生态环境管理模式中政府都占据着主导地位。在这种理性主义和精英主义的模式下，政府部门被认为具有专业性，并能够了解和平衡各方利益关切。依靠环境硬法进行管制的生态环境行政强制行为就成为生态环境行政管理的主要选择。然而，生态环境治理的现实情况与理想预期却相去甚远。行政机关可能发生行政失灵问题。一方面，由于环境问题具有滞后性、复杂性和多样性，加之信息的不充分以及政府自身认知能力有限，因此行政决策无法突破"有限理性"的局限；[2]另一方面，行政机关进行权力寻租也是世界各国生态环境行政管理中的一大难题。

在硬法管制模式下，生态环境行政主体会最大限度地使用权力，压缩生态环境行政相对人的选择自由，以获得相对人的绝对服从。而在这个过程中，则无须考虑行政相对人的社会经济和生态环境因素。这既不利于生态环境相对人自觉遵守环境法律，也有损生态环境行政决策的正当性，生态环境

---

[1] 参见王申：《软法产生的社会文化根源及其启示》，载《法商研究》2006年第6期。
[2] 参见柯坚：《环境法的生态实践理性原理》，中国社会科学出版社2012年版，第59页。

行政管理成效将大打折扣。[1] 强力行政管制所产生的社会效果可能在一段时间内较为瞩目，但其背后所引起的社会张力则会产生不可忽视的负面影响。而在"放管服"的行政转变下，环境软法治理模式得到运用和发展。在这种模式下，生态环境行政主体脱离了完全理性的全能者定位，更多地利用非强制性行政行为影响行政相对人的自身决策。

四、国家生态环境治理体系的现代化

只有不断提高我国环境治理体系开放水平，建立更加完善的公众参与机制，才能使环境公共治理的优势得到最大限度的发挥。[2] 当今人类社会所面临的重大课题之一就是，如何实现生态环境治理体系和治理能力的现代化。现代生态环境治理体系讲求运用经济、政治和科技等多种手段防止生态环境被进一步破坏，不断改善环境质量，在人类行为与自然环境之间找到平衡点，最终实现人与自然的和谐共生。生态环境保护与每个公民息息相关，生态环境治理体系的现代化不仅需要政府的主导，也需要社会主体的广泛参与。社会内部的良好合作关系有助于实现生态环境治理的现代化目标。从目前的发展趋势来看，生态环境治理的民主性、开放性日益增强，环境软法治理机制能够顺应这一时代趋势，回应生态环境治理体系现代化的需求。

首先，环境软法治理机制能够体现环境事务的公共性，兼顾多元主体的不同利益诉求。环境软法所具有的商谈政治性质，要求协商民主与公众参与，通过利益导向机制进行主体间的对话、协商。[3] 在环境软法治理机制中，环境多元主体在立法过程中可以通过对话、协商等方式表达利益诉求并最终达成合意。这表明环境软法在价值取向及功能定位上同环境多元共治是一致的。显然，环境软法治理机制的兴起将会使环境多元共治的基础得到建构并且更加牢固。环境软法治理机制的运用也有助于促进社会主体自觉遵守环境规则，提升生态环境治理效率，实现生态环境治理目标。这也在一定程度上契合当下生态环境治理的客观需要。我国生态环境治理仍处于现代化过

---

[1] 参见王曦：《环保主体互动法制保障论》，载《上海交通大学学报（哲学社会科学版）》2012年第1期。
[2] 参见刘友宾：《推动公众参与生态环境社会治理 促进生态环境治理体系和治理能力现代化》，载《环境与可持续发展》2020年第1期。
[3] 参见沈岿：《软法概念之正当性新辨——以法律沟通论为诠释依据》，载《法商研究》2014年第1期。

程之中，这也就意味着国家公权力在一定时期内仍将占据主导地位，而如何防止公权力滥用则成为一个棘手的问题。这一问题很难依靠环境硬法来解决，甚至这一问题的出现，正是由于环境硬法难以应对复杂、多变的社会环境问题。对环境软法治理机制的运用则可以为环境硬法难以发挥效果的领域供给规则，实现对公权力的有效规范。环境软法的实施并不依靠国家强制力，而只能依靠社会强制力或者公众的自我约束，这是其创制过程的特点所决定的。环境软法具有充分的公共性和公开性，这主要体现为它是多方博弈的产物，而不是统治阶级意志的表达。[1] 环境软法的大规模出现与其公共性密不可分，因其政治背景是民间力量的壮大、社会公众生态环境保护责任感的增强以及日益走向多元化的生态环境治理现实。

其次，环境软法治理机制能够回应环境法治的需要。环境法治水平的提升在于能够更好地满足人们的环境利益诉求，能够最大限度地保障人们的环境权利。近10年来，我国制定和颁布实施了众多环境法律规范。这些环境法律规范无疑在保障国家生态环境治理等方面发挥了极为重要的作用。但与此同时，硬法规范的问题也应当引起我们的重视。很多环境法律规范以赋予行政机关执法权为主要任务。但法治社会的核心要义是在公权力与私权利之间找到平衡点，做到两者兼顾。[2] 这意味着法治要求在限制公权力的同时保障私权利的实现。而环境法律规范的专业性导致此类规范的创制机制相对封闭，社会公众一般难以充分了解和参与到这类规范的创制过程中。此种情形下创制出来的环境硬法规范，往往倾向于扩大公权力而限制私权利，导致环境保护领域公权力与私权利之间的失衡。与此截然相反的是，环境软法的创制程序更为多元化，多方主体都可以表达自己的利益诉求。这有助于公权力与私权利之间实现平衡，并使法律规则更加符合社会需求和生态环境治理的实际需要。

最后，环境软法治理机制能够降低环境治理成本。在法律治理中必须考虑成本和收益的问题，也就是效率问题。在传统生态环境管理模式下，国家依据环境硬法进行管理，而环境硬法的创制及实施都依靠国家。相比之下，环境软法治理机制具有更低的治理成本。其一，环境硬法的立法成本高昂，其立法过程复杂、周期长，需要消耗大量公共资源，而有些立法前期调研并

---

[1] 参见张龑：《软法与常态化的国家治理》，载《中外法学》2016年第2期。
[2] 参见石佑启、杨治坤：《中国政府治理的法治路径》，载《中国社会科学》2018年第1期。

不一定能够转化为立法实践。而环境软法立法程序相对简单、周期相对较短、资源消耗相对较少。其二，传统环境行政管理方式较为单一，其强制意味较为明显。强力行政管制看似能够在短时间内取得很好的社会效果，但实际上却很容易使行政相对人产生抵触情绪，从而导致环境行政管理双方的矛盾和冲突加剧，进而造成社会资源的错配和浪费。从长期来看，其环境治理成本是高昂的，而且难以完成生态环境治理任务、实现治理目标。环境软法治理机制则与此正好相反。相较于环境硬法，环境软法治理机制具有灵活性与弹性。环境软法的实施不必倚重国家强制力，而更多地运用沟通、对话等柔性手段，这使被监管者更容易接受规则约束。[1] 其三，环境软法体现了环境多元共治的理念，在其创制过程中多元主体都可以表达自身的利益诉求，最终通过协商、对话达成一致意见。这使其更可能得到人们的自愿服从和配合。总之，在我国国家生态环境治理体系和治理能力现代化的背景下，环境软法的特点使其在生态环境法律治理中大量存在，并在新时期作为一种独特的治理机制而继续发展。

第二节　中国环境软法治理机制的现实意义

环境软法治理机制的出现是生态环境治理现代化的重要体现，它反映了生态环境治理现代化所必须应对的现实问题。[2] 例如：环境软法治理机制突破国家权力中心主义的传统环境管理模式，强调更加广泛的环境多元共治；环境软法在承认国家强制力之于生态环境治理主导性的同时，强调协商、契约等非强制性方式在生态环境领域的优先适用性。环境软法治理机制所体现的理论和实践问题可能会伴随我国生态环境治理现代化进程的始终。世界正处于百年未有之大变局，我国当下特殊的历史背景与现代化进程对生态环境法治发展提出了独特的要求。因此，环境软法治理机制具有非常重要的现实意义，主要体现在以下五个方面：

一、社会治理与生态环境治理的共同进步

环境软法既具有生态环境治理方面的功能，也能在社会治理方面发挥作

---

[1] 参见程信和：《硬法、软法的整合与经济法范式的革命》，载《政法学刊》2016年第3期。
[2] See Ulrika Morth, *Soft Law in Governance and Regulation: An Interdisciplinary Analysis*, Edward Elgar Publishing Ltd., 2004, pp. 191-192.

用。从这一意义上来讲，环境软法是生态环境治理与社会治理的法治结合点，能够有效促进生态环境治理与社会治理的相互融合、共同进步。

可持续发展理念已经成为当今世界各国在生态环境保护方面的基本共识。可持续发展要求经济、社会和环境三者的协调统一。在公共决策过程中，经济发展、社会进步和环境保护作为同等重要的价值目标，任何单方面价值均不应绝对优先于其他方面。但在人们生产方式和生活方式尚未实现根本转型的现实情况下，经济、社会和环境三者之间不可避免地存在不同程度的冲突与矛盾。在发生冲突和矛盾的情况下，则需要运用环境与发展综合决策法来进行协调，在环境法学研究中体现为以协调与融合为核心的环境法学方法论的运用。生态环境治理与社会治理之间也具有有机联系。环境软法具有协商民主的内涵，环境软法治理机制的推行能够为社区层面的生态环境治理和社会治理建立一种行为规则。一方面，将生态环境保护作为社区治理的重点，从而加强社区治理体系的建设；另一方面，依托社区治理体系推行生态环境保护战略，促进社区居民生活方式的绿色转型，最终实现社会治理和生态环境治理的共同进步。

二、生态环境治理全民行动体系法治基础的建立

环境软法治理机制的核心在于"规则"的建立，即环境软法规范的确定。这些环境软法规范能够在硬法难以发挥作用的领域，作为对公民行为具有约束和指引作用的社会规则，为生态环境治理全民行动体系奠定法治基础。

在生活源污染问题日益严重的今天，生态环境治理体系的现代化要求加快生态环境治理全民行动体系的建构和完善。而全民行动体系的运行有赖于法治的保障。法治首先是"规则之治"，而环境软法治理机制能够为全民行动体系建立一套具有针对性的规则。这是因为环境软法治理机制所要解决的，正是"全民"在认识和践行生态环境保护理念时存在的问题，具有低治理重心、低治理成本、高治理效能的特点。这些特点使得围绕环境软法而展开的"规则之治"与生态环境治理全民行动体系的基本要求相契合。虽然环境软法不是国家立法，不是通常意义上的法律，但是其依靠社会关系而形成，对人们的行为具有指引和约束作用。因此，环境软法之于生态环境治理全民行动体系，不宜称为法律基础，而宜称为法治基础。环境软法所具有的

柔性治理特点，与现代社会所强调的国家管理向国家"治理"转变更加契合。

三、生态环境治理外部约束与内生动力的关系协调

环境软法治理机制既能形成对人们行为的一种外部约束，也能激发人们践行生态环境保护和绿色发展理念的内生动力。

"环境保护要靠自觉自为。"现代生态环境治理难题，如生活源污染问题的防治，与传统的工业源污染防治不同，其更加强调全民的共同参与。而这种共同参与不能仅仅依靠外部约束来实现，应更加注重内生动力的激发。外部约束可以作为环境行为的底线和框架，但其因涉及公民私权利范围而应有一定限度。在外部约束的这种底线和框架内如何更好地符合生态环境保护要求，则要更多地依靠公众生态环境保护的内生动力来自觉践行。相较而言，压制型法强调外部约束下的服从，回应型法则强调内生动力下的自发；国家立法强调国家强制力保障下的外部约束，社会规范则强调道德伦理和社会关系影响下的内生动力。环境软法的效力基础和功能预期表明，环境软法之所以有效，是因为它介于道德规范与国家立法之间，借助道德压力和社会约束力来发挥作用。它的运行，既是利用社会约束力所形成的一种对人们行为的外部约束，也是利用道德指引所塑造的人们观念上的内生动力。从这一意义上来说，它是生态环境治理中外部约束和内生动力相协调的法治基础。

四、碳达峰、碳中和目标的促进实现

环境软法有助于推动生产方式和生活方式的绿色化、低碳化，促进实现碳达峰、碳中和目标，营造绿色低碳的良好社会风气和社会秩序。

绿色低碳是我国当前时期社会发展的目标之一，碳达峰、碳中和目标（或称"双碳"目标、"3060"目标）是实现绿色低碳社会的基本指标，也是我国在《巴黎协定》等国际条约中的庄严承诺。为实现"双碳"目标，国家建立了碳减排、碳交易等法律机制。但对于生产方式和生活方式的自主转型，尤其是人们日常生活中用碳行为的转型，则有赖于环境软法发挥作用。环境软法可以通过确立绿色低碳理念，使绿色低碳理念深入人心，指引人们的用碳行为；还可以对某些高污染、高能耗、高浪费的产业或行为设定约束性义务，运用社会约束力限制此类产业或行为的无序发展。归根结底，环境

软法的内容具有灵活性，能够为实现特定生态环境治理目标所服务。其为实现生态环境治理目标所发挥的功能，不同于国家立法对社会秩序的塑造，而更注重通过营造社会风气来建构社会秩序。环境法律秩序的推行，离不开有利于生态环境保护的社会风气。从这一角度来说，环境软法对于生态环境法治具有制度建构层面的意义。

五、人与自然和谐共生现代化的推动

环境软法着眼于社区居民的环境行为，而环境行为是一个人与自然环境的交互过程。就此而言，环境软法有推动人与自然和谐共生的中国式现代化的重要作用。

中国式现代化是人与自然和谐共生的现代化，它要求人与自然环境的交互活动应当和谐有序、相互一致。人与自然的关系一直是古今环境伦理思想的主要课题。中国传统文化讲"道法自然"，强调人与万物"为一"，人也是自然的一部分。西方近代以来的生态人类中心主义思想讲"大地伦理""生态价值"，反思工业革命以来"人是万物的尺度"的功利主义思想。"人与自然是生命共同体"，这是对人与自然关系的生动描述。在日常生活中，人们如何践行"人与自然是生命共同体""人与自然和谐共生"的理念，是社区生态环境治理所要解决的重点问题。人们如何践行人与自然和谐共生的理念，归根结底是人们如何行为的问题，是生活方式的选择问题。而环境软法对人的塑造，不仅推动了人们生产方式和生活方式的绿色转型，而且从人与自然关系的角度来看，促进了人与自然的和谐共生。因此，环境软法在中国式现代化进程中具有重要的作用。

总之，我们应当深入研究环境软法治理机制的理论内涵和模式，发挥环境软法治理机制的独特功能，营造有利于生态环境保护的社会风气和社会秩序，推动人与自然和谐共生。

第三章 中国环境软法治理机制的运作机理

第一节 中国环境软法治理机制的效力基础

环境软法为何有效？这是在探讨环境软法治理机制的功能以及如何实现其功能等问题之前所必须讨论的问题。环境软法并不是由国家立法机关所创制并由国家强制力保障实施的，其效力基础源于社会约束力。这种社会约束力在社区基层等公共场景下，往往能起到比国家强制力更大的作用。环境软法主要运用社会利导与惩罚体系来发挥社会约束力的作用。

一、以社会约束力为效力基础

环境软法作为软法的一个"领域法"，其效力基础也是软法所具有的软约束效力。与硬法相比，这种软约束效力更多地源于心理学或伦理学层面，具有更高的道德性而非法律性。质言之，社会约束力是环境软法的效力基础。

以国家制定法为代表的硬法的效力基础问题是一个几乎不存在争议的问题，国家强制力可以作为硬法坚强的后盾。对于违反硬法的行为，可以通过使用暴力或威胁使用暴力来进行压制，以实现硬法的效果。但是，从法律的发展历程来看，压制型法已逐渐不符合现代社会人们的普遍期待，仅仅依托暴力的压制型法律往往得不到社会主体的认同，甚至会引起反感或抵制，不利于法律的实施。因此，国家强制力与法律的有效实施之间并不具有必然的联系。实际上，硬法的实施也需要社会公众在伦理上和心理上的认同。

对以市民环境公约为代表的环境软法来说，则不存在国家强制力作为保障，其实施主要依赖于社会关系所带来的约束力，即社会约束力。这种约束力的基础来自社会公众在伦理上和心理上的认同。或者说，环境软法是通过社会主体的自我约束和相互约束来起作用的,违约所产生的后果一般为舆论的负面影响。如在社区层面,这种违约后果的影响是比较严重的。社区是公民个人从家庭走向社会的第一个平台,对社区居民有着组织性和情感性的双重意义。长期在当地社区生活的居民往往需要注意社区舆论的影响,小到相互之间的看法观点,大到邻里之间互帮互助,都是社区舆论影响的体现。"远亲不如近邻"是根植在中华民族传统社群观念中对社区的清晰认识。这种社区舆论影响是基于社区共同体中各成员之间密切、频繁的日常交往而产生的,同时又反作用于这些日常交往。受到负面社区舆论影响的公民和家庭,将承受极大的心理压力和社会压力,可称之为法学理论中对主体所产生的"不利后果"。这种不利后果并不是由国家强制力施加的,而是在社会交往中形成的社会关系使然。因此,相较于国家强制力,这种基于社会关系对人们行为的导向性影响,可以称之为社会约束力。就此而言,市民环境公约等环境软法通过社区共同体中各个成员之间的相互交流而形成的社会关系产生对社会成员行为的约束力。因此,环境软法治理机制的效力基础为社会约束力。

相较于硬法治理机制所具有的国家强制力,这种社会约束力虽然没有强制性,但是对于社会主体具有事实上的约束力。如在社区层面,人们可能因道德标准的不同而对国家立法的知晓、认同和遵守程度产生差异,但是社会约束力一般来源于社区共同体形成共识的一系列道德和伦理准则,更为符合当地社区居民对伦理道德的认知。因此,市民环境公约等环境软法相较于硬法,更容易被社区居民所认同和遵守。同时,环境软法所可能产生的对违约者的不利后果,也在社区层面具有放大效应。一方面,这种负面舆论影响与法律惩戒不同,具有很强的持续性且难以消除,而非"一事不再罚",可谓违约成本高昂;另一方面,这种负面舆论影响会对社区主体之间的正常交往产生不利影响,如减损违约者声誉、提高其与他人交流与合作的成本等,可谓违约后果严重。

总之,环境软法治理机制的效力基础并非国家强制力,而是社会约束力,这使其在社区基层等公共场景中能够发挥与硬法不同的对人们行为的规范作用。

二、依靠社会利导与惩罚体系实现其效力

从效力和法律后果上来说,环境软法介于国家立法的国家强制力和民间

习惯法的内在心理压力之间，既有外在的约束，也有内在的约束。从某种意义上来说，环境软法治理机制是一种外在约束与内生动力的协同。就此而言，环境软法治理机制的效力谱系具有两个向度：一个朝向利益诱导，一个朝向柔性惩罚。而这个效力谱系的基础是社会为维持自身秩序和理性而逐渐形成的"社会利导与惩罚体系"。因此，为深入理解环境软法治理机制为何有效这一问题，我们需要在明确环境软法治理机制的效力基础这一基本命题之后，对其发生效力所依赖的社会利导与惩罚体系进行深入分析。

在社会利导与惩罚体系中，一方面是运用利益诱导的手段来实现法的效力，另一方面是运用社会惩罚的手段来使社会主体因心怀畏惧而服从法律。这两个方面都是一般意义上法律效力的基础。但是，一旦社会主体突破了对法律后果的畏惧，基于畏惧而产生的威慑效果将大打折扣。硬法之所以无法在生态环境治理中一劳永逸地设定规则、解决问题，相当程度上就是因为在社区基层等公共场景下国家立法的威慑效果有限。利导机制与惩罚机制不同，它是通过调整主体之间的利益关系（主要是增进利益）而获得社会主体内在的认可和遵守的。在生态环境治理中，"理性经济人"假设存在明显弊端，因为这种假设并没有考虑到获取经济利益所要付出的环境代价。与之相比，"生态理性经济人"假设得到提倡。"生态理性经济人"假设在传统的"理性经济人"假设之上加入了生态的考量，尤其符合社区生态环境治理中社会公众的身份认知。"生态理性经济人"并非纯粹公益性的，也具有功利性的特点。这种功利性特点能够促使社会公众在良好利益导向下自愿遵守环境软法的规定，体现了"服从了就会有好处"的公共事务治理逻辑。

环境软法治理机制归根结底是一种社会约束机制，其基础在于人类伦理和心理层面。环境软法治理机制对人们的利益导向既有物质的方面，也有精神的方面，前者如奖励、物质帮助、生活条件的改善等，后者如称赞、通报表扬、口碑等。从相反的方面来说，环境软法治理机制对人们的惩罚更多是精神层面的。因为物质层面的利益减损一般应有执法权作为支撑，而在环境软法治理机制中显然并不存在拥有执法权的处罚主体。环境软法治理机制对人们的精神惩罚主要体现为个人的自责以及社会群体中的拒斥、羞辱、声誉受损等。在社区基层等公共场景下，常态且频繁的社会相处中，这种群体或社区共同体内部的精神惩罚在很多时候比罚款等经济惩罚，甚至比对人身健康和自由的暴力惩罚更加直接和有效。在这种利益诱导和社会惩罚相互交织中，环境软法治理机制的社会利导与惩罚体系得以形成。这种体系与国家硬法的制裁体系、国家公权力的行政执法体系、司法机关的审判体系共同构成法对社会形成有效控制，为社会建构秩序的核心机制。

就参与生态环境治理的社会主体来讲，环境软法治理机制的社会利导与惩罚体系的功能不仅是对个人正当需求和行为的积极满足，也是对违约行为的消极限制和禁止。更重要的是，社会利导与惩罚体系能够对社会主体的思想观念进行积极的引导，促使其自觉地认同绿色发展理念，实现内心需求和动机的绿色化转型。另外，环境软法治理机制也对不利于绿色发展和生态环境保护的利益需求与目的进行否定性指示，从而使个人在参与生态环境治理活动中，不因自身利益诉求与环保行动相互冲突而感到困扰。相反，其使人能够收获一种内心的满足，因为通过绿色发展理念的践行实现了自身的利益目标（"生态理性经济人"的合理利益目标），甚至能够实现个人的价值与发展。在环境软法治理机制的社会利导与惩罚体系的长期作用下，人们的生产方式和生活方式有望出现根本性变化，最终实现生态环境治理的现代化目标。就此而言，社会利导与惩罚体系不仅是一种强制性力量（具有外在于个人、普遍性和制裁性的特点），而且是国家和社会都可以运用的一种治理手段。国家立法则一般不必依靠社会利导与惩罚体系来实现自身的效力。在环境软法治理机制脱离国家立法总体框架的情况下，社会利导与惩罚体系能够为其提供正当性和社会约束力。

社会利导与惩罚体系的产生一般是出于伦理上和心理上的感受，与马斯洛需求层次理论相对应。就此而言，社会利导体系是对人们需求从低到高的满足，社会惩罚体系是对人们需求由高到低的剥夺。接下来，我们将对社会利导与惩罚体系的结构和内容进行初步探讨。

（一）自　责

自责是在违反环境软法之后产生的一种内在的自我惩罚性评价。在需求层次理论中，其对应人的理性需求或自我价值实现需求。作为一种惩罚形式，它位于社会惩罚体系的最底端。自责是人人都会有的心理过程，在惩罚体系中具有一定的积极意义和正当价值。一般来讲，自责是个体的一种消极、否定联想，直接指向自身的价值，起因主要是自己的言行过失。在心理学上一般反应为懊恼、内疚、反省、歉疚、后悔等情绪。对于纠正主体行为的法律机制，自责具有较为强烈的约束作用。这种约束作用虽难以通过法律外在的约束来实现，但比法律或国家暴力所能实现的约束效果更好。从国家立法的角度来看，自责难以作为一种惩罚，因为它更多地指向内在。但对环境软法治理机制的社会惩罚体系而言，这种"内在惩罚"可以成为现实，也有助于社会主体约束自身的消费行为和环境行为。

自责虽处于惩罚体系的最底层（并非不重要），但对公民个人的环境行为具有直接的约束力。首先，自责这种"内在惩罚"作为社会惩罚体系的起点，在某种意义上近似于无惩罚，因为其并不表现为外在的变化。而且，外来惩罚也不一定能够引起自责这种"内在惩罚"。其次，人们自责的原因从社会利导与惩罚体系来看也分为两种类型：一是因没有得到可预期的（个人观念中的）利益而自责；二是因有受到外来惩罚的危险而自责。再次，在生态环境治理中，最佳的社会主体行为模式可以通过适度的自责激励来实现。人们在适度的自责激励中能够促使自身生活与社会绿色发展相协调，促进个人选择与生态环境保护目标相一致。最后，自责作为一种内在惩罚形式，有一种自我与社会相协同的品质。这种内在惩罚对于个体之外的社区共同体、社会乃至国家都是有意义的，因为这种自责的存在实际上表明个体认可了社会秩序中关于绿色发展、生态优先的内容。因此，自责与自我价值实现之间具有内在关联。自责作为惩罚方式，归根结底作用于个体对自我价值、幸福和理想的认知和体验，即个体基于对自我价值、幸福和理想的认知和体验而在违反环境软法之后感到自责，又在自责之后基于对自我价值、幸福和理想的认知和体验调整自身的行为模式，使之更符合市民环境公约的要求，从而提升对自我价值、幸福和理想的认知和体验。

（二）拒　斥

拒斥是指拒绝或排斥。在社区场景下，一般表现为"不被理睬"或"不予合作"，甚至不被视作共同体成员。这显然是一种精神上的惩罚，鲜明的特征是对行为人冷淡、轻视或刻意疏远。

一般而言，在典型的公域（如工作场景）或私域（如家庭场景）中，拒斥带有某种意义上的不正当性，往往被称为"冷暴力"。而社区既有公域的属性，也有私域的属性，对人们有着社交和情感的双重意义。与自责不同，拒斥作为一种社会惩罚手段是基于社会关系而产生的，其本质是对社会正常交往的不利后果。因为在社会关系中，单一的个人是不全面的，难以实现自身的全部价值，只有与他人组成临时或长期的共同体（社区语境下即为社区共同体），才能够获得实现自身全部价值和理想所需的必要因素。而社会身份，是人们组成共同体所必须具备的条件。因此，拒斥的实质是共同体内部对某一共同体成员身份的否定性评价。拒斥一般也不表现在语言方面，而主要表现为一种消极的不合作态度。这一特点使其能够发挥否定成员身份的作用，而且能够被广泛运用，因为这种社会惩罚方式不易引发社会纠纷。

因此，拒斥可以作为一种惩罚手段，使违反环境软法的行为人承担相应的不利后果，这种不利后果指向的是人们所具有的价值实现需求或者理想需求。

（三）羞　辱

羞辱是社区等公共场景下一种较为严厉的社会惩罚形式，它所引起的不利后果直接指向人的尊严感需求。从一般意义上讲，法的社会一致性基础就是人们的羞耻感。但是，羞耻的产生与人们的认同或合意相关。只有违背了人们或共同体成员都认为应该达到的行为标准，才会产生羞耻感。而羞辱的实质，就是激起这种羞耻感。

羞辱作为一种社会惩罚形式，一般表现为对违反环境软法的社会成员进行公开贬损，使其无法与共同体内其他成员进行正常的沟通与合作，从而丧失尊严感，进而感到羞耻。在这个过程中，共同体内其他成员的参与比例与羞辱的效果具有正相关性。也就是说，如果共同体内仅有少部分成员对行为人表现出羞辱态度和行为，那么所能引起的羞耻感也比较有限；如果共同体内全部其他成员都对行为人表现出羞辱态度和行为，那么所能引起的羞耻感就会比较强烈。比如在社区实践中，往往一些不文明或公德心较弱的行为人会被拍摄照片并上传至社区公共空间（如社区网格微信群），这是一种典型的公开羞辱做法。

羞辱实际上作为一种惩罚形式由来已久，我国古代就有耻辱刑或羞辱刑，这种刑罚被认为是惩治犯罪的当然刑种。如面部刺字、身着异服、身戴枷锁等，这种肉体和精神上的惩罚最终减损的是行为人的尊严感。羞辱作为刑罚在古代起到重要的维护社会秩序的作用，但显然不适宜作为现代国家的法定刑罚种类。《世界人权宣言》《公民权利和政治权利国际公约》《禁止酷刑和其他残忍、不人道或有辱人格的待遇或处罚公约》都禁止法律中将羞辱作为处罚方式。但这并不能避免羞辱在道德社会中被低烈度地适用，这种适用是社会共同体自发的行为，并非环境软法在违法责任条款中予以规定的

（实际上，环境软法一般在内容上并不规定违法责任条款）。

在环境软法治理机制的社会惩罚体系中，羞辱的主要形式包括言语攻击、示众、舆论谴责等。单纯的言语攻击是一种较为松散、自由的信息传播方式。这种羞辱方式较为直接，能够对社会主体的尊严感造成减损的效果，降低其社会评价。但言语攻击的效果与攻击者本身所处的社会关系圈层有关。如果攻击者来自行为人社会关系"内同心圆"，即家人、朋友、同学、同事、邻居等较亲近的人，那么行为人对相关言语攻击表现出的敏感性较强；如果攻击者来自行为人社会关系"外同心圆"，即街坊、外来者等较陌生的人，那么行为人对相关言语攻击表现出的敏感性较弱。示众是一种相对严厉的羞辱形式，如前文中"社区网格微信群拍照示众"就是一个典型的以示众为羞辱方式的例子。示众也是一种由来已久的处罚方式。在古代社会，人们通过示众达到具有"杀鸡儆猴"社会警诫效应的目的。我国直到1988年《最高人民法院、最高人民检察院、公安部关于坚决制止将已决犯、未决犯游街示众的通知》发布，才在国家层面杜绝了示众这种处罚方式的运用。但在民间，如乡村、社区场景下，示众仍然是广为应用且具有一定烈度的社会惩罚形式。不过在社区等公共场景中，示众的效果并不直接指向其社会警诫效应（虽然这是以往国家公权力运用示众这一处罚方式的主要理由），而是指向对行为人人格尊严的贬损，同时也是向共同体内其他成员告知行为人的相关行为，削弱行为人未来与其他共同体成员进行沟通与合作的有效性和可能性。

（四）纪律处分

纪律处分一般存在于等级化的社会组织内部，且仅用于惩罚组织内部成员。在环境软法治理机制中，纪律处分的内容十分丰富，它兼具精神和物质两方面意义。

对国家机关而言，纪律处分作为一种社会惩罚方式的类别，在法律上主要被规定为行政处分。行政处分是行政制裁的一种形式，是执法人员承担行政责任的一种方式。行政处分是由行政主体基于行政隶属关系依法作出的，属于内部行政行为，具有较强的约束力。在环境软法治理机制中，尤其是在涉及行政自制规范的适用时，如果基层执法者没有按照行政自制规范采取行政行为，则可能会以纪律处分的方式承担责任。相应的处分方式包括警告、记过、记大过、降级、撤职、开除等。显然开除是对身份的剥夺，这种惩罚方式在纪律处分中的惩罚强度最高。剥夺身份与拒斥、羞辱都指向责任人未来参加共同体交流合作的可能性，但显然剥夺身份的惩罚强度更高。因为剥夺身份是积极地将某人从共同体中驱逐出去，而拒斥和羞辱则通常体现为消极地拒绝某人加入共同体或削弱其加入共同体的可能性与有效性。

对社会共同体而言，一些企业事业单位和社会组织往往也以开除或除名等方式对个人进行身份剥夺。这种身份剥夺是将个人对企业事业单位和社会组织的依附性生存条件消灭，通常会影响责任人的社会阶层和社会认同，直接指向主体的社会交往需求，具有较强的惩罚性。单位制社会在中国社会秩序中的存在增强了纪律处分的惩罚性。在现代风险社会中，主要的社会共同体是广泛存在于城市和经济生产领域的单位或者其他具有一定自治性的社会组织。纪律处分作为社会惩罚体系的一部分，其有效性建立在共同体成员对共同体的人身依附基础之上。它主要体现为该社会共同体对其成员的"有限羞辱"，其记过、开除等具体惩罚方式也是呈阶梯式排列的，与社会惩罚体系的整体层次与结构大体相通。[1]值得注意的是，开除这种剥夺身份的惩罚方式会对责任人个人利益产生较大程度的减损，在一些情况下这种减损甚至会直接威胁个人生活的最低保障。因此，环境软法治理机制也应注意到惩罚体系下个人经济自由和生态环境公共利益维护之间的平衡关系。归根结底，虽然环境软法的约束力更具柔性，但也不能无限制适用，仍应有一定限度。

（五）剥夺财产

剥夺财产主要是国家立法所规定的惩罚方式，但在环境软法中也被广泛应用，如单位内部或社区内部的"罚款"。实际上，这种"罚款"并非执法机关作出，其本身存在合法性问题。如果从单位或社区共同体的角度来看，则在共同体内部进行较低量级的剥夺财产的惩罚方式，是能够产生较好的威慑效果的。但必须注意的是，这种经由强力管制而产生的威慑作用与环境软法的柔性治理特点是相背离的。从普遍意义上来讲，对威慑效果的迷信和对"罚款"等剥夺财产惩罚方式的滥用，是劣质环境软法的典型特点。

---

[1] 参见梁剑兵、张新华：《软法的一般原理》，法律出版社2012年版，第134页。

第二节 中国环境软法治理机制的规制策略

一、自治的规制策略

自然环境整体不断恶化的现实，使人们认识到个人需求与社会需求存在关联性，人在追求自身利益的同时还应承担社会责任、维护社会利益。在现代循环经济、低碳经济的新型发展模式下，单位在承担了诸如原材料选取、产品循环再利用等责任后，生产者责任已经从生产营销环节延伸到资源循环高效利用以及环境保护等领域。实践中，只有从源头上让生产者自发地在生产过程中增强社会责任意识，才能将环保理念有效地落实到生产经营活动的每一个环节，真正实现低碳发展，维持社会经济整体的可持续发展。因为只有社会经济整体可持续发展，生产者才能稳步实现可持续的生产经营活动。因此，为应对现代经济发展的必然要求，更好地规范与管理环境参与主体自身的行为，环境软法治理机制从自律的角度与硬法的法律规制相结合，构成以法律规制为主、以自律机制为辅的环境责任制度。

环境问题的出现及其不断恶化，主要是经济发展目标不明确、不具体导致资源浪费以及发展方式不当引起的。要解决这一问题，就必须改变社会经济发展模式，调整社会经济活动与生态系统之间不平衡的物质交换关系，走低碳经济发展道路，把单位和个人的环境责任切实纳入社会经济发展实践，明确制定相关标准，从制度上规范和保障单位与个人履行环境责任。环境软法治理机制正是在这个意义上发挥了监管作用。同时，环境责任的实现需要一系列配套措施，其中应将强化主体自身积极履行环境责任作为一项重要举措贯彻和落实。扩展单位和个人的环境责任，必须依靠政府采用多样化的行政手段与市场手段进行促进与鼓励，将这种责任的承担由外在的强制变为内在的自愿，使单位和个人自觉承担环境责任。[1] 美国在1990年的《污染预防法》中也进行了类似自律性质的软法规定。其中，该法特别规定了美国环保局应承担确保企业从源头减少排污的责任，并应为此建立相关的规划制

---

[1] 参见《习近平：推动形成绿色发展方式和生活方式，为人民群众创造良好生产生活环境》，载中华人民共和国国家互联网信息办公室网站，http://www.cac.gov.cn/2017-05/27/c_1121050516.htm。

度，如信息的收集与发布、对各州进行财政支持等。同时，就对资源尽可能减量使用、进一步提高对清洁能源的使用效率、废弃物循环使用、可持续发展的农业生产等问题，提出用污染预防政策补充和取代以末端治理为主的污染控制政策，明确规定必须对污染源作事先预防或减少污染量，无法回收利用者，也应尽量做好处理工作，至于排放或最终处置则是万不得已的最后手段。由此可见，各国在经济发展中已经开始高度关注节能和减排问题，并在促进生产者自律的法律规制方面考虑应对策略。[1]

二、共治的规制策略

随着环境保护工作由管制性、封闭性向合作性、开放性发展，多元共治开始成为各国环境治理的主要理念与手段，环境治理力量也呈现多元化与分散化的特征。由于环境法律政策的制定需要公众和私营部门的参与以对政府施加压力，环境保护需要多层次的合作甚至包括国际合作，因此决策过程要有更多的利益群体参与。党的十八届三中全会首次提出由"社会管理"向"社会治理"的创新，为我国建设新时期的环境治理体系和治理能力提供了顶层的政策设计，而我国《环境保护法》首次明确"公众参与原则"也为我国环境治理领域实现多元共治提供了环境基本法层面的依据。在环境多元共治已经成为我国新时期环境保护政策与法律目标取向的背景下，从法学维度论证环境软法治理机制对多元共治的运作，对新时期我国环境法治的发展有着积极意义。

党的十八届四中全会明确提出了全面推进依法治国的理念。作为我国"四个全面"战略布局的重要组成部分，全面依法治国反映了建设现代法治国家在我国国民经济发展中的关键地位。而以环境利益保障、环境治理运行机制以及环境治理制度化能力建设为主要内容的环境多元共治，不仅代表了我国新时期环境治理体系变革的内在动机，而且在环境治理领域实现了对我国建设现代法治国家的有力推动。

在风险社会中，生态环境利益呈现多元化的特点。这种多元化体现为社会结构变革背景下政府、企业、社会公众的不同环境利益诉求。这些不同环境利益诉求之间的矛盾与冲突也是环境法所力图通过协调与融合方式来加以

---

[1] 参见赵惊涛、张辰：《排污许可制度下的企业环境责任》，载《吉林大学社会科学学报》2017年第5期。

解决的,由此具有公众参与品格的环境多元共治理念应运而生。环境多元共治要求多元主体在生态环境治理中相互合作。这种策略下,社会主体被赋予生态环境治理权利,可以更主动地参与自身环境利益的保障,在此过程中增强对生态环境公共利益的保障,进而形成一种由环境权利到环境利益的法律秩序。[1]

环境软法治理机制强调各主体之间的沟通与协调。这可以转变传统政府单维管制模式下社会主体环境利益被动保障的局面,从而为各主体提供表达环境利益诉求的渠道。环境软法治理机制具有"去中心化"的特点,它通过多元主体合作共治,使企业、公众都能够作为主体参与环境治理,而非被动的被监管者和被服务者。继而在协商中,通过利益补偿机制平衡各方的生态环境利益和社会经济利益,促进利益总量的最大化。环境软法治理机制具有协商民主的品格,强调信息公开、公众参与,这与环境多元共治理念不谋而合。这有助于改善我国环境法治"重实体、轻程序"的发展现实,为社会公众获得环境信息、参与环境公共事务建立常态的程序性机制,同时也有助于保障环境程序性利益。[2] 环境软法治理机制强调社会主体的不同生态环境治理功能,并在多元共治程序中形成相互协作的生态环境治理合力。在依据既定程序运行的环境软法治理机制下,共同体之中能够形成健全有效的沟通互动机制,共同体成员不仅可以及时全面地提出自身环境利益诉求,而且得以直接参与共同体内相关环境公共决策。这体现出环境软法治理机制中环境程序性权利与实体性权利的多元共治保障路径。[3] 环境软法治理机制充分保障了生态环境治理中的社会治理权利,而社会治理权利与硬法治理机制下的行政治理权力之间,能够形成相互监督、互为补充的格局。这既是对社会治理主体进行"赋权",也是对国家治理主体进行"控权",能够更好地维护生态环境治理中国家与社会之间的平衡。[4]

环境软法治理机制的共治策略,是通过全民的共同参与,为环境价值赋

---

[1] 参见侯佳儒、王明远:《边缘与前沿:当代法学背景中的环境法学》,载《政治与法律》2016年第10期。
[2] 参见刘友宾:《推动公众参与生态环境社会治理 促进生态环境治理体系和治理能力现代化》,载《环境与可持续发展》2020年第1期。
[3] 参见秦天宝、段帷帷:《我国环境治理体系的新发展——从单维治理到多元共治》,载《中国生态文明》2015年第4期。
[4] 参见史玉成:《环境法学核心范畴之重构:环境法的法权结构论》,载《中国法学》2016年第5期。

予更高程度的民主化内涵，使其能够与其他基本人权相调和，进而形成人与自然和谐共生的社会制度。环境软法治理机制的意义既体现在共治的过程中，也体现在共治的结果中。通过多元主体协商共治所达成的最终合意，是一种制度化的行为规范。这种行为规范具有转化成硬法规范的可能性，可以进一步促进环境法律制度的贯彻和完善，推动我国环境法律的发展。[1]

---

[1] 参见孙佑海：《从反思到重塑：国家治理现代化视域下的生态文明法律体系》，载《中州学刊》2019年第12期。

第四章　中国环境软法治理机制的基本功能

环境软法治理机制的功能，是回答"何为环境软法治理机制"的一个主要方面。如前所述，环境软法治理机制具有不同于硬法治理机制的柔性治理特点。[1] 因此，环境软法不仅是环境多元规范体系中的一部分，而且能为社会治理建立"规则之治"。就此意义而言，环境软法治理机制是生态环境治理和社会治理的法治结合点。那么，进一步可以推导出的就是，环境软法治理机制具有生态环境治理和社会治理两方面的功能。通过对生态环境治理和社会治理两方面功能的分析，我们可以发现二者之间既存在相互一致的方面，也存在相互冲突的方面。根据以协调与融合为核心的环境法学方法论，我们要在环境法学视角下协调二者之间相互冲突的方面，融合二者之间相互一致的方面，从而确定作为生态环境治理和社会治理法治结合点的环境软法治理机制的功能定位。

第一节　生态环境治理功能

就本书的研究目的而言，生态环境治理功能显然是对环境软法治理机制研究中最为重视的方面。生态环境治理功能具有不同于一般意义上公共治理功能的特征，这是由生态环境治理特点所决定的。

第一，环境软法治理机制有助于降低生态环境治理重心，为基层生态环境治理建立"规则之治"。生态环境治理的法治化已经是基本共识，而法治首先是"规则之治"。基层生态环境治理的重心相对较低，国家立法难以通过国家强制力深入基层；而环境软法治理机制能够因地制宜地运用社会约束力对个人环境行为实现直接有效的规制，解决国家生态环境治理重心较高所带来

---

[1] 鉴于软法概念并非广受认可，所以也可以称之为社会规范。这并不影响本书对市民环境公约这一特定主题的研究。

的基层治理难题。环境软法治理机制的实施，在很大程度上并不依赖于法律的权威，而是依靠共同体中社会关系所形成的社会约束力。在社区等基层语境下，这种社会约束力往往更能发挥约束和规范人们环境行为的作用。[1] 实践中，一些生态环境治理活动具有鲜明的全民性，如日常生活中的个人绿色低碳行为。这些活动是基础性的，但政府通过外部的监督和科层制的管理很难触及个人生活的每一个角落。而社区是个人走向社会的第一个空间，与个人生活有着最直接的情感和物质联系。社区掌握着社区成员的行为能力、需求等信息，对这些分散个人信息的合理运用有助于实现社区生态环境治理的目标，做到市场和政府所不能做到的事情。[2] 环境软法治理机制的治理重心在基层，这能够突破硬法监管模式下"只见森林，不见树木"的误区，充分尊重规制对象的特殊性，更大限度地实现对个人行为的规制。

第二，环境软法治理机制的治理成本较低，能够通过充分发动社会力量参与环境软法的制定、修订、签订、宣传和执行，使政府得以从大范围的宣教、监管中解放出来。政府主导下的"垃圾分类督导员""绿色生态展馆""环境保护宣教主题公园"等常见监管、宣教机制，通常经济成本高但成效有限。这种过度行政化的现象严重影响了社会资源的配置效率，而且与环境治理全民行动的施策方向背道而驰。[3] 作为治理机制，环境软法具有成本较低的独特优势。一方面，因为共同体成员之间未来存在相互环境影响的可能性较大，所以共同体内部存在天然的互惠链机制，推动共同体成员以符合共同体预期的方式行为以避免未来遭受报复；另一方面，共同体成员参与共同体的活动越多，相互之间的互动越频繁，就越有更多的成员特点、行为、能力、需求等信息被发现，共同体的治理成本就会进一步降低，收益也随之增加。[4] 环境软法治理机制的运行不需要政府负责公众参与的具体事务，而是依靠社会共同体的自我治理来实现绿色低碳生活方式的全民践行。其中，既有社区工作人员对社区的管理，也有社区居民的个人实践和相互监督。这使政府能够将社会资源更多地用于生态环境治理的其他环节，如源头控制、过程监

---

[1] 参见张淑芳：《软法在行政法治体系中的地位研究》，载罗豪才主编：《软法与治理评论》（第2辑），法律出版社2016年版，第115页。
[2] 参见夏建中：《治理理论的特点与社区治理研究》，载《黑龙江社会科学》2010年第2期。
[3] 参见郑杭生、黄家亮：《当前我国社会管理和社区治理的新趋势》，载《甘肃社会科学》2012年第6期。
[4] 参见夏建中：《治理理论的特点与社区治理研究》，载《黑龙江社会科学》2010年第2期。

管、后果惩戒等。

第三，环境软法治理机制的治理效能较高，有助于促进共同体成员从被动地守法转变为积极主动地组织化守法，培育有利于保护生态环境的良好社会风尚，同时也有助于推动环境治理全民行动体系进一步完善。从根本上来说，人们都有对美好生活环境的向往和追求，公民个人利益与生态环境公共事务所代表的生态环境公共利益之间存在一致的方面，这使得生态环境保护的群众自律具有可能性。基层生态环境治理的核心在于生态环境基层自治，即共同体成员对基层生态环境的自我治理。相较于政府从外部对基层环境公共事务的介入，环境软法治理机制中的合作共治更有助于增强基层生态环境保护中的群众自律与合作交流，减轻"搭便车""顺水舟"[1]等行为倾向对绿色低碳消费个人实践的影响。就此而言，环境软法治理机制一方面突破了通过严格监管推行基层生态环境治理的路径，转而采取自治和共治的策略，这有助于将社会公众的被动式守法转变为主动式守法；另一方面发挥了社会对人们行为的约束作用，将分散化的守法转变为组织化的守法，再通过组织化的守法强化对个人行为的引导和规范。这一进路较为契合基层生态环境治理的社会性和全民性特点。

第二节　社会治理功能

环境软法治理机制因其"环境"特点而具有不同于硬法治理机制的社会治理功能，这是由软法性质所决定的。但是，就环境软法治理机制而言，社会治理功能并非其主要功能，而是隐含在其软法性质之中。基层的社会治理，主要通过市民公约等软法规范来实现。故此，本小节以市民环境公约为例，对环境软法治理机制的社会治理功能进行简要概括。

第一，弥补单一硬法体系下社会治理层面的结构性规则缺失。法律的保守性和滞后性使其在面对新兴、突发社会危机时不一定能够及时应对；法律的一般性和普遍性使其在应对纷繁复杂的社会生活时不一定能够实现个案正义。这是以国家立法为代表的硬法的结构性缺陷。为解决这一问题，硬法模

---

[1] 就环境公共事务来说，社会公众一般具有两种行为倾向：一是"别人做，我受益"的"搭便车"倾向，二是"别人做，我才做"的"顺水舟"倾向。详见[美]埃莉诺·奥斯特罗姆：《公共事物的治理之道：集体行动制度的演进》，余逊达、陈旭东译，上海译文出版社2012年版，第126页。

式也在不断进化，比如法律的创制从单向转变为多元、其生成过程加入协商民主的元素[1]、增加一部分裁量空间的同时对裁量权设定标准以进行限制。可以将这个过程概括为硬法"软化"的过程，但这并不能从根本上解决社会治理层面的结构性硬法规则缺失问题。因为硬法规范也是分门别类的，滞后的类别很容易成为违法者逃脱法律框架的"口子"；硬法由于其创制逻辑而具有属性上的同构性，这使得硬法普遍过于依赖国家强制力的保障，在国家强制力难以面面俱到的社会治理层面，硬法规制的漏洞将可能造成权利和权力的滥用。而市民环境公约作为一种软法，相对于硬法之治的功能，对社会治理发挥着补充性作用。市民环境公约中可以规定一些国家立法所不适合规定的内容，填补硬法的空白，甚至可以作为试错的措施。此外，市民环境公约还能引导社会治理领域硬法的完善。

第二，环境软法治理机制能够降低社会治理成本。以市民环境公约为例，主要体现在两个方面：一方面，如果反向地将市民环境公约排除在外，一些民间约定仍然会因实际需要而产生，但此时的民间约定缺少市民环境公约所应当具有的合理性和民主性，则可能与绿色发展理念和有关硬法相冲突，这无疑会增加社会治理的成本。另一方面，如果正向地发展市民环境公约，那么市民环境公约本身所具有的实践回应性、生成机制的民主协商品格、内容上对合意的强调以及执行机制的相对温和，都能够降低社会治理层面规则的生成、执行与遵守成本。虽然市民环境公约的生成机制深入社区基层，相对较为烦琐，但其成本仍然较硬法相对低廉，因为硬法的生成一般应经过部门研究、征求意见、人大审议、实施后评估等阶段。另外，由于市民环境公约在生成和执行中建立的良好社会基础，硬法的实施成本也将降低。从这个角度看，市民环境公约在社会治理中的功能，也有建构节约型社会层面的意义。

第三，环境软法治理机制能够加强社会治理的社会性。社会治理与国家治理不同，具有很强的社会性，这种特点使得社会治理必须具有相对较强的弹性。在法的视野中，事实性和有效性之间存在着张力。[2] 市民环境公约等环境软法有助于这种社会治理模式的塑造。首先，市民环境公约的基础在于认同、共识与合意，相较于硬法，它更多地关注多元主体的利益诉求，强调

---

[1] 参见季卫东：《法治秩序的建构》，中国政法大学出版社1999年版，第117页。
[2] 参见［德］哈贝马斯：《在事实与规范之间：关于法律和民主法治国的商谈理论》，童世骏译，生活·读书·新知三联书店2003年版，第8—9页。

协商民主，体现社会公共性。这与现代社会治理理念不谋而合，即意味着市民环境公约的实施有助于加强社会治理的基础。其次，市民环境公约有助于社区工作的拓展。显而易见的是，基层社会治理将随市民环境公约的实施而向生态环境治理领域拓展；与此同时，市民环境公约对社区工作建立的"规则之治"也有助于防止社会权力的滥用。最后，市民环境公约的生成与执行并不刻板，这有助于激发社会创造力，产生多样化的、符合社区实际情况的行为方式。市民环境公约相对于硬法，适用范围更广、实施层次更深、方式方法更加多元，能够以更好的方式促进利益诉求的表达，加强社会治理的民主基础。就此而言，市民环境公约对现代社会治理模式的贡献，根本源于其政治民主化这一属性，因其既能规范社区基层的政治民主化过程，又能引导这一过程。

第四，环境软法治理机制能够促进社会治理的法治化。社会治理法治化已经成为当今中国的基本共识。法治受制于法治精神和法治原则，主要存在于国家治理领域，长期以来并未完全深入社会治理的各个方面。市民环境公约等环境软法的实施能够使法治向社会治理全面拓展，使其治理领域更加全面。在环境软法治理机制下，人们并不是像在压制型法时代那样被动、机械、消极、片面地看待法治及法治目标，而是更加主动、能动、积极、辩证地看待法治目标的刚性与弹性，更能够在主观上建立起法治信仰和法治精神。此外，法律制度在借由市民环境公约向社会治理领域拓展的过程中也得以优化升级，因为在市民环境公约的实施中，人们对规范的认知会逐渐改变，认识到并非只有维护社会公平正义底线的硬法规范才具有法的作用，软法规范同样能发挥其独特功能，也是法的一种。在软法和硬法相协同的立法模式下，社会治理的法治化也就不再依靠传统的"命令-控制"或"命令-服从"模式，其治理方式可以更加多样化和更具开放性。从这一意义上来讲，市民环境公约的实施能够提升社区基层群众参与公共事务的能力，以更加合理的方式推动社会治理的法治化。

第三节　中国环境软法治理机制功能预期的厘定
——基于两方面功能的协调与融合

一、生态环境功能与社会治理功能相协调与融合的基本原理

环境软法治理机制作为生态环境治理与社会治理的法治结合点，兼具生

态环境治理和社会治理两方面的功能，而这两方面功能之间存在着冲突和一致。按照以协调与融合为核心的环境法学方法论原理，我们应当协调二者之间相互冲突的方面，融合二者之间相互一致的方面，最终得出能够共同增进两方面功能的理论模式。

首先，生态环境治理功能与社会治理功能之间存在相互一致的方面。这两方面功能归根结底都是环境软法作为一种法规范的功能，因此在"规则之治"的意义上，具有相互一致的方面。两方面功能都强调环境软法治理机制对环境硬法结构性缺陷的弥补作用，也都强调基层生态环境治理的全民守法。以生活垃圾分类这一社区基层生态环境治理活动为例，其目前已经成为社区治理工作的重要内容之一，是社区治理的重要载体。群众性自治组织和社会组织在社区层面的生活垃圾分类活动中扮演着重要角色。就群众性自治组织而言，很多地方的生活垃圾管理规定中均明确了居民委员会、村民委员会等群众性自治组织在生活垃圾分类的组织、动员、宣传、指导等环节的职责。[1] 就社会组织而言，我国各层级环保民间组织数量较多，据不完全统计，具备环境公益诉讼起诉资格的较大规模环保民间组织有300余家。[2] 在社区治理中，环保民间组织能够作为"桥介"将个人与社会相连接，形成"国家 - 社会组织 - 个人"的治理结构[3]，有助于在社区层面组织和开展生态环境保护活动。此外，在社区层面推行生活垃圾分类，也有助于健全社区工作人才队伍建设、积累社区治理实践经验、提升社区基层治理水平，最终推动社区治理体系的完善。

其次，生态环境治理功能与社会治理功能之间存在相互冲突的方面。现代生态环境危机日益严峻，并且表现出复杂性、全民性等特点，为应对现代生态环境危机而产生的环境软法治理机制，具有不同于一般意义上软法治理机制的特殊功能，这是由生态环境问题的特殊性所决定的。这使得环境软

---

[1] 如《上海市生活垃圾管理条例》第41条规定："本市建立健全以居民区、村党组织为领导核心，居民委员会或者村民委员会、业主委员会、物业服务企业、业主等共同参与的工作机制，共同推进生活垃圾管理工作。居民委员会、村民委员会应当配合乡镇人民政府和街道办事处做好生活垃圾源头减量和分类投放的组织、动员、宣传、指导工作。倡导居民委员会和村民委员会将生活垃圾分类要求纳入居民公约和村规民约。乡镇人民政府和街道办事处应当将生活垃圾管理纳入基层社会治理工作，加强组织协调和指导。"

[2] 参见《环保公益诉讼主体资格放开：300余家社会组织入列》，载新浪财经2014年4月25日，http://finance.sina.com.cn/china/20140425/023918915157.shtml。

[3] 参见徐选国、徐永祥：《基层社会治理中的"三社联动"：内涵、机制及其实践逻辑——基于深圳市H社区的探索》，载《社会科学》2016年第7期。

法治理机制的生态环境治理功能与社会治理功能之间也存在相互冲突的方面。从一般意义上来讲，生态环境治理功能更强调应对生态环境危机的功能色彩，而社会治理功能则更强调合意、共识生成和执行过程中的民主色彩。尤其是在应对紧迫环境危机，环境软法治理机制在效率与民主之间进行权衡时，可能民主的权重就会降低。实践中，大部分环境软法并未经过广泛和深度的公众参与及协商，我们不能一概而论地认为这种做法违背了环境软法治理机制的民主性。因为这种模式的背后，有生活垃圾分类等现代生态环境危机愈演愈烈而亟须社区基层生态环境治理法治化的考量。

最后，我们在厘定环境软法治理机制功能预期时，应当遵循以协调与融合为核心的环境法学方法论，协调生态环境治理功能与社会治理功能之间相互冲突的方面，融合二者之间相互一致的方面，最终形成能够实现二者共同增进的理论模式。以协调与融合为核心的环境法学方法论是由我国环境法学者吴真教授提出的，它的基本含义是环境法学研究应当关照环境法运行中所广泛涉及的各方面利益和价值，这些利益和价值之间存在相互冲突的方面，也存在相互一致的方面，而环境法学研究应当协调它们之间相互冲突的方面，融合它们之间相互一致的方面，使之实现利益和价值总体上的共同增进。这一方法论认识到环境法学是一门交叉学科，环境问题既是自然环境问题，也是社会经济问题，因此从任何一个单一学科的理论视角和学科范式来看待环境法学问题都是不全面的。在对具体问题的研究中，可能会涉及各种利益、价值或理论学说之间的冲突和一致。比如：对一项政府环境决策来讲，实体层面的利益权衡涉及生态环境利益与社会经济利益之间的冲突和一致；对政府进行环境决策是否采取多元共治机制来讲，则可能涉及行政效率与环境民主之间的冲突和一致；对环境法所应采纳的伦理标准而言，也涉及环境伦理学说与法学学说之间的冲突和一致。环境软法治理机制最突出的特点在于其有生态环境治理、社会治理和法律治理三个层面的意义，是生态环境治理和社会治理的法治结合点。因此，对环境软法治理机制的界定，尤其是对其功能的厘定，无论从环境科学、社会学还是从法学单一学科的理论视角和学科范式来看，都是不全面的。在系统分析了环境软法治理机制所具有的生态环境治理功能和社会治理功能之后，我们应当运用协调与融合的研究方法，从法学视角出发，协调二者之间相互冲突的方面，融合二者之间相互一致的方面，最终得出我们建构和完善环境软法治理机制所希望其能够发挥的治理功能。

二、环境软法治理机制的功能预期

在对环境软法治理机制的生态环境治理功能和社会治理功能进行协调与融合之后，我们可以从理论上总结出环境软法治理机制的功能预期。值得注意的是，理论上环境软法治理机制的功能预期是应然层面的命题，与实践中环境软法治理机制的功能预期可能并不完全一致。实践中环境软法治理机制发展的有序化程度较低，而从环境软法治理机制性质和定位推导出的功能预期则能够在很大程度上指导这一机制未来的走向。具体而言，实践中环境软法治理机制应当发挥的功能主要有三个方面：对公民个体环境行为的规范功能；对环境民主的实现功能；对绿色低碳社会的建构功能。

第一，环境软法治理机制对公民个体环境行为具有规范功能，能够引导和约束人们的环境行为。环境软法作为广义上的"法"，也具有法最基本的功能，即作为行为的规范。环境软法作为行为规范主要有两个特点：一是规范的对象是公民个体的环境行为；二是规范的方式主要是引导和约束。就其规范对象而言，公民环境行为不同于企业环境行为，具有复杂性、长期性、分散性、全民性等特点，这就意味着环境软法治理机制必须更加适应复杂的社会现实、长期的消费模式、分散的个体守法以及全民的环境参与等。这不仅要求环境软法在生成过程中注意地方性知识[1]的融入，而且强调其在执行过程中应当注意个体分散性带来的执行难题。就其规范方式，即引导和约束而言，环境软法治理机制主要通过其内容的合理设定来发挥这方面的功能。一方面，环境软法可以设置高于硬法的环境保护要求，树立绿色生产方式和生活方式的典型模板引导社会公众自觉践行；另一方面，环境软法所具有的社会约束力也会对公民个人产生一定的约束作用，在社区、小区场景下，这种社会约束力对人们行为的约束作用可能更加强烈。

第二，环境软法治理机制有利于实现环境民主，为公众参与生态环境治理提供一个常态途径。"良好的生态环境是最普惠的民生福祉。"生态环境良好与否，与每个公民的切身感受息息相关。正因如此，现代环境法自诞生之初，便注重公民在生态环境治理中的重要地位，包括各国宪法和我国《环境

---

[1] 关于"地方性知识"，参见[美]克利福德·格尔茨：《地方知识——阐释人类学论文集》，杨德睿译，商务印书馆2014年版。

保护法》在内的各项环境保护相关立法中都将环境保护公众参与作为一项基本原则。随着环境法的发展，公众参与原则不断产生新的内涵，成为更广泛的环境民主这一价值的一部分。但是，公众参与的方式、标准、程度等基本问题却在各项制度中差异很大。环境软法治理机制直接面向公民环境行为，因此在该机制中，应当适用较高程度的公众参与，或者给予公众参与原则以较高的权重。就此而言，环境软法治理机制是公众在基层层面参与生态环境公共事务的一个有效途径。而在环境软法治理机制的完善中，也必须强调公众参与的价值，着力发挥其实现环境民主的重要功能。

  第三，环境软法治理机制对绿色低碳社会具有建构功能，通过为生态环境社会关系建立一套调整规则，促进形成不同于国家生态环境治理的社会生态环境治理模式。环境法具有社会性的特点，因为其所关注的生态环境问题是全社会共同面对的问题。社会性在环境软法治理机制中体现得更为明显，因为环境软法治理机制不仅具有生态环境治理层面的意义，也具有社会治理层面的意义。环境软法治理机制所建立的规则，其目的是调整社会主体之间的环境利用关系。这相较于更广泛意义上的环境法的调整对象，即人类环境利用关系，具有更鲜明的特点。环境软法治理机制能够为社会主体处理生态环境公共事务建立行为规则，提升社会公众的绿色低碳消费意识，促进社会公众自觉践行绿色低碳消费理念。从这一意义上来讲，环境软法治理机制能够为环境法律的实施奠定广泛的社会基础，使环境法律更具人文关照和道德关怀。所以，环境软法治理机制对于绿色低碳社会的建构具有基础性功能。它在生态环境社会关系调整中所建立的治理模式，是面向公民环境行为复杂性、分散性、全民性等特点的，具有不同于国家生态环境治理模式的鲜明特色。因此，环境软法治理机制的实施，有助于弥补单一硬法国家环境治理模式的不足，具有社会建构层面的意义。

第五章　中国环境多元规范体系下的软硬法协同治理

法并不单单是孤立的规则，而是具有统一性的一系列规则体系。[1] 在一套法律秩序中，各种法律规则之间的联结关系也是法之为法的要害所在。为理解法律体系的性质，必须对构成法律秩序的那些规则间的关系进行深入理解。在生态环境治理现代化的进程中，第二代环境法开始强调激励的重要作用，软硬兼施、刚柔并济的混合法结构日益发展成为环境法的一种主导性模式。在当今中国，环境法律体系是一种多元规范体系，在这一体系下，环境软法应当找到其自身的定位。更为重要的是，在以环境硬法为主导的框架下，环境软法治理机制既要实现内部协同，也要实现与硬法治理机制的外部协同。

第一节　中国环境多元规范体系的形成和特点

法治首先表现为"规则之治"。在现代环境规范体系中，"规则"已不单指法律规则或法律规范，而具有更加广泛的意义。因此，现代环境规范体系实际上是一种多元规范体系。这也是因应国家生态环境治理体系和治理能力现代化的要求而形成的。在这一总体要求下，国家、政党、社会等各类主体的行为都有其规范。[2] 因此，"多元"不仅指形式上的多样性，也体现了规制者与被规制者的多样性。

实际上，我国范围内秩序格局多元化的治理模式发展可以追溯到古代。在中国古代社会，道德礼法、族规家法等都对社会成员的行为具有约束作

---

[1] 参见［奥］凯尔森：《法与国家的一般理论》，沈宗灵译，中国大百科全书出版社1996年版，第1页。
[2] 参见刘作翔：《构建法治主导下的中国社会秩序结构：多元规范和多元秩序的共存共治》，载《学术月刊》2020年第5期。

用。这种约束作用有些是显性的，而有些是隐性的。但无论如何，这都表明法律制度并非国家治理规范体系的唯一凭据和权威。在近代西学传入中国之前，这种多元规范体系长期呈现稳定运行态势。[1] 相对而言，西方国家的发展演化经历了夜警国家、福利国家再到风险社会意义上的预防国家等阶段，其本质是国家职能不断扩张的过程。[2] 自西学传入中国以来，中国古代社会既有的多元规范体系受到了国家职能扩张的冲击，社会规范逐渐退居到次要地位或幕后。这一现象在城镇化水平较高的地区尤为明显。

但是，国家生态环境治理体系和治理能力的现代化并不意味着同中华传统文化的割裂，也不意味着国家权力的法治化仅依靠国家立法来实现。相反，中华传统文化和传统治理方式能够保障我国社会当前时期的现代化进程，增强文化自信和制度自信。特别是对于社区层面的生态环境纠纷解决，社区自发形成的社会规范具有不可忽视的现实意义。依靠法律规范被赋予国家强制力的司法是维护公平正义的最后一道防线，但并不是唯一一道。否则，社区生态环境治理的风险和成本将大大增加。从国家与社会关系来讲，社会自组织的功能也在一定程度上受社会规范的作用空间的影响。虽然我国现阶段国家生态环境治理体系和治理能力有了明显提升，但国家对于分散化、原子化的个人，仍然很难实现其治理效能。社会自组织对国家生态环境治理的协助，不仅能够避免社区基层的矛盾纠纷和利益诉求向社会公共领域外溢，降低政府行政成本，而且能够整合分散化、原子化的公民个体，使其有序融入国家生态环境治理体系，促进环境治理全民行动体系的建立。诚然，传统习俗、道德规范、市民公约等规范形式在个体化社会中并不能发挥与国家立法相等同的作用，但这并不能否认社会规范对于现代生态环境治理的必要性和意义。[3] 因此，国家生态环境治理的法治化并不意味着国家对生态环境治理秩序建构的完全垄断，也不意味着国家立法成为生态环境治理中唯一的重要规范。相反，社会自身潜移默化地生产地方性、群体性的规范和价值观，而这些规范和价值观则蕴含着现代民族国家的传统和社会观念。当今社

---

[1] 参见杜鑫：《"规范体系"构建何以可能：中国古代社会秩序多元稳定性的历史证成》，载《宝鸡文理学院学报（社会科学版）》2022 年第 6 期。
[2] 参见王鸾鸾：《社会治理规范协同的宪法学分析》，中南财经政法大学 2021 年博士学位论文，第 32 页。
[3] 参见王鸾鸾：《社会治理规范协同的宪法学分析》，中南财经政法大学 2021 年博士学位论文，第 53 页。

会,人们仍然生活在环境多元规范构成的规则体系中,不仅受到国家立法的约束,也受到来自不同共同体规范的约束。人们虽然在日常生活中未必能够清晰地用言辞来描述自身行为所遵循的依据,但却一直受到上述规范的影响和约束。市民公约等社会规范便包含了人们日常实践中所形成的生态实践理性。[1]

从构成上看,当前我国的环境多元规范主要包括三类,即社会性的规范、执政党的规范和国家性的规范。社会性的规范,或称社会规范,主要体现为社会共同体所制定和遵守的规范,包括非正式和准正式的规范。执政党的规范,在生态环境治理中主要指党的各项环境保护政策。国家性的规范,即法律规范,其大量产生表明了风险社会背景下预防国家的职能拓展,并对社会展开重新结构化。三类规范之间的关系决定着国家和社会治理秩序的基本格局与状态。[2]

从合法性和正当性上来讲,社会规范、党的规范、政策规范、纪律规范、道德规范、组织规范、宗教规范、法律规范等都具有存在的"合法性"。价值目标的一致性可以确保这些规范之间不会发生冲突,共同形成法治合力。但是,不同规范有不同的治理目标和调整方法。[3]当它们三者调整利益关系的方向和方式相一致时,体现了不同规范之间相互融合的特点;但当它们三者调整利益关系的方向和方式相冲突时,则体现了不同规范之间应当相互协调的特点。[4] 在中国乡土社会中,社会规范的作用愈加凸显。[5]

社会规范具有相对复杂的范围,不同类别社会规范之间可能存在相互冲突的问题。这种冲突产生的原因主要是生成与执行机制、传统习俗和现代价值观念的差异以及地域性问题。市民环境公约就属于一种制度性规范。这类规范通常是人为制定的成文规范,其中包含着对道德、习俗、传统观念等非制度性理念、认识和社会规范的加工、再造,也可能包含对法律规范相关内容的具体化。[6] 这些社会规范在微观层面共同维系着基层社会秩序结构的稳定性。在现实生活中,国家制定的法律、社区共同体制定的市民公约和社区

---

[1] 参见王启梁:《国家治理中的多元规范:资源与挑战》,载《环球法律评论》2016年第2期。
[2] 参见王启梁:《国家治理中的多元规范:资源与挑战》,载《环球法律评论》2016年第2期。
[3] 参见陈金钊:《多元规范的思维统合——对法律至上原则的恪守》,载《清华法学》2016年第5期。
[4] 参见郭星华、石任昊:《社会规范:多元、冲突与互动》,载《中州学刊》2014年第3期。
[5] 参见张德淼:《法律多元主义及其中国语境:规范多元化》,载《政法论丛》2013年第5期。
[6] 参见王鸾鸾:《社会治理规范协同的宪法学分析》,中南财经政法大学2021年博士学位论文,第65页。

居民的传统价值观念之间并不总是一致的，也并不总是能够实现良性互动。因此，即便在有限或特定的社会空间，如社区内，也存在着法律规范和社会规范之间的冲突，以及不同社会规范之间的冲突。[1]

当今中国，社会系统正日益分化。在这一背景下，环境多元规范已然成为现实。我国生态环境治理要实现现代化和法治化，则必须发挥多元规范及各种规范类型的功能优势。环境多元规范是构建现代环境治理体系的本质要求，为生态环境治理的现代化转型提供制度支撑，是现代生态环境治理体系的运行依据。[2] 由环境多元规范织就的"法网"，已经成为社会生活结构的一部分，对人们的日常环境行为发挥着事实上的约束力。不同环境规范之间的相互关系，也在很大程度上决定着生态环境治理秩序的总体状况。[3]

鉴于环境社会关系这一调整对象的共通性，三大类环境规范之间并不是彼此孤立的，其相互之间的体系化具有必要性。科技的发展使得当前社会中的某些空间构成呈现出不同以往的特征，在这一背景下体系化协同则显得更为重要。[4] 环境规范的多元化，不仅是现代生态环境所必须面对的客观事实，也应当是生态环境法治建设的一种价值取向，内含于环境治理全民行动体系的要求中。就多元规范对生态环境治理的影响而言，三种规范类型都具有不同的性质与来源，并发挥着各自的作用。通过环境多元规范体系的不断完善，生态环境治理手段的有效性和丰富性将日益加强，更有利于实现生态环境治理各项目标。[5]

第二节　环境软法的地位和任务及其与硬法的协同

在环境多元规范体系中，环境软法主要是指社会规范和以党的环境政策为代表的党的规范。与之相对的，则是以国家环境立法为代表的硬法规范。

---

[1] 参见王鸾鸾：《社会治理规范协同的宪法学分析》，中南财经政法大学 2021 年博士学位论文，第 32、70 页。

[2] 参见陈潮辉：《我国乡村治理多元规范及其功能研究》，载《湘潭大学学报（哲学社会科学版）》2024 年第 1 期。

[3] 参见王启梁：《国家治理中的多元规范：资源与挑战》，载《环球法律评论》2016 年第 2 期。

[4] 参见彭小龙：《规范多元的法治协同：基于构成性视角的观察》，载《中国法学》2021 年第 5 期。

[5] 参见王鸾鸾：《社会治理规范协同的宪法学分析》，中南财经政法大学 2021 年博士学位论文，第 72 页。

当然，如果按照环境软法的一般定义，则国家环境立法中也有一些条款因具有弹性而属于广义上的环境软法。实际上，实践中相当数量的社会规范，如市民环境公约，是由市县党委文明办制定的，从制定主体来讲属于党的规范，但从其调整对象和方法来看则是典型的社会规范。我们可以从环境多元规范的整体视角出发，分析环境软法在环境多元规范体系中的地位和任务（这种地位和任务是相对于硬法规范而言的），进而厘清环境软法应当如何与硬法实现协同的问题。

在环境多元规范体系中，环境软法与社会公众日常生活的联系更加紧密，治理重心更低。这是它相较于环境硬法的一大特点。更低的治理重心则使环境软法能够体现出一定程度的地方性知识，并解决特定基层的特殊问题，这是法律规范和一部分党的规范难以实现的。从国家生态环境治理的整体逻辑出发，环境软法所主要解决的问题，同时也是其最大的价值，即对硬法规范难以涉及的社会生活领域进行针对性的规制。就此而言，环境软法在环境多元规范体系中主要发挥补充作用，而非生态环境法律治理的主体框架构成。

这也就意味着，环境软法的地位和任务应当与环境硬法相区别，更偏重于应对社会生态环境治理的特殊问题。与此同时，环境软法一般也并不创设权利和义务，其中所包含的权利性内容和义务性内容都是法律权利和义务的延伸或具体化，都能够从相关法律规定中推导出来。归根结底，上述权利和义务都可以被归结到我国宪法所规定的国家环境保护职责（可从中推导出公民环境权利）以及公民环境保护义务中。环境软法并不是正式的法律规范，因此其与国家立法之间并不存在法律位阶的关系。当环境软法与环境硬法之间发生冲突时，应以环境硬法为准。但必须强调的是，环境软法作为环境多元规范体系中的一部分，也应当以习近平生态文明思想为根本价值遵循。这为环境软法把握了正确的价值方向。

总之，环境软法在环境多元规范体系中的作用主要是弥补国家立法难以深入基层的不足。它的核心任务是在习近平生态文明思想和国家立法的指引下，将地方性知识融入其中，为社会基层生态环境治理建立可操作的规则，解决特定社会共同体的特殊问题。通过完成这一任务，与环境硬法建立起协同关系，进而补足现代生态环境治理体系，尤其是其中的全民行动体系。显然，将环境软法纳入环境多元规范体系，进而在治理机制意义上对环境软法进行完善和发展，相比于制定和修订环境硬法文本来说成本更高。但必须认识到的是，生态环境治理体系现代化的法治要求正在于治理机制的软硬兼施、刚柔并济。无论是对于国家环境行政管理模式的转变，还是对于生态文明建设的推进，环境硬法/软法的混合法治理结构都是必由之路。我国的生态环境法治实践一再表明，我们不能迷恋于依靠环境硬法强力管制所产生的社会效果，而必须针对生态环境问题的特点，采取软硬兼施、刚柔并济的软硬法协同治理机制。[1] 这不仅能够推动环境法律政策的贯彻落实，而且能够在生态理性之外，补足环境法律所必须具备的法律理性和社会理性。[2]

第三节　法律规范中的环境软硬法协同
——以《循环经济促进法》为例

《循环经济促进法》是典型的以"促进法"为名的法律规范，其中包含相当数量的软法规范，可以作为我们研究法律规范中环境软硬法如何协同的一个合适样本。这些软法规范中的很大部分都直接或间接地以引导企业自觉遵守循环经济的各项措施、采取符合循环经济发展要求的生产方式为目标。就此而言，这些软法规范构成了企业行为引导机制，成为环境软法治理机制的一项内容。在当下中国社会各方面快速转型的时期，现行《循环经济促进法》的许多规定已经难以跟上社会发展的步伐，目前国家立法欲将其内容纳入"生态环境法典"之"绿色低碳发展编"。在"碳达峰""碳中和"目标下，这些软法规范正在发挥，也必将在未来的"生态环境法典"中发挥重要的作用。

一、《循环经济促进法》中引导企业行为的软法规范

20世纪90年代以来，我国高度重视循环经济立法。《循环经济促进法》由第十一届全国人民代表大会常务委员会第四次会议于2008年8月29日通过，自2009年1月1日起施行，这标志着我国循环经济进入法制化管理轨道。2018年10月26日，第十三届全国人民代表大会常务委员会第六次会议对其进行了修正。目前，在拟议的"生态环境法典"之"绿色低碳发展编"

---

[1] 参见罗豪才、宋功德：《软法亦法：公共治理呼唤软法之治》，法律出版社2009年版，第513—521页。
[2] 参见柯坚：《环境法的生态实践理性原理》，中国社会科学出版社2012年版。

中可能会将循环经济的内容纳入。在本书成稿之时,"生态环境法典"尚未被提交审议,故而不作讨论。

除了《循环经济促进法》,《清洁生产促进法》《节约能源法》《可再生能源法》等法律在广义上也属于循环经济法律体系的范畴。2002年6月29日,《清洁生产促进法》经第九届全国人民代表大会常务委员会第二十八次会议通过,自2003年1月1日起施行,目的是促进清洁生产,提高资源利用效率,减少和避免污染物的产生,保护和改善环境,保障人体健康,促进经济与社会可持续发展。《节约能源法》于1997年11月1日由第八届全国人民代表大会常务委员会第二十八次会议通过,自1998年1月1日起施行,旨在推动全社会节约能源,提高能源利用效率,保护和改善环境,促进经济社会全面协调可持续发展。《可再生能源法》由第十届全国人民代表大会常务委员会第十四次会议于2005年2月28日通过,自2006年1月1日起施行,目的是促进可再生能源的开发利用,增加能源供应,改善能源结构,保障能源安全,保护环境,实现经济社会的可持续发展。

在循环经济领域,除了法律,国务院及其有关部门也相继颁布了《国家鼓励的资源综合利用认定管理办法》(2006年,已失效)、《再生资源回收管理办法》(2007年)、《废弃电器电子产品回收处理管理条例》(2009年)等行政法规和部门规章;有关单位发布了200多项相关国家标准以及支持循环经济发展的投融资政策措施意见等规范性文件。此外,一些地方也陆续制定了发展循环经济的地方性法规、地方政府规章。这些文件的出台,标志着我国促进循环经济大发展的制度基础初步形成。[1]

因此,从结构上来说,我国已经构建起一定规模的由法律、行政法规和规章组成的循环经济法律体系。这是我国发展循环经济的基础与保障。

经统计,在现行《循环经济促进法》中,软法条款多数是以"鼓励和支持"的方式出现的,明确了国家和社会所赞同的企业生产方式。如:

> **第十一条第一款** 国家鼓励和支持行业协会在循环经济发展中发挥技术指导和服务作用。县级以上人民政府可以委托有条件的行业协会等社会组织开展促进循环经济发展的公共服务。
>
> **第二十条第四款** 国家鼓励和支持沿海地区进行海水淡化和海

---

[1] 参见孙佑海:《"十二五"规划背景下如何完善循环经济立法》,载《环境保护》2013年第7期。

水直接利用，节约淡水资源。

第二十一条第一款 国家鼓励和支持企业使用高效节油产品。

第二十三条第二款 国家鼓励利用无毒无害的固体废物生产建筑材料，鼓励使用散装水泥，推广使用预拌混凝土和预拌砂浆。

第二十四条第一款 县级以上人民政府及其农业等主管部门应当推进土地集约利用，鼓励和支持农业生产者采用节水、节肥、节药的先进种植、养殖和灌溉技术，推动农业机械节能，优先发展生态农业。

第二十七条 国家鼓励和支持使用再生水。在有条件使用再生水的地区，限制或者禁止将自来水作为城市道路清扫、城市绿化和景观用水使用。

第二十九条第三款 国家鼓励各类产业园区的企业进行废物交换利用、能量梯级利用、土地集约利用、水的分类利用和循环使用，共同使用基础设施和其他有关设施。

第三十四条 国家鼓励和支持农业生产者和相关企业采用先进或者适用技术，对农作物秸秆、畜禽粪便、农产品加工业副产品、废农用薄膜等进行综合利用，开发利用沼气等生物质能源。

第三十五条 县级以上人民政府及其林业草原主管部门应当积极发展生态林业，鼓励和支持林业生产者和相关企业采用木材节约和代用技术，开展林业废弃物和次小薪材、沙生灌木等综合利用，提高木材综合利用率。

第三十七条第一款 国家鼓励和推进废物回收体系建设。

第四十四条 国家对促进循环经济发展的产业活动给予税收优惠，并运用税收等措施鼓励进口先进的节能、节水、节材等技术、设备和产品，限制在生产过程中耗能高、污染重的产品的出口。具体办法由国务院财政、税务主管部门制定。

企业使用或者生产列入国家清洁生产、资源综合利用等鼓励名录的技术、工艺、设备或者产品的，按照国家有关规定享受税收优惠。

第四十六条第五款 国家鼓励通过以旧换新、押金等方式回收废物。

二、软法规范对企业行为的引导效果评价

自20世纪环境法产生并发展以来,我国逐渐在环境法律制度最初的"命令－控制"模式中加入了激励措施。环境法律在一定程度上是应对市场负外部性的产物。循环经济的发展从某种意义上来说并不是自发的,因为企业采取循环经济的措施需要一定的成本,也需要一定的社会组织,而企业之间往往难以形成工业园区意义上的联合,这就需要国家在其中发挥重要作用。此外,循环经济虽然会产生很大的生态效益,但并不必然会促进企业的经济利益,这就使得企业在经济活动中并不会自觉地履行其在道义上所负有的环境责任。因此,在将这种环境责任法律化的同时,也应当对企业进行激励,促使其自觉履行环境责任。这样既节约了行政成本,又使环境得到了保护。

经济快速增长之后,国家在经济和社会发展方面均取得了一定的成就,但与此同时,资源、环境成为制约经济和社会进一步发展的重要因素。究其原因,尤其对我国来讲,主要是经济粗放式增长、资源利用率低下、环境污染严重。而循环经济正是国家为协调经济增长与资源、环境之间的矛盾,实现可持续发展提出的一种新型经济增长模式。它以企业清洁生产、建立生态产业区为基本路径,最终实现人类与自然的协调与和谐。因此,从本质上来说,循环经济是一种新型的生态经济,是市场经济的一种高级形式,它的实施需要有完善、健全的市场制度相配合,有行之有效的技术支撑体系与法律体系作为保障。但是,这种经济发展方式并不是一种自发的经济模式。[1]

就不同主体来说,循环经济法律制度的激励制度主要有两层含义:其一,对政府的激励措施,从狭义上来说,是指正向激励制度,主要有政绩考核等措施。其二,对企业的激励措施,主要是资金资助、税费减免、绿色采购和环保标识等。对政府职能的强调,在前一节已经述及,在此仅探讨对企业发展循环经济的激励制度。在《循环经济促进法》制定以前,学者较少讨论循环经济法律制度中的激励制度问题,而主要讨论政府绿色采购、税费减免和绿色标识等内容,对企业在实际生产过程中发展循环经济所需要的成本缺乏一定的了解。在《循环经济促进法》颁布实施以后,虽然其中的激励措

---

[1] 参见何尧军、单胜道编著:《循环经济理论与实践》,科学出版社2009年版,第30页。

施在一定程度上起到了作用,但是在很多情况下,企业转变经济生产方式,转型为循环发展方式是需要很高成本的,在经济利益的权衡下,其往往不会倾向于发展循环经济。在这种情况下,就要求政府对企业进行资金补贴,我国很多省市已经采取了这种方式。但是由于这种经费来源没有明确规定,因此在很多情况下并没有充足的专项资金来发展循环经济,即发展循环经济的资金存在严重不足。这导致目前我国企业发展循环经济并不会获得好处,而不发展循环经济也不会受到责难,因此循环经济的发展陷入困境。

我国现行《循环经济促进法》中存在一些激励机制。首先是一些原则性的规定,这些规定并不能称之为激励机制,只是国家所采取的一种政策倾向。该法第7条规定:"国家鼓励和支持开展循环经济科学技术的研究、开发和推广,鼓励开展循环经济宣传、教育、科学知识普及和国际合作。"该条是对科学研究和宣传教育的规定。第10条第2款规定:"国家鼓励和引导公民使用节能、节水、节材和有利于保护环境的产品及再生产品,减少废物的产生量和排放量。"该条款是对公民发展循环经济要求的规定。第11条规定:"国家鼓励和支持行业协会在循环经济发展中发挥技术指导和服务作用。县级以上人民政府可以委托有条件的行业协会等社会组织开展促进循环经济发展的公共服务。国家鼓励和支持中介机构、学会和其他社会组织开展循环经济宣传、技术推广和咨询服务,促进循环经济发展。"这说明国家明确认识到,促进循环经济的发展,仅靠行政强制手段是不够的,必须建立合理的激励机制,调动各行各业的积极性,鼓励走循环经济的发展道路。

该法在第五章专章规定了激励措施,共七条,对发展循环经济的激励政策作了比较具体的规定,包括发展循环经济的有关专项资金,对科技创新的财政支持、税收优惠、投资和金融支持,有利于循环经济发展的价格、收费和押金等制度,政府采购制度,表彰奖励制度,等等。

该法第42条规定:"国务院和省、自治区、直辖市人民政府设立发展循环经济的有关专项资金,支持循环经济的科技研究开发、循环经济技术和产品的示范与推广、重大循环经济项目的实施、发展循环经济的信息服务等。具体办法由国务院财政部门会同国务院循环经济发展综合管理等有关主管部门制定。"该条是对发展循环经济有关专项资金的规定。利用专项资金支持循环经济的发展,不仅是必要的,也是可行的。我国中央政府和地方财政一直为循环经济发展提供主要的支持。由于循环经济发展涉及社会经济的方方面面，有关专项资金的形式也可以比较多样，并不限于循环经济发展专项资金。发展循环经济的有关专项资金是政府财政为促进循环经济发展而设立的专项扶持资金，其本质是一种政策性财政支持手段，根本目的在于促进循环经济的发展和完善。在实践中，中央层面与发展循环经济相关的专项资金主要有，根据《节约能源法》《清洁生产促进法》《中小企业促进法》等法律法规设立的节能专项资金、环境保护专项资金、清洁生产专项资金、中小企业发展和创新基金等。这些专项资金对防治污染、支持重点行业中小企业实施清洁生产等起到了积极作用。目前，一些地方也已经开展建立循环经济专项资金的探索。例如：浙江省提出省、市、县三级政府都要建立发展循环经济专项资金，将其纳入各级财政年度预算，并专门制定了《浙江省循环经济发展专项资金管理暂行办法》（已失效，相关内容在现行《浙江省发展与改革专项资金管理办法》中规定）；大连市也制定了《大连市推进工业循环经济发展专项资金管理暂行办法》。此外，很多省市在发展规划中对资金作出了专门的规定。《山西省循环经济发展规划（2006—2010）》规定："省财政和省各部门的各类专项资金要向发展循环经济倾斜，优先支持列入循环经济规划的重大项目。"《江西省循环经济"十一五"发展专项规划》规定："运用财税、投资、信贷、价格等政策手段，调节和影响市场主体的行为，建立自觉发展循环经济的新机制。一是投资主管部门设立发展循环经济专项资金，对发展循环经济的重大项目、示范工程以及技术开发和产业化项目，给予直接投资或资金补助、贷款贴息等支持，充分发挥政府投资对社会投资的引导作用。二是财政部门要积极安排落实资金，用于支持发展循环经济的政策研究、项目建设、技术推广、示范试点、宣传培训等工作。三是税务部门要切实执行国家关于资源综合利用、再生资源回收利用的税收优惠政策。四是金融机构对促进循环经济发展的重点项目和突出企业应给予积极的金融支持。五是价格主管部门要加快研究制定促进循环经济发展的价格和收费政策，加大价格杠杆调节力度。理顺资源性产品价格，重点完善城镇水价和行业电价。"

第44条规定："国家对促进循环经济发展的产业活动给予税收优惠，并运用税收等措施鼓励进口先进的节能、节水、节材等技术、设备和产品，限制在生产过程中耗能高、污染重的产品的出口。具体办法由国务院财政、税务主管部门制定。企业使用或者生产列入国家清洁生产、资源综合利用等鼓励名录的技术、工艺、设备或者产品的，按照国家有关规定享受税收优惠。"

这一条是对税收优惠的规定。[1] 税收是国家调控经济的重要杠杆之一，国家通过税种的设置以及在税目、税率、加成征收或减免税等方面作出规定，调节社会生产、交换、分配和消费，促进社会经济的健康发展。近年来，我国在推动节约能源、资源综合利用方面已经出台了一些专门的税收优惠政策，主要包括：第一，所得税方面的优惠。比如，企业以废水、废气、废渣等废弃物为主要原料进行生产的，可以在5年内减征或者免征所得税。又如，企业为了节约能源、加强资源综合利用，采用先进技术工艺和设备的，可以抵免一定的所得税。第二，增值税方面的优惠。如对于企业以林区三剩物和次小薪材为原料生产加工的综合利用产品，实行增值税即征即退办法。第三，消费税方面的优惠。如我国从1994年起对烟、酒、摩托车、小汽车等11类产品征收消费税。目前，我国运用税收调节政策推动循环经济发展的范围和力度还不够，在资源节约利用和环境保护方面仍存在着不足，能耗产品进出口税收政策还比较薄弱。《循环经济促进法》并没有对有关税收问题的政策作具体规定，而是授权国务院有关部门制定，这是为了保证税收政策的规范、统一，并为税收改革的顺利进行创造有利条件。

第45条规定："县级以上人民政府循环经济发展综合管理部门在制定和实施投资计划时，应当将节能、节水、节地、节材、资源综合利用等项目列为重点投资领域。对符合国家产业政策的节能、节水、节地、节材、资源综合利用等项目，金融机构应当给予优先贷款等信贷支持，并积极提供配套金融服务。对生产、进口、销售或者使用列入淘汰名录的技术、工艺、设备、材料或者产品的企业，金融机构不得提供任何形式的授信支持。"该条是对循环经济重点投资领域和金融支持的规定。当前，制约我国循环经济发展的一个重要因素就是资金和金融支持的缺乏。加大对循环经济投资的支持力度是建立和完善促进循环经济发展政策机制的重要方面，而金融支持是全面推动循环经济发展的重要支撑。

第47条规定："国家实行有利于循环经济发展的政府采购政策。使用财政性资金进行采购的，应当优先采购节能、节水、节材和有利于保护环境的产品及再生产品。"该条是对有利于循环经济发展的政府采购政策的规定，也叫作"绿色采购"。我国有利于循环经济发展的政府采购立法和政策已经

---

[1] 参见孙佑海、赵家荣主编：《中华人民共和国循环经济促进法解读》，中国法制出版社2008年版，第135页。

初步确立。《政府采购法》第9条规定:"政府采购应当有助于实现国家的经济和社会发展政策目标,包括保护环境,扶持不发达地区和少数民族地区,促进中小企业发展等。"但是,从实际情况看,我国的政府绿色采购还存在以下问题:采购清单范围过小,占政府采购的比例很低;绿色产品定义模糊,标准和清单不一;政府绿色采购产品的标准以及认证机构的确定还存在分歧;等等。因而,有必要在循环经济法律中规定政府绿色采购内容,以促进有利于循环经济发展的采购政策的制定。《循环经济促进法》在此所作的是较为原则性的规定。

第48条规定了"对在循环经济管理、科学技术研究、产品开发、示范和推广工作中做出显著成绩的单位和个人给予表彰和奖励"的制度。发展循环经济,必须坚持激励与约束并重。从各国推广循环经济的经验来看,制定奖励政策是形成发展循环经济激励和约束机制的重要方面。例如:美国设有"总统绿色化学挑战奖",支持对化工业界降低资源消耗、防治污染有使用价值的新工艺、新方法的研发;日本针对居民实行资源回收奖励制度;等等。

由此可见,我国《循环经济促进法》规定了许多不同种类的激励制度,既有专项资金方面的,也有税收、价格等经济措施方面的,更有鼓励公民、企业推广循环经济方面的。但是,从上述分析可以看出,这些规定均具有很强的原则性。关于这些规定,与其说是一种法律规则,不如说是一种政策宣示。政策中的相关规定可借助科层制的约束力得到较好的实施,而在法律中规定这些原则性问题,并不具有较好的实施效果。实际上,政府是否采取这些激励措施,并不会受到相应的监督,这使得公民、企业发展循环经济可能得不到相应的激励。这是这些规定的一大症结,也是一种对法律和政策认识不清的表现。以民法为例,即便在总则部分,其很多条款仍然具有很强的实用价值,如关于代理的规定、关于合同效力的规定等。通过对比可以看出,环境立法中广泛存在着上述类似政策宣示的原则性规定。这些规定具有软法的性质,但是在落实中存在问题。因此,在对《循环经济促进法》进行修订时,不仅要将其作为涵盖面很广的循环经济发展领域的基本法,也要将其当作环境软法来看待。硬法体现了一种底线伦理,确认了我国发展循环经济的基本速率;而在这一基本速率之上进一步深化循环经济建设、全面开展循环经济应用则是政府行政目标的要求,也是环境软法的规范内容。但是,环境软法中鼓励性条款的效果甚至不如国家政策中的规定,对循环经济发展的激励机制并没有落到实处。我国循环经济激励机制的另一个重要现实障碍在于资金投入不足。因为我国各地方政府和社会各界对发展循环经济的认识还很不到位,往往出于地方经济利益的考虑,而较少顾及环境利益。这是完善企业行为引导机制的一大难题。

三、软法规范激励企业行为的类型化分析

随着我国环境软法治理机制的发展,针对企业生产方式绿色转型的法律激励模式也逐渐增多。除在生态环境公共政策中体现的宏观倡导性激励外,按照不同的分类方式,还可以分为权利、义务和责任分配的激励模式,成本、收益配置的激励模式,以及资格、荣誉授予的激励模式。

(一)权利、义务和责任分配的激励模式

1. 赋予权利型激励

环境软法治理机制可以通过赋予权利来实现对企业行为的引导。此类权利包括:社会经济权利,即通过促进生态友好型企业的经济自由来激励企业生产方式的绿色转型,如垄断性专有权的赋予;生态环境权利,主要指对环境容量或自然资源的优先取得权;其他权利,如《循环经济促进法》第10条所规定的监督、举报权等。

2. 减免义务型激励

虽然环境软法治理机制不具有强制力,但这并不意味着它不会对义务的配置施加影响。在环境软法中,企业的担保、告知、举证等义务可以获得一定的减免。减免的程度一般取决于企业单位是否以及在多大程度上采取了环境软法所提倡的生产方式。这意味着,在环境软法治理机制中,权利与义务也能够获得较为均衡的配置。

3. 减免责任型激励

环境软法治理机制中的违法责任,是通过社会约束力在社会利导与惩罚体系下实现的。对企业的行为激励,也可以通过减免责任来实现。一般来讲,责任的减免分为事前与事后两类。事前的责任减免,是预设了企业可能违法的情况,并规定在这些情况下企业为或不为某种行为以获得责任的减轻或免除,如企业生产工艺流程的改进、设备的更新等;而事后的责任减免,则有更为严格的规范内容,如环境行政处罚裁量基准中往往规定了企业在某些情况下可承担较低数额的罚款。这些措施都有助于企业提升对自身行为的

违法性认识，并自觉改正不当行为。

(二) 成本、收益配置的激励模式

1. 增加收益型激励

企业作为市场经济的主体，成本、收益是其主要考量。在传统的市场经济条件下，企业对成本、收益的考量只是社会经济层面的，而不会考虑收益所要付出的环境代价。这种市场负外部性是现代环境问题背后的经济学因素。环境法则是要将这种负外部性内部化，将其转化为企业生产成本的一部分。而环境软法治理机制在成本与收益的配置上，更加强调促进环境友好型企业的经济效益，从而提高企业自觉遵守环境法律、践行绿色生产方式的积极性和主动性。当然，收益不一定是经济利益的直接增加。从增加收益的情形来看，大致包括：专项资金等经费补助、财政补贴的经济激励；从商业银行获得优惠贷款、融资便利、资金担保的激励；其他获得直接资金或物品奖励的激励方式。

2. 减少成本型激励

在环境法中，增加企业违法成本是倒逼企业遵守环境法律的一个重要策略。从另一个角度来看，在一些情形下减少企业的生产成本能够起到激励企业采取某种行为的作用。在环境软法治理机制中，此类激励方式大量存在，绝大多数激励型环境软法中都规定了此类内容。这类激励方式主要表现为税收和费用方面的减免，如《清洁生产促进法》第33条的规定，具体包括降低税率、增加扣除、加速折旧、税额抵免和税款返还等。

(三) 资格、荣誉授予的激励模式

1. 资格授予型激励

生态环境行业具有一定的专业性，且国家依据生态环境分区管控设有一定的准入清单或资格限制。能否获得准入资格，是企业能否开展某一项生产活动的关键。这种准入资格条件是具有地方性的，而非普遍性的，因此有一定的调整空间。也正因如此，此类资格的赋予是环境软法治理机制中激励企业行为的形式之一。为了激励企业采取某种行为，环境软法治理机制可以降低某行业的准入条件。如在环境软法规范中根据社会经济发展变化直接降低某行业的准入条件，这一般意味着该行业能够满足当地生态环境管控要求。较为通常的做法是，在特定区域给予特定对象以特定资格。这种降低准入条件的激励是较为直接和明显的,但存在一定的权力失控风险。

2. 荣誉授予型激励

授予荣誉是指给予被激励的企业单位以精神奖励,这在实践中是非常常见的。对于一部分生产企业,尤其是上市公司,企业声誉和产品声誉是非常重要的。因而,授予企业精神层面的奖励具有较好的激励效果,如授予"环保企业"等荣誉称号。有时,授予荣誉的同时会伴随着物质奖励,这对于中小企业仍然具有很强的激励作用。目前,在我国环境法律运行中,物质类奖励的比重较大[1],但从长远来看,精神类奖励的地位在环境软法治理机制中将越来越重要。

第四节 基层实践中的环境软硬法协同
——以社区生活垃圾分类为例

本部分以社区生活垃圾分类活动为例,探讨环境软法治理机制在基层实践中的环境软硬法协同治理模式问题。基层实践中的环境软硬法协同治理主要表现为环境多元共治。环境软法治理机制以促进自治和共治为其运行机理。在共治方面,环境多元共治是当前环境法律制度的主要发展方向之一。环境软法治理机制在社区语境下促进环境多元共治,即是将环境多元共治与社会治理中的多元主体合作共治相结合,形成特有的多元合作共治机制。这种多元合作共治机制在社区治理与环境治理的结合领域能够发挥重要作用。

生活垃圾分类是改善生活环境、节约使用资源、推动绿色发展的重要制度,也是世界范围内广为运用的生态环境保护措施。近年来,我国城乡经济发展速度和人民生活水平逐渐提高,人们对美好生活环境的向往日益强烈,但与此同时生活源污染所占比重也在逐年增大。生活垃圾分类等全民性生态环境保护制度的推行成为时代所需。2016年12月,习近平主持召开中央财经领导小组会议,研究普遍推行垃圾分类制度。2017年,《生活垃圾分类制度实施方案》出台,46个重点城市先行试点,生活垃圾分类制度进入了发展快车道。自2019年起,全国地级及以上城市已全面实行生活垃圾分类制度。在此过程中,各地方不断总结经验,形成了诸如《北京市生活垃圾管理条例》等规范性文件。现行生活垃圾分类制度中的一个重要内容就是"生活垃

---

[1] 参见胡元聪:《我国法律激励的类型化分析》,载《法商研究》2013年第4期。

圾分类监督员"等监督管理制度。从实践来看，在政府的监督管理下，公众的生活垃圾分类认同率有了明显提高，但在自觉践行方面还远未达到预期。[1] 这与生活垃圾分类的治理目标尚相去甚远。我们不禁要问：为何严格的监管在生活垃圾分类的推行中成效不彰？生活垃圾分类是否一定要依靠严格的监管？如果不是，那么生活垃圾分类需要采取怎样的治理策略？归根结底，生活垃圾分类不同于传统的环境保护制度，它要求全社会共同参与，尤其是公民个人自觉践行。这一治理目标的实现，不仅需要法律规制手段的创新，还需要治理策略的转变。基于此，我们必须反思的是，如何因应生活垃圾分类的治理目标，突破监督管理的思维定式，寻找与其治理目标相匹配的治理策略，以避免规制手段上南橘北枳的尴尬和社会资源的错配。

一、硬法治理机制下社区生活垃圾分类难题

我国现代意义上的生态环境保护法律制度在很大程度上是由国家和各级地方政府"自上而下"创制与施行的。在这一"自上而下"的制度生成模式下，主要的治理策略是国家主动运用公权力限制生产企业对生态环境的肆意破坏。这种监管思路较为适合公众生态环境保护意识较弱、生产企业为主要污染者的历史时期。但是，随着近年来生态文明建设的不断推进，上述状况发生了一定程度的改变。以生活垃圾分类制度为代表的全民性生态环境保护制度将原子化的公民个人作为主要规制对象。在生活垃圾分类制度视角下，人人都是污染者、受害者、参与者、治理者、受益者，只有人人都践行生活垃圾分类，才能实现这一制度的治理目标。然而，各级地方政府在推行生活垃圾分类制度的过程中，仍然在很大程度上沿用了限制生产企业生态环境污染的监管思路，将"强制分类""监督机制"写入相关立法，以期通过公权力的严格监督来约束公众的垃圾投放行为、转变公众的生活习惯和消费习惯。在这种带有浓厚功利主义和实用主义色彩的监管思路下，生活垃圾分类陷入了治理成本高、治理效能低的困境。

（一）表象：生活垃圾分类监督机制的异化

现阶段，各级地方政府在推行生活垃圾分类时，在很大程度上沿用了监管

---

[1] 详见生态环境部环境与经济政策研究中心发布的《公民生态环境行为调查报告（2020年）》。

思路，主要依靠"垃圾分类督导员""垃圾分类社会监督员"等生活垃圾分类监督机制，并以行政处罚保障此类机制的有效实施。在实践发展过程中，此类监督机制逐渐从"督促指导公众进行生活垃圾分类"异化为"政府雇佣人员代替公众进行生活垃圾分类"，深陷治理成本高、治理效能低的法治困局。

据统计，目前各级地方政府已制定与生活垃圾分类相关的地方性法规94件、地方政府规章128件，另有421件地方规范性文件及1463件地方工作文件。[1] 相关法规、规章均对生活垃圾分类提出了强制性要求，明确了以罚款为主的行政处罚方式，并规定了相应的监督机制。如《上海市生活垃圾管理条例》第57条第2款规定："个人违反本条例第二十四条第一款规定，将有害垃圾与可回收物、湿垃圾、干垃圾混合投放，或者将湿垃圾与可回收物、干垃圾混合投放的，由城管执法部门责令立即改正；拒不改正的，处五十元以上二百元以下罚款。"为了将这一处罚条款落到实处，上海市聘用了相当数量的"垃圾分类督导员""垃圾分类社会监督员"等生活垃圾分类监督人员对公众生活垃圾投放行为进行监管。据报道，北京市也聘用了2万余名"垃圾分类指导员"[2]，以"人盯桶"的方式确保垃圾分类效果。垃圾分类指导员的关注点并非"桶里的垃圾"而是"投垃圾的人"，"站在桶旁盯着居民正确投放"[3] 重庆市聘用的"生活垃圾分类指导员"超过5000人，主要集中在社区一级。深圳市则在聘用"垃圾分类督导员"的基础上，进一步选聘了2000余名"垃圾分类社会监督员"，由后者针对具体垃圾分类投放点的垃圾分类情况进行监督，包括监督政府是否为特定垃圾分类投放点设置前述"垃圾分类督导员"[4]，这是一种复合的监督机制。厦门市的"生活垃圾分类指导员"已基本实现市区全覆盖，其主要职责是对公众投放的垃圾进行筛检和分类。由此可见，在当前生活垃圾分类制度模式下，垃圾分类监督指导人员发挥着相当重要的作用，旨在通过"盯人"的方式约束公众的垃圾投放行为并实现一定的宣传教育效果。这一机制明显遵循了监管思路，在实践中存在两方面问题：

---

[1] 数据来源：北大法宝，2025年7月28日。
[2] 参见《全市垃圾分类，2万名垃圾分类指导员不够用了》，载搜狐网2020年5月13日，https://www.sohu.com/a/394968989_255783。
[3] 参见《2020垃圾强制分类还要哪些准备？》，载北极星固废网2020年1月8日，https://huanbao.bjx.com.cn/news/20200108/1034780.shtml。
[4] 参见《深圳垃圾分类社会监督员服务平台上线，监督员上岗紧盯垃圾分类》，载百度网2021年1月11日，https://baijiahao.baidu.com/s?id=1688559795983494568。

其一，治理成本较高。此类监督机制以垃圾分类监督指导人员的设置为关键环节。对中等城市而言，若实现城区生活垃圾投放点全覆盖，则一般需聘用数千名垃圾分类监督指导人员，将产生大量的财政开销。这不仅大大降低了生活垃圾分类制度本身的可持续性，也使该制度经验难以向经济欠发达地区推广。

其二，治理效能较低。当前实践中很多省市建立的生活垃圾分类制度可以被归结为一种"立法－个人"的两级模式，即在顶层设计上地方立法先行，在执行层面直接监督公民个人。在结构上，这种模式缺少中间层级的治理环节；在导向上，这种模式以短时间内提高垃圾分类的准确率为目标。实际上，生活垃圾分类是一项全民行动，因此生活垃圾分类制度必然不是结果导向的，不能仅仅依凭生活垃圾分类的准确率来评价其实施效果，还应当考察生活垃圾分类的公众知晓率和公众参与率等指标。在这种"立法－个人"两级模式下，生活垃圾分类监督人员的作用极其关键，他们虽然能够有效提高生活垃圾分类的准确率，但是仍难以面面俱到地对生活垃圾投放者进行"监督"和"指导"。由于片面追求生活垃圾分类的准确率，这种生活垃圾分类监督机制便很快偏离了监督指导公众垃圾分类的初衷，而在一定程度上异化为"生活垃圾分类监督指导人员代替公众进行生活垃圾分类"的代位机制。《公民生态环境行为调查报告（2020年）》也证实，我国目前公众的生活垃圾分类意识已显著提高，但在践行方面尚不理想。[1] 这已经成为各省市在推行生活垃圾分类制度过程中所亟须解决的治理难题。

生活垃圾的产生，本质上是人们作为消费者在本能利用环境的过程中对环境施加的不利影响。为了将这种不利影响降到合理的范围内，现代社会推行了生活垃圾分类制度。就此而言，生活垃圾分类不仅是人们对自身行为的一种自我设限，而且表明了社会对人们行为的一种期望。因此，生活垃圾分类的个人实践是具有基础性的，这使生活垃圾分类制度具有明显的全民性。而上述监督机制仍然保留着以政府为主要规制主体、以污染企业为主要规制对象的传统生态环境管理制度的特点。作为生活垃圾分类制度的重要参与者，社会公众相对于污染企业来说，其利益关切更加多元、行为倾向更加多

---

[1] 认为分类投放垃圾对生态环境保护重要的人数占受访人数的92.6%，但经常践行分类投放垃圾的人仅占54.2%。参见生态环境部环境与经济政策研究中心发布的《公民生态环境行为调查报告（2020年）》。

样、组织化程度较低、守法成本更低、守法意愿更强。这些因素使得社会公众在生活垃圾分类等城市生态环境治理活动中具有明显不同于污染企业的行为特点。现行生活垃圾分类制度疏于依据社会公众的主体特殊性来选择治理策略，传统监管思路的沿用使该制度深陷治理困境，造成社会资源的极大浪费。

(二) 根源：硬法治理机制存在的理论矛盾

自现代意义上的环境法诞生以来，政府监管便是主要的规制进路，在污染防治、生态保护、资源节约等方面发挥了重要的作用，而且政府也必将在生态文明建设的新时期继续发挥主导性作用。[1] 但从生活垃圾分类制度实践来看，这种硬法治理机制在这一明显具有全民性的生态环境保护活动中表现出了自身的局限性。究其原因，在于对政府生态环境职责的理论认识存在思维定式，而对政府在全民性环保活动中的应然角色定位不清。

首先，生活垃圾分类治理实践中的政府监管措施与具有"回应型法"特点的生活垃圾分类法律规制并不匹配。美国学者诺内特和塞尔兹尼克将法律的进化路径总结为：压制型法、自治型法和回应型法。所谓"压制型法"，即法律制度受到政治权力的直接影响，以维护秩序为核心导向；"自治型法"强调规则中心主义，而不迷信权力，以程序正义为核心导向，但是过度的规则中心主义放大了法的滞后性，难以回应不断变化的社会现实对法的发展需要；"回应型法"则强调规则的灵活性和有效性，试图发现和回应社会问题，促进公共目的的实现，以实体正义为核心导向。[2] 生活垃圾分类正是近年来我国为回应社会需要而加速推行的制度措施，具有回应型法的特点。而政府监管措施体现得更多的是形式合理性，并非实质合理性，与生活垃圾分类的制度目标并不能完全匹配。

其次，生活垃圾分类的义务进路理论难以脱离政府监管思路的窠臼。理论界对生活垃圾分类的实践困境已有关注，在宏观层面探讨了生活垃圾分类制度的整体运行问题[3]，在微观层面探讨了公民生活垃圾分类义务的配置

---

[1] 参见吕忠梅：《论环境法的沟通与协调机制——以现代环境治理体系为视角》，载《法学论坛》2020年第1期。
[2] 参见［美］P. 诺内特、P. 塞尔兹尼克：《转变中的法律与社会：迈向回应型法》，张志铭译，中国政法大学出版社2004年版，第13页。
[3] 参见范文宇、薛立强：《历次生活垃圾分类为何收效甚微——兼论强制分类时代下的制度构建》，载《探索与争鸣》2019年第8期。

和实现问题[1]。生活垃圾分类的义务进路是其中具有代表性的学术观点。这一观点认为,生活垃圾分类实践困境的根源在于公民生态环境义务在法律体系中过分抽象和模糊,因此应加强公民环境义务的设置,以实现生活垃圾分类的全社会共同参与。这一进路旨在通过国家强制和市场主体、技术机构的支持,将各环节纳入一个增益互补的控制体系,从而脱离监管的窠臼。[2]然而,义务进路在很大程度上只能解决"义务如何配置"的问题,无法解决"义务如何实现"的问题。公众在生活垃圾分类活动中所负有的生态环境义务并不是一种消极的不作为义务,而是一种积极的作为义务。相对于不作为义务,作为义务的履行更难依靠严格的监管实现,更何况生活垃圾分类需要每一个原子化的公民履行这样的作为义务。正因如此,生活垃圾分类的义务进路往往走向了政府监管严密化的方向,难以真正脱离监管的窠臼。

归根结底,理论界对生活垃圾分类的"全民性"尚未给予足够的重视,在很大程度上是将以监管为中心的传统硬法治理机制套用在了生活垃圾分类治理领域,不适应新时代回应型法的建构需要,也难以回答"公民生活垃圾分类义务如何实现"的理论命题,造成了理论上的矛盾。理论上的矛盾导致生活垃圾分类制度实践缺乏理论的规范性引导,而在很大程度上只能依靠政府推动,陷入被动的治理局面。因此,我们有必要破除传统生态环境法律规制的思维定式,聚焦生活垃圾分类的全民性特点,将治理重心和研究重心向社区基层下移,寻找与生活垃圾分类制度更匹配的治理路径。

二、环境软法治理机制对社区生活垃圾分类难题的破解

(一) 我国社区治理的法治实践逻辑

社区是指聚居在一定地域范围内的人们所组成的社会共同体。[3] 社区治理就是这种社会共同体依托于各种组织和个人等网络体系,应对共同体内

---

[1] 参见冯林玉、秦鹏:《生活垃圾分类的实践困境与义务进路》,载《中国人口·资源与环境》2019年第5期;张璐:《公民环境法律义务的法理与实践——以垃圾分类投放为研究样本》,载《中国政法大学学报》2021年第3期。

[2] 参见冯林玉、秦鹏:《生活垃圾分类的实践困境与义务进路》,载《中国人口·资源与环境》2019年第5期。

[3] 参见魏娜:《我国城市社区治理模式:发展演变与制度创新》,载《中国人民大学学报》2003年第1期。

的公共问题，完成和实现公共服务与公共事务管理的过程。[1] 社区是公民个人从家庭走向社会的第一个空间，是介于初级群体和次级群体中间的组织，它对人们有着具情感性和易接近性的功能意义。[2] 因此，社区治理是社会治理体系的基础。

我国早在1999年的《全国社区建设实验区工作实施方案》中就明确提出了社区自治的概念，强调城市基层管理体制要由行政化管理体制向法制保障下的社区自治体制转变。[3] 党的十九大报告明确提出社会治理的现代化，要求"加强社区治理体系建设，推动社会治理重心向基层下移，发挥社会组织作用，实现政府治理和社会调节、居民自治良性互动"。

从学理上来看，社区治理体系建设的基本逻辑是：在政府主导下，公民利用市场社会的"自由活动空间"，构建相对独立于国家的具有一定自主性的"自组织空间"，从而形成一定程度上"自主""自为""自治"的社会自我支持系统。[4] 社区建设的核心在于社区自治，这种"自治"是相对于政府而言的，即社区本质上是属于社会的，政府最终要从社区退出，让社区回归社会。[5] 同时必须说明的是，这种"社区嵌入社会"的逻辑不同于西方理论中社会或"公民社会"与国家相对立的逻辑。[6] 将国家与社会相对立的逻辑既不符合中国的历史传统，也不符合中国的现实实践，更不符合中国的发展需要。我国现阶段所进行的社区治理体系建设，是在社区属于社会这一前提下，通过改变政府职能，重构地方政府与基层社会之间的关系，由政府单维管理向引入社会力量、培育社会组织、激发社区活力的方向转变。[7]

社会治理的法治化已经成为全社会的基本共识。[8] 社区治理体系建设内在地规定了社区治理的法治化，要求以法治保障社区治理的有序运行。[9]

---

[1] 参见夏建中：《治理理论的特点与社区治理研究》，载《黑龙江社会科学》2010年第2期。
[2] 参见夏建中：《治理理论的特点与社区治理研究》，载《黑龙江社会科学》2010年第2期。
[3] 参见陈家刚：《基层治理：转型发展的逻辑与路径》，载《学习与探索》2015年第2期。
[4] 参见李友梅：《社区治理：公民社会的微观基础》，载《社会》2007年第2期。
[5] 参见徐选国、徐永祥：《基层社会治理中的"三社联动"：内涵、机制及其实践逻辑——基于深圳市H社区的探索》，载《社会科学》2016年第7期。
[6] 参见郑杭生、黄家亮：《当前我国社会管理和社区治理的新趋势》，载《甘肃社会科学》2012年第6期。
[7] 参见徐选国、徐永祥：《基层社会治理中的"三社联动"：内涵、机制及其实践逻辑——基于深圳市H社区的探索》，载《社会科学》2016年第7期。
[8] 参见刘作翔：《关于社会治理法治化的几点思考——"新法治十六字方针"对社会治理法治化的意义》，载《河北法学》2016年第5期。
[9] 参见张文显：《习近平法治思想的理论体系》，载《法制与社会发展》2021年第1期。

社区治理法治化的逻辑基点在于依法治理：公共管理主体把法治作为社区治理的基本方式，运用法治思维和法治方式规范人们行为、调解社会关系、化解社会矛盾、维护社会稳定、促进社会和谐，形成制度化的社区治理体制，为社会公众的利益协调、权利保障提供常态化的法律渠道，最终实现社会治理的目标。[1]

（二）环境软法治理机制在社区生活垃圾分类治理中的现实可行性

生活垃圾分类等社区生态环境治理活动与社区治理之间具有密切的联系，这是环境软法治理机制适用的正当性基础。例如，2020年年底十二部委联合下发的《关于进一步推进生活垃圾分类工作的若干意见》，明确指出了生活垃圾分类工作在社区基层治理体系建设中的载体作用，以及社区治理已经成为推行生活垃圾分类工作的重要方面。[2] 就此，我们可以从生态环境治理与社区治理之间的关系视角来理解环境软法治理机制的可行性：

一方面，生活垃圾分类等社区生态环境治理活动离不开社区治理。生活垃圾分类等社区生态环境治理活动具有社会性和全民性，其治理实践主要是在社区、小区层面，其治理重心最终要下移至社区基层。生活垃圾分类等社区生态环境治理活动是一种需要全民共同参与的生态环境保护活动，人们对此类活动的认知、认同和践行是这项活动能够长效运行的基础。生活垃圾分类等社区生态环境治理活动的社会性和全民性使得其治理实践主要存在于社区基层层面，而非政府管控层面；存在于大众的日常生活中，而非政府的专项治理行动中。因此，生活垃圾分类等社区生态环境治理活动的治理重心向社区基层下移是必然的趋势。[3]

另一方面，社区治理以生活垃圾分类等社区生态环境治理活动为重要载体。目前，生活垃圾分类等社区生态环境治理活动已经成为社区治理工作的重要内容之一。群众性自治组织和社会组织在社区层面的生态环境治理活动

---

[1] 参见张文显：《法理泛在：法理主题致辞集》，法律出版社2020年版，第243页。
[2] 《关于进一步推进生活垃圾分类工作的若干意见》第10条规定："引导群众普遍参与。将生活垃圾分类作为加强基层治理的重要载体，强化基层党组织领导作用，统筹居（村）民委员会、业主委员会、物业单位力量，加强生活垃圾分类宣传，普及分类知识，充分听取居民意见，将居民分类意识转化为自觉行动。产生生活垃圾的单位、家庭和个人，依法履行生活垃圾源头减量和分类投放义务。"
[3] 参见汪劲：《进化中的环境法上的权利类型探析——以环境享有权的核心构造为中心》，载《上海大学学报（社会科学版）》2017年第2期。

中扮演着重要角色。就群众性自治组织而言，很多地方的社区生态环境管理规定中均明确了居民委员会、村民委员会等群众性自治组织在生活垃圾分类等社区生态环境治理活动中组织、动员、宣传、指导等环节的职责。[1] 就社会组织而言，我国各层级环保民间组织数量较大，据不完全统计，具备环境公益诉讼起诉资格的较大规模环保民间组织有300余家。[2] 在社区治理中，环保民间组织能够作为"桥介"将个人与社会相连接，形成"国家－社会组织－个人"的治理结构[3]，有助于在社区层面组织和开展生态环境治理活动。

总之，社区生态环境治理活动是生态环境治理体系和社区治理体系之间的结合点，兼具生态环境治理功能和社会治理功能的环境软法治理机制是生态环境治理体系与社区治理体系之间的法治结合点。在生活垃圾分类等社区生态环境治理活动中，我们可以突破传统硬法治理机制中以政府监管为主的模式，而采取环境软法治理机制。

（三）环境软法治理机制对硬法监管模式的突破

在生活垃圾分类等社区生态环境治理活动中，环境软法治理机制与硬法监管模式的差异，实际上是多元共治与政府监管的路径差异。多元共治与生活垃圾分类等社区生态环境治理活动在实践中的联系是非常直观和密切的。然而，目前我们的很多生活垃圾分类政策措施往往都忽视了二者之间的密切联系，舍近求远地推行硬法监管模式下的政府主导机制和以物业单位为主要责任主体的责任机制。[4] 这种硬法监管模式在生活垃圾分类等社区生态环境治理活动中存在较为严重的治理成本高、治理效能低的问题，已经难以满足

---

[1] 如《上海市生活垃圾管理条例》第41条规定："本市建立健全以居民区、村党组织为领导核心，居民委员会或者村民委员会、业主委员会、物业服务企业、业主等共同参与的工作机制，共同推进生活垃圾管理工作。居民委员会、村民委员会应当配合乡镇人民政府和街道办事处做好生活垃圾源头减量和分类投放的组织、动员、宣传、指导工作。倡导居民委员会和村民委员会将生活垃圾分类要求纳入居民公约和村规民约。乡镇人民政府和街道办事处应当将生活垃圾管理纳入基层社会治理工作，加强组织协调和指导。"

[2] 参见《环保公益诉讼主体资格放开：300余家社会组织入列》，载新浪财经2014年4月25日，http://finance.sina.com.cn/china/20140425/023918915157.shtml。

[3] 参见徐选国、徐永祥：《基层社会治理中的"三社联动"：内涵、机制及其实践逻辑——基于深圳市H社区的探索》，载《社会科学》2016年第7期。

[4] 参见吴宇：《从制度设计入手破解"垃圾围城"——对城市生活垃圾分类政策的反思与改进》，载《环境保护》2012年第9期。

现阶段制度发展的需要。环境软法治理机制的多元共治路径则是着眼于生活垃圾分类等社区生态环境治理活动的社会性和全民性特点，将此类活动的治理重心向社区基层下移，在社区自治中形成社区居民在生态环境治理活动中的自觉自为和相互监督。就此而言，环境软法治理机制的多元共治路径突破了传统的硬法监管思路，真正切合生活垃圾分类等社区生态环境治理活动的特点和现实需要。

第一，环境软法治理机制的多元共治路径的治理重心相对较低，能够因地制宜地运用社会约束力对社区居民行为实现直接有效的规制。环境软法治理机制的多元共治路径下，生活垃圾分类等社区生态环境治理活动的实施不再依赖于法律的权威，而是依靠社区居民之间的社会关系所形成的社会约束力。在社区语境下，这种社会约束力往往更能发挥约束、规范人们行为的作用。[1] 生活垃圾分类等社区生态环境治理活动具有全民性，这种活动的个人实践是基础性的，但政府通过外部的监督和科层制的管理很难触及个人生活的每一个角落。而社区是个人走向社会的第一个空间，与个人生活有着最直接的情感和物质联系。社区掌握着社区成员的行为、能力、需求等信息，对这些分散个人信息的合理运用有助于实现生活垃圾分类等社区生态环境治理活动的目标，做到市场和政府所不能做的事情。[2] 生活垃圾分类等社区生态环境治理活动的多元共治路径重心在社区基层，这能够突破硬法监管模式下"只见森林，不见树木"的误区，充分尊重规制对象的特殊性，更大限度地实现对个人行为的规制。

第二，环境软法治理机制的多元共治路径的治理成本较低，能够通过充分发动社会力量参与生活垃圾分类等社区生态环境治理活动，使政府得以从大范围的宣教、监管中解放出来。硬法监管模式下的"垃圾分类督导员"等监管、宣教机制通常需要较高的经济成本，而成效有限。这种过度行政化的现象严重影响了社会资源的配置效率，而且与社区自治的施策方向背道而驰。[3] 作为治理结构，社区具有治理成本较低的独特优势。一方面，因为社区成员之间未来存在相互影响的可能性较大，所以社区内部存在天然的互惠

---

[1] 参见张淑芳：《软法在行政法治体系中的地位研究》，载罗豪才主编：《软法与治理评论》（第2辑），法律出版社2016年版。

[2] 参见夏建中：《治理理论的特点与社区治理研究》，载《黑龙江社会科学》2010年第2期。

[3] 参见郑杭生、黄家亮：《当前我国社会管理和社区治理的新趋势》，载《甘肃社会科学》2012年第6期。

链机制，推动社区居民以符合社区共同体预期的方式行为以避免未来遭受报复；另一方面，社区居民参与社区共同体的活动越多，相互之间的互动越频繁，就越有更多成员的特点、行为、能力、需求等信息被发现，社区共同体的治理成本就会进一步降低，收益也随之增加。[1] 环境软法治理机制的多元共治路径不需要政府负责居民参与的具体事务，而是依靠社区的自我治理来实现生活垃圾分类的全民践行。其中，既有社区工作人员对社区的管理，也有社区居民的个人实践和相互监督。这使政府能够将社会资源更多地用于生活垃圾分类等社区生态环境治理活动的其他环节。

第三，环境软法治理机制的多元共治路径的治理效能较高，有助于促进社区居民从被动地守法转变为积极主动地组织化守法，培育有利于生态环境保护的良好社会风尚，同时也有助于推动社区治理体系进一步完善。从根本上来说，人们都有对美好生活环境的向往和追求，公民个人利益与社区生态环境治理活动所代表的生态环境公共利益之间存在一致的方面，这使得生活垃圾分类等社区生态环境治理活动的群众自律具有可能性。社区多元共治的核心在于社区自治，即社区居民对社区公共事务的自我治理。相较于政府从外部对社区公共事务的介入，环境软法治理机制的多元共治路径更有助于增强生活垃圾分类等社区生态环境治理活动中的群众自律与合作交流，减轻"搭便车""顺水舟"[2]等行为倾向对社区生态环境治理活动个人实践的影响。就此而言，环境软法治理机制的多元共治路径一方面突破了通过严格监管推行社区生态环境治理活动的路径，转而采取自律与合作的路径，这有助于将社会公众的被动式守法转变为主动式守法；另一方面发挥了社会对人们行为的约束作用，将分散化的守法转变为组织化的守法，再通过组织化的守法强化对个人行为的引导和规范。这一进路较为契合社区生态环境治理活动的社会性和全民性特点。与此同时，我国社区治理体系也在不断地发展和完善，而社区生态环境治理活动正是社区多元共治的重要载体。在社区层面推行社区生态环境治理活动，有助于健全社区工作人才的队伍建设、积累社区治理的实践经验、提升社区基层治理水平，最终推动社区治理体系的完善。

---

[1] 参见夏建中：《治理理论的特点与社区治理研究》，载《黑龙江社会科学》2010年第2期。
[2] 参见[美]埃莉诺·奥斯特罗姆：《公共事物的治理之道：集体行动制度的演进》，余逊达、陈旭东译，上海译文出版社2012年版，第126页。

（四）环境软法治理机制中多元共治的实现

1. 主体责任的分配：政府主导与社区自治的协调

生态环境问题本质上并非单纯的自然环境保护问题，同时也是社会问题和经济问题。生态环境治理具有社会面向，其治理体系中包含社会要素，这些社会要素与政府管制、市场调节形成相互影响、相互补充的治理结构。就这一意义而言，生态环境治理与社会治理之间存在广泛而密切的联系。这也是环境软法治理机制的多元共治路径得以实现的原因之一。但是，生态环境治理与社会治理也存在体系上的差异：在生态环境治理体系中，"政府为主导"；而在社会治理体系的"政府治理和社会调节、居民自治良性互动"中，则更强调"社区自治"。这种体系上的差异使得环境软法治理机制的多元共治路径中存在"政府主导"与"社区自治"之间的张力。因此，实施环境软法治理机制的多元共治应合理分配政府部门、社会组织、群众性自治组织等治理主体的职责，协调"政府主导"与"社区自治"之间的关系，实现环境责任的共担。[1] 在主要依靠政府推行环境软法的现状下，实施环境软法治理机制的多元共治则要求政府转变职能、不再承担具体的监督管理职责，而依托社区治理体系，发动社会主体的自治力量，为多元共治建立组织保障。

目前，能够为环境软法治理机制的多元共治路径提供组织保障的社区治理体系仍在不断完善过程中。我国社区的类型主要有四种：农村社区、城市社区、城中村社区、城乡接合部社区。城市社区的类型包括传统式街坊社区、单一式单位社区、演替式边缘社区、新型住宅小区社区；农村社区的类型包括一村一社区、一村多社区。城市社区和农村社区在基层治理方面有很大区别，随着"村庄社区化管理"的推进，城市社区治理模式也逐渐被用于农村社区治理中。现阶段的社区多元共治方式遵循去行政化和社区自治的原则，主要做法是在社区设立服务平台，并在此基础上构建基层党组织、群众性自治组织、社区社会组织、社区居民等社区内的多元主体协调合作、共同治理的社区复合治理体系，在多元主体共同提供社区公共服务、优化社区秩序的过程中，实现公共利益的最大化。归根结底，多元共治的方式就是"把

---

[1] 参见李嵩誉：《环境保护责任共担的法治进路——对破解环境保护"搭便车"难题的思考》，载《现代法学》2020年第5期。

自治的部分还给自治组织"和"把行政的部分还给行政组织"。[1]

在环境软法治理机制的多元共治中，必须进一步强调社会组织的"桥介"作用。社会组织在国家与个体之间发挥着重要的桥梁和媒介功能，能够成为国家与个人关系的调适器和缓冲剂。[2] 目前，我国环保民间组织活动较为活跃，在促进环境保护宣传教育、公众参与等方面发挥着重要作用。环保民间组织能够通过不同形式、不同内容的活动，将社区内具有生态环境保护偏好的居民组织起来，共同参与市民环境公约执行活动。这体现了环境软法治理机制的多元共治路径下"国家－社区－个人"和"国家－社会组织－个人"的组织逻辑。

在重视社区自治的同时，也必须充分理解环境软法治理机制的多元共治路径中政府的主导作用。在社区自治中，实施环境软法治理机制的多元共治可以遵循少数服从多数的民主原则，但是仍需要一定的约束力作为保障。然而，社区社会日益原子化的现实导致社区中原本的血缘、人情、舆论等约束机制在不同程度上失去了约束力，而群众性自治组织的治理能力普遍较弱，尚难以形成利益分配的连带制衡机制。因此，就当前实际情况而言，公权力尚无法从环境软法治理机制的多元共治路径中完全撤出，法律规范所赋予的行政强制力仍然是环境软法治理机制的保障。实施环境软法治理机制的多元共治需要在"政府主导"和"社区自治"之间达成平衡，过于强调"政府主导"会导致环境软法的全民自觉遵守遥遥无期，过于强调"社区自治"则脱离了乡土社会约束机制不健全的现实国情。[3]

生态环境治理体系的"政府主导"与社会治理体系的"社区自治"虽然存在语义上的抵牾，但在深层次上具有一致性。在这一认识前提下，环境软法治理机制的多元共治路径中责任的再分配，实际上就是改变"政府包揽一切"的治理方法，将更多的社区治理责任留给社会主体来承担，在这种职能的转变中寻求"政府主导"与"社区自治"之间的协调与平衡。

2. 执行方式的转变：合作共治对监督指导的替代

从环境软法治理机制的多元共治实践中我们已经清楚地看到，政府单维

---

[1] 参见郑杭生、黄家亮：《当前我国社会管理和社区治理的新趋势》，载《甘肃社会科学》2012年第6期。
[2] 参见徐选国、徐永祥：《基层社会治理中的"三社联动"：内涵、机制及其实践逻辑——基于深圳市H社区的探索》，载《社会科学》2016年第7期。
[3] 参见陈锋：《分利秩序与基层治理内卷化 资源输入背景下的乡村治理逻辑》，载《社会》2015年第3期。

的监督指导思路难以起到良好的治理效果，因而目前亟须在执行方式上对多元共治寻求进一步优化。"政府主导"与"社区自治"的冲突与一致不仅体现在主体责任的分配中，也体现在执行方式的转变中。生态环境治理体系强调在政府主导下的生产企业、社会组织及公众的共同参与和多元共治[1]，社会治理体系则强调在社区自治基础上的政府、社会和居民间的合作共治[2]。因此，生态环境治理体系的"政府主导"与社会治理体系的"社区自治"都是对多元主体合作共治的一致选择。社区生态环境治理既是生态环境治理问题，也是社区治理问题；既是公域治理问题，也是私域治理问题。因此，合作共治符合环境软法治理机制的多元共治路径特点，可以代替政府的监督指导，成为新时代环境软法治理机制的主要执行方式。

首先应当注意的是，生态环境治理体系和社区治理体系对"合作共治"的要求存在语境和目标上的差异，并非完全一致且能互相套用的。因此，有必要详细阐述两个体系中合作共治的基本内涵和运作模式。

在生态环境治理体系中，合作共治一般被称为"环境多元共治"，这已成为近年来理论界和实务界所热议的问题之一。其主要是指为了改善生态环境质量和保障生态环境公共利益，立法赋予社会组织、社会公众、生产企业等社会主体适当的生态环境治理权利，以实现与行政主体在环境污染防治和生态保护等方面的协作配合。[3] 环境多元共治通过"共治"的程序和制度设计，将政府部门、生产企业、社会公众及社会组织同时纳入生态环境治理主体范围，平衡了不同生态环境利益主体的地位，改变了传统生态环境治理体系中行政独大的状况。[4] 环境多元共治一般是由政府主导的，并从行政管制、行政指导、经济刺激与合作参与四个方面与社会主体进行沟通和交流。[5] 这些现代化的治理手段能够极大地激发各治理主体的积极性和主动性，同时也是国家生态环境治理能力现代化的体现。

在社区治理体系中，合作共治是社区治理的核心目标，主要是指政府、

---

[1] 参见张文明：《"多元共治"环境治理体系内涵与路径探析》，载《行政管理改革》2017年第2期。

[2] 参见陈家刚：《基层治理：转型发展的逻辑与路径》，载《学习与探索》2015年第2期。

[3] 参见孟庆春、张夏然、郭影：《"供应链+多元主体"视角下中小制造企业污染共治路径与机制研究》，载《中国软科学》2020年第9期。

[4] 参见秦天宝：《法治视野下环境多元共治的功能定位》，载《环境与可持续发展》2019年第1期。

[5] 参见秦天宝、段帷帷：《多元共治助推环境治理体系现代化》，载《世界环境》2016年第3期。

市场、社会三大主体及其各种组织在社会管理和社区治理过程中充分发挥自身优势，共同管理社会和社区公共事务。在这种合作共治的运作模式下，不同社会主体之间相互关联，主体性发生"你中有我，我中有你"的重叠，最终形成一个具有复合性的社会主体，即社会复合主体。[1] 社会复合主体的产生意味着政府从社区中的退出以及社会主体活力的激发，这不仅标志着社会运行和社会组织结构的创新，而且能够有效保障经济运行、构建和谐社会。总之，合作共治是社区治理体系和治理能力现代化的必由之路。

生态环境治理体系和社区治理体系下的"合作共治"概念虽然存在语义上的不同，但也具有高度的一致性。这种一致性表现为，二者都强调各主体间的沟通与协调，为各类社会主体提供充分有效的表达利益诉求和参与公共事务的渠道，而公权力主体则转变职能，以平等的地位与各治理主体进行利益沟通和交流，推动相关政策的有效实施。

环境软法治理机制是生态环境治理体系和社区治理体系的法治结合点，这决定了合作共治是其必然的选择。合作共治兼具社会理性和生态理性，它既是一种执行理念，也是一种执行方式。在环境软法治理机制的多元共治路径下，合作共治可以替代监督指导，克服传统政府单维监管模式难以应对社区生态环境治理"全民性"的困局。就此而言，应在社区层面的生态环境治理活动中突破传统的监督指导模式，在多元利益主体充分沟通和交流的基础上，更多地采取主体间合作共治的方式和策略。合作共治在环境软法治理机制的多元共治路径中的运用，不仅有助于加强社区居民对公共事务的自我治理，形成环境软法治理机制的社会参与模式，而且有助于促进多元主体对生态环境利益和社会经济利益的沟通与交流，克服政府单维监管的不足，最终推动社区治理体系和生态环境治理体系的建设。

在风险社会中，生态环境保护越来越需要全社会的共同参与，同时社会公众对良好生态环境的需求也越来越迫切。生态环境治理的重心下移是必然的选择。[2] 就此意义而言，本章在生活垃圾分类议题下所探讨的多元合作共治机制具有方法论层面的意义。社区治理不单单是社会学的理论命题，更应当是一种扎根于我国实际需要的实践活动；生态环境治理已无法在"命令-

---

[1] 参见郑杭生、黄家亮：《当前我国社会管理和社区治理的新趋势》，载《甘肃社会科学》2012年第6期。
[2] 参见汪劲：《论环境享有权作为环境法上权利的核心构造》，载《政法论丛》2016年第5期。

控制"的政府监管模式中自圆其说，而需要将治理重心下移，深入社区基层，实现实质上而非形式上的多元主体合作共治。在我国大力推行绿色生活和绿色消费的背景下，环境软法治理机制的多元共治路径能够有效弥补政府单维监管模式的不足，回应广大民众对生态环境的现实关切和需要，为生态环境守法提供持续的动力支持。

分 论

第六章　中国环境软法治理机制的两大类型及其代表性软法规范

环境软法治理机制是一种促进主体自治和共治的治理策略。从功能主义的角度来说，环境软法治理机制就是能够使环境软法发挥生态环境治理功能和社会治理功能的机制。以主体类型为标准对自治和共治的相关机制进行细分，大致可以将环境软法治理机制分为两大类型，而这两大类型均有其最具代表性的软法规范。本章作为分论的第一个章节，旨在提纲挈领地概述环境软法治理机制的具体类型及其代表性软法规范，为后续章节对各种治理机制的分别探讨奠定基础。

第一节　中国环境软法治理机制的类型划分

环境软法治理机制的规制策略主要是自治与共治，这与环境硬法外部控制的规制策略具有明显的区别。因而，"自治"和"共治"是对环境软法治理机制进行类型划分的首要因素。

所谓"自治"与"共治"，是不能脱离主体的限定的。在环境法律关系中，主体主要是政府、企业、社会组织和公众。在环境法的视野下，主体身份具有很强的区分意义，政府、企业、社会组织和公众各主体在环境法中的权利和义务均不相同，也不对等。中央文件明确提出，在现代生态环境治理体系下，"政府为主导，企业为主体，社会组织和公众共同参与"。环境软法治理机制对主体自治与共治的促进作用也必须建立在各主体权利和义务均不相同的基础之上。因此，环境软法治理机制的类型划分，除了必须考虑自治和共治的因素，还必须考虑主体的因素。

综合自治与共治、主体两方面因素后，我们可以首先划分出两类自治机制，即行政主体自治机制、社会主体自治机制。立足于自治的软法治理机制，可以进一步衍生出共治机制，即范围较广的，包含政府、企业和社会公众在内的多元合作共治模式。环境多元共治相关内容在本书总论章节已有论述，本章将着重深入探讨两类具有自治特点的环境软法治理机制，因为其具有更强的基础性。

就自治方面而言，虽然环境软法治理机制对各个主体的自治均有一定程度的促进作用，但由于各个主体在环境法律关系中所负的义务各不相同，环境软法治理机制促进各主体自治的方式和目标也有所不同。这个问题要求我们对上述两类自治机制进行进一步的具体化。

首先，就行政主体的自治而言，政府在生态环境治理中居于主导地位，行政权力几乎涉及生态环境公共治理的方方面面。所谓政府自治或行政自制，是指政府自觉约束和规范行政权力的形式，通过自我控制实现自我治理。为此，行政主体创设环境软法，以实现对自身行为的合理控制。因此，在行政主体的自治方面，本书将探讨行政主体行为的环境软法治理机制。

其次，就社会主体的自治而言，社会主体是环境治理中的重要参与者，生态环境的最终改善离不开其参与和评价。所谓社会主体的自治，是指社会主体自觉践行绿色生活和绿色消费理念，在经济人、理性人的品格之上，提升作为生态人的素养。环境软法能为社会主体环境行为树立合理预期，调解社区基层生态环境纠纷，促进实现社会主体的环境自律。因此，在社会主体的自治方面，本书将探讨社会主体行为的环境软法治理机制。

第二节 中国环境软法治理机制两种类型的代表性软法规范

两类环境软法治理机制不仅是理论上对环境软法治理机制的类型划分，也具有实在法基础。软法研究应当立足于实在法规范，这已经成为软法研究的一项基本共识。本书对环境软法治理机制的研究最终也必然要回归到实在法规范层面。为此，有必要为两类环境软法治理机制识别出我国实践中最具代表性的环境软法规范，以供进一步研究。

其一，行政主体行为的环境软法治理机制以环境行政处罚裁量基准为代表性软法规范。目前，我国在环境治理过程中大量依赖行政执法手段，但既有立法技术已经无法满足现实的需求。中国地域辽阔，不同地区的社会经济发展程度和产业结构各不相同，环境容量也不一样，因此，同样的违法行为在不同地区造成的环境影响不尽相同，判定应受到何种惩罚自然无法适用同一裁量标准。而环境行政处罚裁量基准是行政主管部门制定的自我约束规范，这十分契合我国现行环境管理状况，因为环境问题的主要特征就在于其具有科学上的不确定性。这种不确定性不但影响了环境法律的形式与内容，而且给环境法律制度的建构带来许多复杂的因素，增加了法律创制的难度。环境软法应在法律的确定性与这种不确定性之间找到平衡点，稳定环境法律与社会需求之间的关系。因此，环境行政处罚裁量基准是行政自制促进机制中具有代表性的软法规范。

其二，社会主体行为的环境软法治理机制以市民环境公约为代表性软法规范。在我国现行环境法律法规中，能够对公众行为起到直接约束作用的，主要是属于硬法范畴《民法典》中的各项绿色条款和属于软法范畴的村规民约。其中，市民环境公约在近几年发展迅速，呈现出普遍化、科学化的趋势。市民环境公约不仅能够对公众环境行为起到自我约束作用，还能够为公众参与环境公共事务提供合理契机和协商途径。因此，市民环境公约是公众自律实现机制中具有代表性的软法规范。

综上所述，本书将在后续章节中以环境行政处罚裁量基准为代表探讨行政主体行为的环境软法治理机制，以市民环境公约为代表探讨社会主体行为的环境软法治理机制。

第七章 行政主体行为的环境软法治理机制
——以环境行政处罚裁量基准为代表

环境软法治理机制能够促进行政主体的自我规制，这种作用主要表现在环境行政处罚裁量基准制度中。就此而言，行政自制促进机制是环境软法治理机制的一个主要内容。本部分通过阐释行政处罚裁量基准的概念，分析环境行政处罚裁量基准的特殊性，继而较为清晰地阐明环境行政处罚裁量基准这一软法规范是如何促进行政自制的。

第一节 行政处罚裁量基准的兴起及其软法性质

一、行政处罚裁量基准的兴起和发展

近代以来，西方政治学家和法学家对"权力"都持相当谨慎的看法。孟德斯鸠就曾警示："自古以来的经验表明，所有拥有权力的人，都倾向于滥用权力。"[1]而他所提出的解决方法主要是"以权力制约权力"，该方法在很大程度上现实化为美国的"三权分立"，并最终以制度形式固定下来，成为美国权力控制的基本手段。法律制度为权力所划定的界限，是主体行使权力的范围，在这一范围内，主体可以"自由"选择和判断行使对象、考虑因素、法律后果等。[2] 因此，在某种意义上，前述界限描绘了立法所能容忍的滥用权力的空间。

法律往往仅规定行政权力的大致内容和运行框架，使政府能够实现其社会服务、税收、治安、环保等行政功能。但是，这也使得行政主体在具体行

---

[1] [法]孟德斯鸠：《论法的精神》（上卷），许明龙译，商务印书馆2019年版，第185页。
[2] 参见余凌云：《对行政自由裁量概念的再思考》，载《法制与社会发展》2002年第4期。

使权力时具有较大的自由裁量空间。这在一定程度上导致了当代中国行政权力的扩张现象。[1] 对于特定个案，具有较大的自由裁量空间就意味着，行政主体可以在较为宽松的条件下，作出具有针对性的决定。

首先应当肯定的是，行政主体的裁量权本身是一项正当权力。学者们对此多有论述，且普遍认为其存在的主要原因有：一是人对于未来事物的认识是有局限性的，立法机关只能授权行政机关对新情况、新问题作出处理；二是社会生活纷繁复杂，行政机关必须具体问题具体分析，而不能对同类问题一概而论；三是行政活动具有较强的专业性，立法机关应当尊重行政机关在相关领域的专业性；四是法律永远无法做到完备，其作为一种社会控制手段，本身具有一定的局限性。[2] 在当今行政的形式法治状态下，行政裁量权是行政主体在其职责履行中实现个案正义的现实需要，从某种意义上来讲，这是行政裁量权得以存在的根本原因。

但是，现实中的法律赋予行政主体的行政裁量权可能出现过宽或过窄的问题，这在不同程度上影响着行政裁量权的实际作用。在立法"宜粗不宜细"的我国，行政裁量权的问题并不是过窄，而是过于宽泛。在环境立法中，这一问题尤为严重。2015年修订的《大气污染防治法》中有三项法律责任条款都规定了"十万元以上一百万元以下"的宽泛罚款幅度，此种修改所体现的加大污染者违法成本的立法倾向符合2014年修订的《环境保护法》的立法理念且是值得肯定的，但随之而来的问题是，基层环境行政主体有相当大的行政处罚裁量空间而缺少必要的限制。这使得环境行政处罚"同案不同判"现象非常普遍。[3] 更进一步，这加大了行政腐败、权力寻租等行政失灵风险，特别是在中国式人情社会中，基层环境行政主体很难抵制住"社会资本"的侵蚀，在作出行政处罚决定过程中很可能考虑种种不相关因素。[4]

归根结底，行政裁量权不是，也不应当是一种宽泛的授权，并不存在绝对意义上的"自由"裁量，而更多的是合义务、合目的的裁量。[5] 行政主体基于裁量权的判断和选择，并非随心所欲、恣意擅断的，而是受制于立法

---

[1] 参见崔卓兰：《行政自制理论的再探讨》，载《当代法学》2014年第1期。
[2] 参见李宝君：《行政裁量权及其控制》，载《河北法学》2011年第2期。
[3] 参见王树义、李华琪：《论环境软法对我国环境行政裁量权的规制》，载《学习与实践》2015年第7期。
[4] 参见章志远：《行政裁量基准的理论悖论及其消解》，载《法制与社会发展》2011年第2期。
[5] 参见杨建顺：《行政裁量的运作及其监督》，载《法学研究》2004年第1期。

目的、原则、规则以及相关标准，概言之，是受到制度约束的。"将权力关进制度的笼子里"是当前中国共产党在执政方式上的庄严承诺，它有着非常现实的时代背景。在这个目标下，是否要限制行政裁量权已经不是所需讨论的问题，更重要的问题是我国应当建立何种制度来"关住"行政裁量权。更进一步，我们是应当创造本国特殊的制度还是借鉴域外已有的经验？是采用权力制衡、权利制约权力的方式，还是采用权力自我控制的方式？哪些行政裁量权必须受到更严格的限制？在行政裁量权运行的哪些环节采取控制手段？

行政处罚裁量基准制度就是我国法治实践对这些问题所作的一个回答。出于规范基层执法人员行政裁量的现实需要，行政处罚裁量基准作为一种制度创新，首先是从基层实践中产生并进入人们视野的。2004年，浙江省金华市公安局发布了《关于推行行政处罚自由裁量基准制度的意见》，在该市公安系统内率先推行了行政处罚裁量基准制度。这一制度从基层公共事务治理实践中诞生后，便逐渐在我国各地大量涌现，并进入了环境法领域，发展成环境行政处罚裁量基准制度。这一创造性的法律实践成为行政法学、环境法学等部门法学所无法忽视的法律现象。

行政处罚裁量基准的产生和迅速发展具有一定的政策背景。2004年，国务院发布了《全面推进依法行政实施纲要》，提出"行使自由裁量权应当符合法律目的，排除不相关因素的干扰"，这可以作为金华市行政处罚裁量基准制度创新的有力支持。此后，2006年，《中共中央办公厅、国务院办公厅关于预防和化解行政争议健全行政争议解决机制的意见》再次强调，要"对行政机关的行政裁量权进行细化、量化和规范，防止滥用行政裁量权"；2008年，《国务院关于加强市县政府依法行政的决定》明确提出"建立行政裁量标准制度"；2014年，《中共中央关于全面推进依法治国若干重大问题的决定》要求"建立健全行政裁量权基准制度，细化、量化行政裁量标准，规范裁量范围、种类、幅度"；2024年，《中共中央关于进一步全面深化改革、推进中国式现代化的决定》部署了"完善行政处罚等领域行政裁量权基准制度，推动行政执法标准跨区域衔接"的重大立法任务和政治任务。与此同时，各地方在2003年以来的行政实践中，已经发布了大量的行政处罚裁量基准，涉及治安、工商、环保等多个领域。在中央文件的不断背书下，行政处罚裁量基准这一回应当下行政法治需求的创新性制度措施，在产生后的20余年内在我国取得了极大的发展。

二、行政处罚裁量基准的理论研究成果

在近些年的行政法学研究中,很多学者从不同角度系统地阐述了行政自我控制理论,或称行政自制理论。所谓行政自制,是指控制行政权力的一种方法。它不同于对行政权力的立法控制和司法控制,而是行政机关自发地约束其所进行的行政活动,使其行政活动保持在合理合法范围内运行的一种机制。[1] 就此而言,行政处罚裁量基准制度是一种行政自制的手段[2],学界对行政处罚裁量基准的性质、正当性、制定主体和程序、技术构造、司法审查等基本问题的研究,实际上也是建立在行政自制理论基础之上的。

在行政自制理论研究方面,我国学者进行了较为深入的探讨,如崔卓兰教授、于立深教授等系统地阐述了行政自我控制的必要性、正当性、一般途径等基本问题。之所以发展行政自制,是因为通过立法和司法手段对行政权进行控制具有天然的局限性。就立法控制来讲,首先,法律不可能面面俱到地规定行政活动范围的所有细致问题,更不可能预见尚未出现的问题;其次,立法机关的组织定位和主要任务也不在于规范具体的行政裁量行为。就司法控制来讲,司法机关对行政裁量权的控制存在范围窄、成本高、时间滞后、专业性弱等问题。[3] 而行政机关对自身行为的自我控制,能够弥补立法与司法在控制行政权力方面的功能性不足。[4]

在行政处罚裁量基准的理论模式研究方面,我国学者针对该制度在高速发展中暴露出的一系列严峻而普遍的实践问题,广泛研究了德国、日本、韩国的行政基准制度[5],英国的"非正式规则"制度[6],以及美国的行政裁量控制路径[7]。在这些域外经验中,新兴的功能主义建构模式的控权理论与我国所建立的行政处罚裁量基准制度高度契合,因此我国学者将其作为行

---

[1] 参见于立深:《多元行政任务下的行政机关自我规制》,载《当代法学》2014年第1期。
[2] 参见周佑勇:《裁量基准的制度定位——以行政自制为视角》,载《法学家》2011年第4期。
[3] 参见崔卓兰、刘福元:《论行政自由裁量权的内部控制》,载《中国法学》2009年第4期。
[4] 参见于立深:《多元行政任务下的行政机关自我规制》,载《当代法学》2014年第1期。
[5] 参见朱新力、罗利丹:《裁量基准本土化的认识与策略——以行政处罚裁量基准为例》,载《法学论坛》2015年第6期。
[6] 参见余凌云:《现代行政法上的指南、手册和裁量基准》,载《中国法学》2012年第4期。
[7] 参见朱新力、罗利丹:《裁量基准本土化的认识与策略——以行政处罚裁量基准为例》,载《法学论坛》2015年第6期。

政处罚裁量基准的理论模型。[1]

所谓功能主义建构模式，是相对于传统规范主义控权模式而言的。规范主义控权模式以立法权、司法权制约和控制行政裁量权，通过这样的"法律控制"来实现法治，但这一进路有片面追求形式法治、压制行政裁量生长空间和个性发展之虞。[2] 相比于规范主义控权模式的"法律自治"风格，功能主义建构模式具有"政府自治"的风格。[3] 行政处罚裁量基准虽然也是以规则形式出现的，但并非源于立法权、司法权的外部控权，而是基于行政机关对自身权力的自我规范和控制。司法机关应当尊重行政机关在法律原则之下制定行政规则规范行政裁量权的行为，给予其自我生长和个性化发展的空间。政府自身的自制可以作为对行政权滥用的第一道防线，立法和司法机关的控制则作为第二道防线。为了实现行政自由裁量权有序健康运行，需要将这两条防线相互结合。可以说，功能主义建构模式是目前最能解释我国行政处罚裁量基准的理论模型，为我国行政处罚裁量基准的研究和制定提供了一个基本的框架。

功能主义建构模式的控权理论主要突出了行政处罚裁量基准作为一种行政自制手段规范裁量权的功能，并且将这一功能的实现作为构建和评价行政处罚裁量基准制度的标准。这一理论中所阐述的行政处罚裁量基准的控权功能主要体现在三个方面：限定行政处罚裁量权、建构行政处罚裁量权和制约行政处罚裁量权。[4]

限定行政处罚裁量权，是指行政处罚裁量基准通过将较大的裁量幅度化为若干个较小的与情节相对应的裁量幅度，来剔除不必要的裁量权，使裁量空间合理化。[5] 裁量空间太大或太宽容易滋生裁量权的滥用，仅仅通过立法很难详细、具体地确定裁量权的范围。行政处罚裁量基准通过情节细化和效果格化，在法定的裁量范围内，进一步限缩了裁量权的行使空间。

---

[1] 详见周佑勇：《裁量基准的制度定位——以行政自制为视角》，载《法学家》2011年第4期；周佑勇：《裁量基准的正当性问题研究》，载《中国法学》2007年第6期；周佑勇、熊樟林：《裁量基准制定权限的划分》，载《法学杂志》2012年第11期；周佑勇：《裁量基准公众参与模式之选取》，载《法学研究》2014年第1期；周佑勇、熊樟林：《裁量基准司法审查的区分技术》，载《南京社会科学》2012年第5期。
[2] 参见周佑勇：《行政裁量基准研究》，中国人民大学出版社2015年版，第82页。
[3] 参见周佑勇：《行政裁量的治理》，载《法学研究》2007年第2期。
[4] 参见周佑勇：《行政裁量基准研究》，中国人民大学出版社2015年版，第43页。
[5] 参见周佑勇：《裁量基准的正当性问题研究》，载《中国法学》2007年第6期。

建构行政处罚裁量权，是指行政处罚裁量基准通过情节的细化，在法律条文的基础上，进一步规范行政主体在相关处罚活动中的考虑事项。[1] 建构裁量权功能与限定裁量权功能，两者既相互区别又相互联系。在裁量基准发挥限定裁量权功能之后，裁量权中不必要的裁量空间将被剔除，但此时对所留有的裁量空间也需要进行进一步规范和控制。这种控制就涉及通过情节细化技术对行政裁量权进行建构。行政处罚裁量基准所设定的情节，或者具体的裁量因素和裁量权重，都是对相关案件中利益衡量结果的一种体现，也是对立法目的的一种表达。因为一项行政处罚活动可能具有多重目的，这些目的之间可能存在竞争或一致，但在实际管理活动中往往需要确定优先考虑的目的。而这一过程可以通过对优先考虑事项的列举及其权重的赋予，在裁量基准的规则中予以体现。裁量基准通过情节细化技术，确定行政裁量中应当考虑以及优先考虑的事项，并避免不应当考虑的事项影响裁量，以此实现对行政处罚裁量权的建构。建构裁量权功能是行政处罚裁量基准作为一种行政自制手段，相较于立法控制和司法控制这些外部控制手段的主要优点，也是功能主义建构模式的突出特点。

制约行政处罚裁量权，是指通过公开行政裁量基准，实现行政管理过程的公开，使"权力在阳光下运行"，促进行政裁量的公众监督。[2] 如果没有行政处罚裁量基准，那么无论是法院、上级行政机关，还是行政相对人和社会公众，都会缺少审查、监督行政处罚行为的必要信息。而制定行政处罚裁量基准，就可以实现将行政机关在行政处罚活动中的裁量因素和裁量效果公之于众：司法机关可以据此审查相关行政处罚行为的合理性；上级行政机关可以据此监督下级行政机关的履职情况；社会公众也可以据此监督行政机关影响自身权益的行政处罚行为。

因此，在我国行政法学理论中，行政处罚裁量基准是一种功能主义建构模式的行政自制制度，具有限定、建构和制约裁量权的功能，其中建构裁量权功能是其最突出的特点。

三、行政处罚裁量基准的制度定位及其软法性质

在我国当前行政处罚裁量基准的控权模式下，通过设置规则，将裁量权

---

[1] 参见周佑勇：《行政裁量的治理》，载《法学研究》2007年第2期。
[2] 参见［美］肯尼斯·卡尔普·戴维斯：《裁量正义》，毕洪海译，商务印书馆2009年版，第245页。

控制在一个合理的限度内，防止裁量的恣意和独断。行政处罚裁量基准必须为裁量权的行使留有必要的空间，避免将行政处罚活动变为机械的惩罚程序，将积极的行政处罚裁量权的行使变为消极的行政义务的履行。总之，行政处罚裁量基准是通过情节细化和效果格化来设定规则，以将裁量权控制在合理范围内的，因此其制度定位就是规则与裁量之平衡。[1]

（一）通过设定规则控制裁量权

作为由行政机关制定的控制自身行政处罚裁量权的行政规则，行政处罚裁量基准具有规则主义的外表。它以情节细化和效果格化为技术构造，通过要求行政机关遵守这些规则，实现对行政处罚裁量的自我控制。

行政处罚裁量基准之"规则"不同于法律为控制行政权力所设定的"规则"，前者是行政机关积极、主动、自愿设置的控制自身权力的内容和要求，而后者则是通过行政机关被动地遵守来实现控权目的。这一区分本质上是行政处罚裁量权的功能主义建构模式和规范主义控权模式之区分。与规范主义的控权手段相比，行政处罚裁量基准对行政处罚裁量权的控制是多方面的，并且将控制的重点从权力本身的性质和范围转向了权力运行的过程。行政处罚裁量基准对情节的细化，主要是预先设定裁量活动中应当考虑的裁量因素及其判定标准；而对效果的格化，主要是限缩处罚效果范围，从而降低裁量结果的差异性。

具体而言，通过细化规则的设定，行政处罚裁量基准从以下三个方面实现了对裁量权的控制：

其一，限制处罚幅度，剔除不必要的裁量权，发挥限定裁量权的功能。实践中，裁量活动往往会受到不相关因素的干扰，继而导致权力寻租、行政失灵的状况，在环境行政处罚领域更是如此。作为发展中国家，我国各地区经济发展水平具有较大差异，在一些经济与环境关系较为紧张的地区，国家环境立法的实施效果将受到很大影响。一方面，我们不能一味苛责基层环境执法人员未能顶住压力严格执行环境行政处罚的有关规定，因为人类环境问题有其深刻的现实背景。另一方面，有必要对国家环境立法赋予行政机关的行政处罚裁量权进行限制，避免处罚结果畸轻或畸重。而行政处罚裁量基准通过将法律法规中的处罚幅度细化为多个较小的处罚幅度，达到了缩小裁量

---

[1] 参见周佑勇：《行政裁量基准研究》，中国人民大学出版社2015年版，第63页。

空间的目的。2019年,《生态环境部关于进一步规范适用环境行政处罚自由裁量权的指导意见》(以下简称《环境行政处罚指导意见》)明确提出,要"细化裁量标准,压缩裁量空间"。

其二,列举裁量因素,规范裁量权的运行,发挥建构裁量权的功能。为了减少不相关因素的干扰,行之有效的方法是正向地列举裁量活动应当考虑的相关因素。行政处罚裁量基准通过情节细化技术,设定了相关行政处罚裁量活动必须考虑的事实因素及判定标准,这有效防止了行政处罚裁量的恣意、独断,本质上是对行政处罚裁量权的建构。

其三,公开规则,实现行政处罚裁量权的公众监督,发挥制约裁量权的功能。在我国行政处罚裁量基准的制度实践中,行政处罚裁量基准虽然以行政内部通知形式发布,但一般向社会公开。行政相对人可以依据行政机关所应适用的行政处罚裁量基准预测自身违法行为的法律后果,也可以在行政机关明显违背行政处罚裁量基准时,要求行政机关说明理由,以监督行政机关行使行政处罚裁量权的活动。在这方面,说明理由制度与行政处罚裁量基准制度联系在了一起。

总之,行政处罚裁量基准制度是通过以情节细化和效果格化为技术结构的规则,来实现控制行政处罚裁量权的目的。正如《环境行政处罚指导意见》所提到的:"为严格执法、公正执法、精准执法提供有力支撑。"

(二)为裁量权保留必要空间

行政处罚裁量基准以行政机关制定的规则控制裁量权的行使,并不等同于剥夺裁量权或以规则代替裁量。行政裁量权中包含行政主体根据自身事实判断和法律判断作出决定的"自由"以及对一个较大空间内的事物进行选择的"裁量"两种属性。[1] 规则的设置不会必然导致行政裁量权上述属性的缺失,是可以为行政机关的裁量活动留有一定空间的。

行政处罚裁量基准为行政机关的裁量权留有的空间主要体现在以下三个方面:其一,对于行政处罚裁量基准,并不是要严格适用的。由上级行政机关制定的行政处罚裁量基准是一种行政机关的内部规则,基于科层制而对下级行政机关发生效力。但裁量基准毕竟不是法律,不具有国家强制力作为保障。在个案行政处罚裁量活动中,行政机关可以根据实际情况脱离上级机关

---

[1] 参见关保英:《行政自由裁量基准质疑》,载《法律科学(西北政法大学学报)》2013年第3期。

制定的行政处罚裁量基准，但必须说明理由，这也符合行政处罚裁量基准追求个案实质正义的价值旨趣。其二，行政处罚裁量基准所规定的相关情节的判定标准，需要行政机关在实践中进行裁量。行政处罚裁量基准中情节的判定标准并不都是完全客观的事实判断，不可避免地也存在基于行政主体主观认识的价值判断内容。无论规则设置得如何详细，在价值判断方面，行政机关的裁量是无法由规则所代替的。同时，行政处罚裁量基准往往在情节细化上规定有"其他情节"，而没有也无法穷尽行政处罚裁量中涉及的所有情节因素，这为行政机关对个案中其他相关因素的裁量留有了空间。其三，行政处罚裁量基准的格次通常是一个确定的范围，在该范围中，行政机关具有裁量最终处罚效果的自由。如"5万元以上10万元以下"就是一个效果格次，在这一格次范围内，行政机关保留确定最终处罚效果的裁量权。有的行政处罚裁量基准是通过数学公式计算确定处罚效果的，如《环境行政处罚指导意见》中的参考基准。在这一情况下，应将裁量基准所确定的处罚效果作为行政处罚裁量的基础轴线，行政机关可以根据具体情况在这一轴线上下微微摆动[1]，也是具有裁量空间的。

为裁量权保留多大的空间，这个问题比较复杂。如果规则的设置过于细致、僵化，则可能使行政机关的行政处罚裁量活动过于机械，裁量行为更多地表现出羁束行为的特点，行政行为的主观能动性和创造性遭到过分削弱[2]。而如果规则中情节的细化和效果的格化过于粗糙，如仅将情节细化为两个标准，则留给行政裁量的空间仍然较大，难以发挥控权功能，且规则在很大程度上也难以在实践中得到适用，变得形同虚设。有的学者将行政处罚裁量基准中规则是否过细的问题概括为"过"与"不及"的困惑[3]，极为形象地表达出行政处罚裁量基准平衡规则与裁量的实质。无论是规则过多还是裁量空间过大，都是行政处罚裁量基准这一制度所不应出现的问题。

我国现行各地方的环境行政处罚裁量基准普遍存在规则与裁量失衡的问题：有的表现为规则过于简略、粗糙，难以控制裁量空间；有的则表现为规则过于"全面""精确"，使裁量空间过于狭小。究其原因，是对行政处罚裁

---

[1] 参见余凌云：《游走在规范与僵化之间——对金华行政裁量基准实践的思考》，载《清华法学》2008年第3期。

[2] 参见崔卓兰、刘福元：《析行政自由裁量权的过度规则化》，载《行政法学研究》2008年第2期。

[3] 参见王锡锌：《自由裁量权基准：技术的创新还是误用》，载《法学研究》2008年第5期。

量基准的制度定位认识不清，没有认识到行政处罚裁量基准以规则与裁量之间的平衡点为制度界限，继而既没能理性地判断本地区行政处罚裁量应有的合理空间，也没有认识到规则中情节和格次的设置对裁量空间的具体影响。但这些问题并不是行政处罚裁量基准制度本身所必然导致的，在良好的制度设计下，行政处罚裁量基准可以实现规则与裁量之间的平衡，形成合理的制度界限，既能够通过情节细化和效果格化的规则控制裁量权的行使，也能够为行政机关追求个案实质正义留有充足、必要的裁量空间。

总之，我国所建立的行政处罚裁量基准制度，其定位是规则与裁量之间的平衡。具体而言，是由行政机关预先制定一系列的规则，这些规则通常采用情节细化和效果格化的技术构造，具有控制裁量权的功能，同时也为裁量权的自主行使留有必要的空间。

第二节　环境行政处罚裁量基准对行政自制的促进机理

在环境行政处罚裁量基准中，规则的细化程度越高，对裁量权的控制就越强，为个案裁量预留的空间就越小；反之，规则的细化程度越低，对裁量权的控制就越弱，为个案裁量预留的空间就越大。而这一制度的实质就是规则与裁量的平衡。在规则与裁量相平衡的状态下，规则能够发挥建构、限定和制约裁量权的功能，同时执法者拥有在个案中根据实际情况追求实质正义的裁量空间。这是从功能的角度对平衡状态判定标准的界定，符合对行政处罚裁量基准的功能主义行政自制观的认识。那么在环境治理中，规则与裁量相平衡是一种怎样的状态？

环境问题具有地域性、时代性、科学不确定性[1]，同时与经济问题、社会问题广泛地联系在一起，这使得环境行政处罚的裁量活动较为复杂。我们很难具体说明每一个或每一类环境违法行为的规则与裁量的平衡形态，而只能在一般的意义上分析规则与裁量相平衡的判断标准，亦即满足何种条件和标准时，可以认为达到了规则与裁量之间的平衡，以此从理论上阐释规则与裁量相平衡的大致范围。

---

[1] See Albert C. Lin, "Myths of Environmental Law", *Utah Law Review*, Vol. 2015, 2015, p. 45.

一、环境治理中裁量权的合理空间

环境行政处罚裁量权的正当性和受到控制的必要性已经不是所需讨论的问题，更具有实际意义的问题是环境行政处罚裁量权的合理范围。所谓环境行政处罚裁量权的合理范围，意味着环境行政处罚裁量权既不能过小，也不能过大，而过小和过大的边界，或者称最大限度和最小限度，就划定了环境法治所能容许的环境行政处罚裁量的合理范围。环境行政处罚裁量权是指生态环境部门依据法律法规授权，根据立法旨意、原则和其他标准，在个案中根据实际情况判断自身行为的条件、选择行为方式和作出行为决定的权力。这一定义与《环境行政处罚指导意见》中的界定一致，大体描绘了环境行政处罚裁量权的权力界限。"依据法律法规授权，根据立法旨意、原则和其他标准"描述了其最大限度，而"在个案中根据实际情况判断自身行为的条件、选择行为方式和作出行为决定"则从功能的角度描述了这一权力的最小限度。具体而言：

（一）最大限度

就最大限度来说，环境行政处罚裁量权不能超出法律法规的授权范围，不能违反立法目的或旨意、立法中规定的原则和其他标准。由于本书对环境行政处罚裁量权合理范围的探讨旨在厘清环境行政处罚裁量基准应为裁量自由留有的合理空间，而环境行政处罚裁量基准本身是上述最大限度的"标准"，因此本部分仅从立法目的和原则、立法授权范围两方面探讨环境行政处罚裁量权的最大限度。

在立法目的和原则方面，我国法律法规一般都会明确规定其立法目的和基本原则，二者是行政处罚裁量权合法行使的重要依据。违反立法目的和立法原则的行政处罚裁量，应当认定为违背了立法授予行政机关裁量权的目的。在我国，无论是《环境保护法》还是各项环境保护单行法，一般均对立法目的、法律原则、环境行政法律责任有明确的规定。在《环境保护法》立法目的条款中，规定了三方面内容：一是保护和改善环境，防治污染和其他公害；二是保障公众健康；三是推进生态文明建设。相较于1989年《环境保护法》，2014年修订的《环境保护法》在立法目的中加入了推进生态文明建设的内容。生态文明建设是与我国社会发展进程紧密关联的一项发展战略，2014年修法在立法中明确将环境保护工作纳入生态文明建设，环境行政处罚裁量活动不能违反这一条款中规定的立法目的。该法同时规定了保护优先、预防为主、综合治理、公众参与、损害担责五项原则。在不考虑环境保护单行法中所规定的各领域环境法律原则的情况下，这五项原则为环境行政处罚裁量活动提供了一种限度要求，比如损害担责原则要求环境行政处罚及其裁量活动，在最基本的意义上，应当使损害环境的单位和个人按照参与损害的程度承担责任。其他原则也在不同方面对环境行政处罚裁量提出了限度要求。在生态文明建设的新时期，环境法律治理应当落实中央对中国特色社会主义生态文明建设的新要求，践行"绿水青山就是金山银山"的理念，服务于推进绿色发展、建设美丽中国的新事业。

在立法授权范围方面，环境保护立法的法律责任章节都规定有违法行为的情节和较为明确的处罚幅度，这些法律规定是立法对环境行政处罚裁量的授权，同时也在处罚幅度上为环境行政处罚裁量划定了明确的范围。行政机关仅有权在立法规定下选择处罚种类及确定罚款金额，而无权扩大这一范围，也无权以出台裁量基准的形式缩小这一范围，否则将构成对立法职权的僭越。相较于立法目的和原则对行政处罚裁量的限制，立法授权范围对行政处罚裁量限制的可操作性和可审查性更强。如《大气污染防治法》第118条第1款规定："违反本法规定，排放油烟的餐饮服务业经营者未安装油烟净化设施、不正常使用油烟净化设施或者未采取其他油烟净化措施，超过排放标准排放油烟的，由县级以上地方人民政府确定的监督管理部门责令改正，处五千元以上五万元以下的罚款；拒不改正的，责令停业整治。"其中"五千元以上五万元以下"则是立法所授权的行政处罚裁量的范围。立法在此方面对行政处罚裁量的限制，为行政处罚裁量划定了一条虽不具体，但却明确的"红线"。行政处罚裁量必须在法律规定的范围内进行，因此也可以将其理解为合法性原则对行政处罚裁量的限制[1]，体现了合法性原则在环境法律治理中的运用。

（二）最小限度

就最小限度来说，环境行政处罚裁量权的范围至少应满足发挥其应有功能的需要。在个案中根据实际情况作出判断，是裁量的主旨，也是裁量权存

---

[1] 参见姜明安：《论行政自由裁量权及其法律控制》，载《法学研究》1993年第1期。

在的原因。通过立法、司法、行政等路径对环境行政处罚裁量权的控制，应当至少保留发挥其功能所必需的行使空间。也就是说，在裁量范围达不到最小限度的情况下，行政机关在实际执法活动中，将无法根据个案的具体情况，综合考虑与立法所规定的违法情节相关的因素，并判断其法律效果。这在很大程度上削弱了行政处罚的合理性，使积极主动的裁量活动在某种意义上变成一种机械的程序性工作，不利于在个案中追求实质正义。

（三）裁量空间的合理性标准

在将环境法理论引入行政处罚裁量理论之后，我们可以大致描绘出环境行政处罚裁量权的合理范围，这一合理范围是根据环境行政处罚裁量权的最大限度和最小限度来划定的。为了体现上述限度性要求，环境行政处罚裁量权空间应至少具有三方面的合理性标准：

首先，客观性裁量因素的权宜选择。环境违法行为具有一些客观性裁量因素，如超标倍数、烟尘黑度、噪声强度等。这些客观性裁量因素需要运用科学技术手段进行判断。在判断这些因素的过程中，应允许行政机关在存在科学不确定性或技术局限性的情况下，选择最佳可运用的技术措施辅助判断。对环境违法行为损害结果的鉴定和判断具有较强的科学技术性，如果因科学技术限制而无法较为准确地判断损害结果，从而无法进行处罚，这显然是不符合环境法律的立法目的和损害担责原则的。甚至从某种意义上说，科学不确定性和技术局限性是广泛存在的，如果环境损害者可以因此而逃脱责任，则将从根本上否定人类环境保护活动的可评价性。所以，在环境行政处罚中，应当保留执法者在科学不确定性或技术局限性对执法活动造成阻碍的情况下，自行按照当前条件下最佳可以运用的手段选择客观性裁量因素进行判断的"自由"。

其次，裁量因素及其判定标准具有相对确定性，在特殊情况下，执法者可以自行决定个案中的裁量因素及其判定标准。由于环境问题是一种自然事实，具有复杂性、多变性等特征，因此法律法规或标准中所列举的裁量因素未必能反映客观真实的情况，也未必能反映环境问题在不同时期或不同社会条件下的特殊情况。环境、经济和社会三者之间是紧密联系在一起的，对社会影响的判断不能脱离对环境、经济因素的关注。社会现实中具体而复杂的环境、社会和经济的关系是任何事先立法都无法完全预知的。在我国特殊语境下，影响裁量的社会因素还包括企业存续的需要、地方的政治要求等，这些裁量因素也是我国执法者作为公共理性人所极大可能考虑的。[1] 概言之，在特殊情况下，执法者可以根据环境行政处罚的立法目的和基本原则，合法合理选择裁量因素，分配各裁量因素的权重，这是在环境行政处罚个案中追求实质正义的应有之义。

最后，执法者有在一定范围内决定最终处罚种类和罚款金额的权力。我国行政处罚规定有警告、罚款等处罚种类，法律法规对于罚款一般仅规定处罚幅度，这为执法者保留了确定最终处罚种类和罚款金额的权力。[2] 裁量基准对裁量权的限制不能剥夺这部分权力。这部分权力是行政处罚裁量空间最小限度的底线，如果没有这部分权力，那么执法者对于主客观因素的裁量将在很大程度上失去意义，无法在个案中发挥主观能动性追求实质正义。

本部分因应环境问题的特殊性，对行政处罚裁量的一般理论进行了改良和重构，得出了环境行政处罚裁量权的合理空间。总之，它的最大限度是不违反环境立法的目的、原则和授权范围，它的最小限度是满足执法者在个案中追求实质正义的需要。裁量空间应具有的合理性标准有：执法者有权在存在科学不确定性或技术局限性的情况下自行选择、判断客观性因素；有权在特殊情况下选择裁量因素及其判定标准；有权决定最终的处罚种类和罚款金额。

二、平衡规则与裁量的软法技术要求

（一）"实现控权功能"的技术要求

从规则的角度来说，环境行政处罚裁量基准所设定的规则，是为了实现其建构、限定和制约环境行政处罚裁量权的功能，而能否实现这些功能，也成为判断环境行政处罚裁量基准实际效果的关键。这三项功能从不同的角度对环境行政处罚裁量基准中规则的制定技术提出了要求。

在我国环境行政处罚裁量基准的制度实践中，各地方的制定模式虽然存在一定程度的差异，但几乎都采用了情节细化和效果格化的技术结构。《环

---

[1] See Barbara French & J. Stewart, "Organizational Development in a Law Enforcement Environment", *FBI Law Enforcement Bulletin*, Vol. 70, 2001, p. 14.
[2] 由于环境立法中没有规定环境保护行政主管部门有作出人身罚的权力，因此在环境行政处罚裁量基准中仅涉及罚款金额的问题，而不涉及行政拘留的问题。

境行政处罚指导意见》也基本采用了这种结构。出于我国行政法学实用主义的立场，学界一直以来倾向于认为行政机关的裁量既包括对事实要件的认定，也包括对法律效果的选择。[1] 与此相对应，情节细化涉及对事实要件的细化，而效果格化涉及对法律效果的格次化。规则的建构、限定和制约裁量权功能，在情节细化和效果格化的技术结构中都有所体现。具体来说，规则的建构功能，主要体现为情节细化中对裁量因素及其判定标准的规范，这些规范促使执法者在裁量活动中考虑并恰当地权衡相关因素，减少不相关因素的干扰，达到使裁量活动规范化的效果。规则的限定功能，主要体现为效果格化中对处罚范围的限制，这些限制使执法者在个案中只能根据情节判定的标准，在相对立法授权范围较小的处罚幅度内选择法律效果，削减了不必要的裁量权。规则的制约功能，主要体现在规则的明晰程度方面，制约是因公开而实现的，公开的目的是使社会公众能够了解并监督行政处罚裁量过程，因此规则不能模棱两可，必须明晰至足以反映实际裁量过程的程度。

总之，规则的三项功能预期对规则细化程度提出了一定的要求：裁量因素及其判定标准必须足够完备并能够在较大程度上反映客观实际情况，规则才能够实现其建构裁量权的功能；法律效果的格次数量、范围必须足够合理，规则才能够实现其限定裁量权的功能；规则的设置必须足够明确，使公众能够较为准确地预知特定环境违法行为的法律后果，规则才能够实现其制约裁量权的功能。由于环境问题具有特殊性，环境违法行为的客观性与环境行政处罚的主观性之间存在着深刻的矛盾。在这一背景下，为了发挥环境行政处罚裁量基准的控权功能，其规则设置应当具有特殊的技术要求。

首先，对于不同种类的环境违法行为，规则的细化程度应有所区别。一方面，环境法律对于不同种类的环境违法行为所规定的裁量空间是不同的。对于某些环境违法行为，裁量空间并不大，很难剥离其中"不必要"的裁量范围，规则的限定裁量权功能的必要性不足。这种情况是与我国环境立法发展状况相关的。在20世纪90年代至21世纪前10年的环境立法中，罚款金额通常设定较低，处罚幅度相对较窄。这导致违法者的违法成本较低，产生了"理性违法"现象。而在2014年修订的《环境保护法》施行以后，新修改、制定的法律法规则往往规定了较高的罚款金额和较宽的处罚幅度，行政处罚的裁量空间变大了，这也是今后环境立法发展的总体趋势。另一方面，

---

[1] 参见周佑勇：《行政裁量基准研究》，中国人民大学出版社2015年版，第88页。

环境违法行为的实际情况复杂程度是不同的。我们很难将未依法建立环保台账与铺设暗管违法排放污水两种环境违法行为的客观复杂性相提并论，对于这两种环境违法行为，行政处罚裁量活动存在难易之别。环境问题是多样的、复杂的，应当将有限的法律资源合理运用在对相对复杂的环境违法行为的处罚裁量问题上。

其次，在情节细化中对裁量因素的规范方面，应当侧重于所涉及环境问题的客观裁量因素，并对客观裁量因素设定较为明确的判定标准和/或裁量比例。而对于需要执法者主观判断的裁量因素，则判定标准应当较为宽松。环境违法行为通常具有较强的客观性，为了实现通过规则建构裁量权的功能，环境行政处罚裁量基准应当根据环境违法行为的这一特性，以客观裁量因素为重点，识别特定环境违法行为所涉及的客观裁量因素，并进一步将其区分为本质性裁量因素和非本质性裁量因素，合理地确定各裁量因素的裁量比例和权重。在环境行政处罚中，需要执法者主观判断的因素往往具有较强的专业性和复杂性，难以将其有效地抽象化为规则的形式。对于主观裁量因素，环境行政处罚裁量基准应当予以列举并设定大致的标准。

（二）"保留裁量空间"的技术要求

从裁量的角度来说，环境立法授予行政机关行政处罚裁量权，是为了使行政机关在实际案件中能发挥主观能动性，以追求个案的正义。环境行政处罚裁量基准并不是剥夺裁量权，而是控制裁量权。其建构功能也并不涉及行政机关根据特殊案情创造性地考虑特殊裁量因素的情形。环境问题随着社会经济发展程度的加深而发生着复杂的变化，我们很难在环境行政处罚裁量基准中以规则的形式列举特定环境违法行为的所有主客观裁量因素，而只能在科学认知的限度内，予以相对抽象的概括和列举。为了应对复杂环境问题的变化，环境行政处罚裁量基准应为行政机关的个案裁量留有足够的空间，这一空间应满足行政机关根据个案实际情况作出判断的需要。具体来说，这一裁量空间应体现在以下方面：

其一，环境行政处罚裁量基准所列举的裁量因素不应具有排他性，应允许行政机关在个案中根据实际情况增加其认为适当的、必要的裁量因素，但是宜将所增加的裁量因素限定为客观裁量因素。在我国各地现行的环境行政处罚裁量基准中，很多存在"其他情节"的裁量因素项目，这主要是为了应对环境问题的客观变化而设置的，出于执法的现实需要。由于它是为了应对环境问题的客观变化而设置的,因此应将该项目仅限于客观裁量因素。环境行政处罚裁量基准中规定的主观裁量因素一般较为概括,并不需要行政机关自行增加主观裁量因素,否则可能加大受不相关因素干扰的风险。但在《环境行政处罚指导意见》中,从文本解释的角度来看,参考基准中所列举的共性、个性和修正裁量因素是排他性的,这是可以改进的一个方面。

其二,环境行政处罚裁量基准中设定的罚款效果格次应当是一个幅度范围,而非一个确定的数值,执法者可以在根据情节细化确定的处罚幅度内选择最终的法律效果。如果执法者无法选择最终的法律效果,那么在环境行政处罚裁量基准制度下的行政处罚裁量活动将变成一种相对机械化的计算活动,根据个案情况增加裁量因素也将失去意义。《环境行政处罚指导意见》就采取了利用数学公式计算处罚效果的方式,计算所得处罚效果是一个确定数值。对这种技术形式,应辅之以灵活的适用规则,这样才能避免机械适用的尴尬。

其三,环境行政处罚裁量基准不应涉及行政命令的内容。在我国环境立法中,环境执法者既有作出警告、责令停产停业、罚款等行政处罚的权力,也有采取查封、扣押等行政强制措施的权力,还有作出责令整治的行政命令的权力。就环境行政处罚裁量基准这一概念本身来说,应仅限于对环境执法者行政处罚裁量权的控制,而不应涉及与采取行政强制措施、作出行政命令相关的行政裁量权。但是在我国环境行政处罚裁量基准的制度实践中,很多地方都将行政命令的内容纳入行政处罚裁量基准的范围,这是因为行政命令的裁量同样涉及对违法行为情节的判定。环境行政处罚裁量基准中对情节的细化更多的是基于对客观裁量因素的判定,而所涉及的主观裁量因素则较为宽泛。如以责令整治为代表的环境行政命令对单位和个人经济自由的影响是显而易见的,而在作出该行政命令的过程中,执法者主观上对经济与环境关系的权衡是重要影响因素。因此,环境行政处罚裁量基准不应将行政命令的裁量权也包括在内。《环境行政处罚指导意见》虽明确提出要控制除罚款外其他种类行政处罚的裁量权,但在裁量基准的制定及其程序中并未涉及除罚款以外的行政处罚种类。

(三) 小 结

总体而言,环境行政处罚裁量基准是在环境法领域运行的具有规则主义外观的控制行政处罚裁量权的行政自制制度。相对于一般意义上的行政处罚裁量基准制度，其特殊之处在于它运行在环境违法行为的客观性和环境行政处罚的主观性相互矛盾的执法背景下，并试图通过平衡客观规则和主观裁量来协调这一矛盾。

对于规则与裁量的平衡，行政机关预先以情节细化和效果格化的技术结构将裁量的过程和结果固定为规则，同时又为个案裁量留有必要的空间。一方面，规则缩小了立法授权的裁量范围，执法者的裁量要受到规则的限制。就此来说，规则与裁量之间存在着冲突或竞争。另一方面，规则规范了裁量的运行过程，具有建构裁量权的功能。就此来说，规则与裁量之间存在着一致的方面。环境行政处罚裁量基准的制度建构，应当协调规则与裁量相互冲突的一面，融合它们相互一致的一面，实现规则与裁量在特定制度条件下的相对平衡。

反之，规则与裁量的失衡会严重损害环境行政处罚裁量基准制度功能的发挥。若规则过多、过细，则会限制行政自发生长的空间，改变行政处罚裁量的性质，难以实现个案的实质正义。若裁量空间过大，则无法满足我国当前控制裁量权、规范裁量权的现实需要，环境行政处罚裁量基准将形同虚设，也无法处理现实中造成环境执法难以理性化的核心问题，即环境违法行为客观性和环境行政处罚主观性之间的矛盾。

因此，只有在规则与裁量处于平衡状态时，环境行政处罚裁量基准这一制度才能发挥其应有功能。环境行政处罚裁量基准应当追求规则与裁量的平衡，在特定条件下，规则的细化程度要满足发挥其建构、限定和制约裁量权功能的需要，同时也要留给执法者裁量的空间，满足其根据实际情况追求个案实质正义的需要。

第三节　环境行政处罚裁量基准的软法生成路径

一、裁量基准的生成模式

《环境行政处罚指导意见》规定的裁量规则和基准的起草与发布程序是："生态环境部门负责行政处罚案件审查的机构具体承担裁量规则和基准的起草和发布工作。起草时应当根据法律法规的制定和修改以及国家生态文明政策的调整，结合地方实际，参考以往的处罚案例，深入调查研究，广泛征求意见，按照规范性文件的制定程序组织实施。"这是在总结我国近些年环境行政处罚裁量基准制度经验的基础上提出来的，比较符合实际情况。

但《环境行政处罚指导意见》所规定的裁量基准生成过程是较为原则性的，并没有明确规定操作层面的步骤。这与裁量基准行政自制的控权逻辑有一定关系。在行政自制理论中，行政机关可以自行决定采取何种方式、在何种程度上控制自身的权力；裁量基准制定权源于行政处罚权，既然上级机关不行使法律授予下级机关的行政处罚权，那么上级机关也就无法代替下级机关制定其裁量基准。因此，《环境行政处罚指导意见》所规定的裁量基准生成过程具有一定的解释空间。这一生成过程实际上可以有两种解释方式，也对应了我国实践中行政处罚裁量基准的两种生成机理：一是"自下而上"；二是"自上而下"。

所谓"自下而上"，是指裁量基准主要在基层执法中生成，继而由省级、地市级生态环境部门采纳。在我国行政处罚裁量基准产生和初步发展阶段，其生成主要采取的就是"自下而上"模式。如最早的浙江省金华市行政处罚裁量基准制度产生时，便是在基层行政处罚试点的基础上，总结行政处罚中的热点和难点问题，将基层实践经验转化为裁量基准。[1] 这样做的好处是基于基层执法经验的裁量基准比较符合实际执法需要，能够有效实现"同案同判"的效果；缺点是基层执法活动不一定能够全面考虑各方面的裁量因素，因此存在合理性问题。同时，将基层执法经验转化为省级裁量基准，在操作上存在一定的困难。

所谓"自上而下"，是指由省级、地市级生态环境部门自行或在一定人员（如专家、公众、基层执法人员）的参与下制定裁量基准，要求基层执法者予以适用。在这一生成机理下，第一步是省级、地市级生态环境部门对环境违法行为进行预先裁量，包括选择应予规定的环境违法行为、选择环境违法行为的裁量因素及其判定标准和选择处罚效果的得出方式；第二步是将上述预先裁量转化为规则形式，在这些规则内容的基础上制定裁量基准并对下级机关发生效力。行政处罚裁量基准制度在全国推广并得到大力发展后，越来越多的地方采取这种"自上而下"的模式。这种生成机理的优点是能够尽可能全面地考虑各种裁量因素，并在此基础上保证行政效率；缺点是可能存在适用性难题，不能密切联系基层执法的现实需要。

---

[1] 参见周佑勇：《行政裁量基准研究》，中国人民大学出版社2015年版，第10页。

这两种生成机理虽然实现路径不尽相同，但归根结底都是要实现从裁量向规则的转化，而且都采用了情节细化和效果格化的转化手段。无论在哪一种生成机理下，行政处罚裁量基准内容的生成过程都是制定者将其预先裁量活动转化为规则形式的过程；只不过在第一种生成机理下，制定者并不"创造"预先裁量，而是通过对下级机关裁量活动的确认来完成自身的预先裁量。

二、裁量基准内容的确定

在裁量基准的两种生成机理中，虽然具体路径各不相同，但都是制定者将预先裁量转化为规则内容的过程。据此，可以将裁量基准的生成过程分为两个阶段：一是制定者对环境违法行为预先进行行政处罚裁量；二是制定者将其预先裁量活动以情节细化和效果格化的技术转化为行政处罚裁量基准中的规则。具体而言：

第一阶段，制定者对环境违法行为预先进行行政处罚裁量。在制定裁量基准时，首先要做的是对环境违法行为进行预先裁量，总结出裁量基准的实体内容。在预先裁量中，裁量基准制定者对一般情况下特定环境违法行为进行行政处罚裁量，思考并总结对该环境违法行为进行处罚时应考虑的裁量因素及其判定标准、各个裁量因素在处罚效果判断中的权重和最终处罚效果的大致范围。这一预先裁量过程大致分为三步：一是制定者按照控制裁量权的需要选取环境违法行为的种类，如《环境行政处罚指导意见》选取了"违反环境保护排污许可管理制度的行为"等几种"常见环境违法行为"；二是制定者针对这些环境违法行为选取裁量因素和判定标准；三是制定者对不同严重程度的违法情节设定不同的处罚效果幅度区间，作为大致的处罚效果预期范围。

第二阶段，运用裁量基准的制定技术将实体内容转化为规则形式。裁量基准的制定技术主要有情节细化和效果格化两种。它们能够从不同角度将制定者的预先裁量，即裁量基准的实体内容转化为规则形式。情节细化技术可以根据制定者预先裁量中所选取的裁量因素及其判定标准将违法情节细分为不同等级或严重程度；效果格化技术可以根据制定者对不同严重程度违法情节的处罚效果预期，将法定处罚幅度划分为若干个处罚格次。不过，效果格化技术已日渐式微，《环境行政处罚指导意见》并没有采用明显的效果格化技术，而是通过数学公式计算裁量等级，得出处罚效果。

在完成这两个阶段的工作之后，裁量基准的规则内容得以确定，在经过一定程度的体系化编纂之后就成为可以适用的裁量基准。

第四节 环境行政处罚裁量基准的柔性规制内容

一、裁量基准实体内容的构成

环境行政处罚裁量基准是执法者在执法活动中，预先对各类案件进行裁量，并将裁量过程规则化的结果。因此，执法者在此过程中的预先裁量隐含在其所制定的裁量基准的内容中，是裁量基准内容的实体。在这一逻辑下，行政处罚裁量基准的实体内容就是执法者预先进行的行政处罚裁量活动。在行政法学上，对于行政处罚裁量的构成，一直存在一元论和二元论的分歧。[1] 而对行政处罚裁量构成的认识，是分析裁量基准实体内容合理性的前提和基础。

一般而言，一个行政处罚决定的作出大致要经历四个阶段：一是认定案件事实；二是解释和确定法律规范的构成要件；三是等置（或称"涵涉"）；四是确定法律后果。[2] 具体而言，对案件事实的认定涉及行政主体对案件的行为主体和法律事实的确认，在这一过程中，行政主体需要根据自身的执法经验进行先期判断，对案件的生活事实进行分析、取舍，使之成为可以由法律评价和认定的案件事实。[3] 在解释和确定法律规范构成要件的过程中，行政主体需要对法律规范中没有明确界定的法律概念进行解释。法律规范中明确界定的法律概念是极少的，典型如"七日内"这类确定期限，大多数法律概念具有不确定性，如"造成大气污染""造成严重环境危害"等。行政主体在构成要件判断中对这些不确定法律概念的解释和认定，虽然受到法律目的、原则的限制，但仍存在一定的自由选择空间。将案件事实与法律规范构成要件进行等置是"将事实一般化，将规范具体化"的过程，有的学者称之

---

[1] 参见周佑勇：《建立健全行政裁量权基准制度论纲——以制定〈行政裁量权基准制定程序暂行条例〉为中心》，载《法学论坛》2015年第6期。

[2] 参见郑春燕：《取决于行政任务的不确定法律概念定性——再问行政裁量概念的界定》，载《浙江大学学报（人文社会科学版）》2007年第3期。

[3] 参见王贵松：《行政裁量的内在构造》，载《法学家》2009年第2期。

为"涵涉"。在这一过程中，行政主体将在事实和规范之间来回审视，将规范具体化向个案延伸，将事实抽象化向规范提升。[1] 其中同样涉及行政主体对不确定法律概念的解释，还涉及行政主体在一些情况下对这种等置关系的主观性调整。在法律后果方面，对于罚与不罚、以何种方式处罚、以何种幅度处罚等，行政主体具有明显的选择权。

因此，就作出行政处罚决定而言，行政裁量存在于其全过程。在学理上，由于前三个阶段主要涉及对不确定法律概念的解释和认定，因此将上述阶段的行政裁量称为"要件裁量"；而最后一个阶段主要涉及法律效果的选择，便将这一阶段的行政裁量称为"效果裁量"。

裁量一元论和裁量二元论的分歧，就在于对要件裁量和效果裁量之间区别的认识。行政裁量概念的产生与司法审查密切相关，所谓裁量一元论和裁量二元论在很大程度上也是针对行政裁量的司法审查语境而言的。以德国、法国、日本为代表的大陆法系国家，在很长的时间内，都坚持裁量二元论，使这一理论在历史上具有支配地位。[2] 这一理论认为，对不确定法律概念的要件裁量是法律问题，而对法律效果的效果裁量则是裁量问题，前者要受到司法审查的限制，而后者是行政自主的领域，不应受制于司法审查。裁量一元论则不区分要件裁量和效果裁量，认为无论是所谓的要件裁量还是所谓的效果裁量都涉及对不确定法律概念的解释，具有实质的联系，都要受制于司法机关的审查。裁量一元论不仅在英美法系国家得到奉行，而且在20世纪后期以来的大陆法系国家也有相对重要的地位。[3] 我国行政法一直具有实用主义的风格，采用了裁量一元论的理论，因而在司法审查中并不对要件裁量和效果裁量予以区别对待。

反观我国目前制定的环境行政处罚裁量基准文本，绝大多数是以情节细化和效果格化作为技术结构的，而情节细化主要涉及要件裁量，效果格化主要涉及效果裁量。它们之间的内在联系在于，一旦案件事实符合情节的某一判定标准，便能在裁量基准中确定其相应的法律效果，这一过程所确定的法律效果是一个相对较小的处罚幅度区间，行政主体可以在其中进行选择。从这一过程可以清楚地看出，效果裁量是在要件裁量的基础上再进行对法律效

---

[1] 参见郑永流：《法律判断形成的模式》，载《法学研究》2004年第1期。
[2] 参见王天华：《从裁量二元论到裁量一元论》，载《行政法学研究》2006年第1期。
[3] 参见王天华：《从裁量二元论到裁量一元论》，载《行政法学研究》2006年第1期。

果的适当选择。[1] 所以，我国行政处罚裁量基准在很多情况下，是将情节细化与要件裁量相对应，将效果格化与效果裁量相对应。

二、规制内容中对生态环境利益和社会经济利益的综合权衡

在环境行政处罚裁量中对生态环境利益和社会经济利益的综合权衡，应当先以不同的认识路径对生态环境利益和社会经济利益分别进行识别和衡量，再以协调与融合的方法进行综合平衡。

环境、社会和经济利益具有各自的独特性，并且彼此关联，它们都处于人类环境行为这一宏观语境之下。但是，我们很难在这一较为宽泛的语境下对各种利益的形式和权重进行识别，因此应当将这样的识别活动置于特定的语境下。我们在环境行政处罚裁量中对这些利益进行识别和权衡，是为了协调与融合它们之间相互冲突与一致的方面，在这一特殊语境下，对生态环境利益和社会经济利益的识别和权衡活动也具有了其特殊性。

为了综合权衡生态环境利益与社会经济利益，我们应在人类社会经济需求的背景下探讨生态环境利益的权重，在生态环境需求的背景下探讨社会经济利益的权重。南非宪法法院的一则判决能够为这一考虑方式提供一个较好的注解。在这则判决中，南非宪法法院认为，原环境事务与旅游部在考虑是否批准建设加油站时要考虑到社会经济利益，不能因市政府在批准建设加油站的市政规划中已经考虑了社会经济利益就不履行这项考虑义务，因为环境部门对社会经济利益的考虑在实质上不同于市政府对该项利益的考虑，环境部门是从环境的角度考量社会经济利益的。[2]

具体而言，在对生态环境利益的认识方面，应当基于对自然科学的规律性认识，再加入对人的关怀。在特定时空下，生态环境利益的界定与自然环境不受损害状态的含义是息息相关的，为了准确识别和判断生态环境利益，必须先对相关的自然环境状态有科学的认识，而对于自然环境的认识则应当以对自然科学的事实判断为依据。包括生态学在内的自然科学能够为我们认识自然环境状态提供科学的依据，但是对自然科学的事实判断并不能简单、

---

[1] 参见王贵松：《行政裁量的内在构造》，载《法学家》2009 年第 2 期。
[2] See Fuel Retailers Association of Southern Africa v. Director General Environmental Management, Department of Agriculture, Conservation and Environment Mpumalanga Province and Others, Judgment of June 2007, (2007) 6 SA 4 (CC).

直接地推导出法学对生态环境利益的价值判断。一些法学研究者在识别生态环境利益时，有的是简单、直观地对生态环境利益形成价值判断而没有寻求事实依据，有的则是直接将生态学的事实判断作为认识生态环境利益的全部基础。这两种进路都是失之偏颇的。姑且不论生态学原理中对价值、利益、权利等概念的使用与法学理论中对这些概念的使用是不完全相同的，仅就其推导过程而言，前者是忽略事实判断而得出对自然环境事实的价值判断，后者则是从事实判断直接得出价值判断，二者都是存在严重逻辑问题的。从事实判断向价值判断的推导，最重要的是说明这一推导所适用的范围和条件、具体场域和语境。[1] 在生态学语境下的事实判断是不考虑人的尊严和人性的，但在环境法的法学语境下的价值判断则必须考虑人的尊严和人性，这是二者最显著的区别。因此，为了在环境法中予以平衡，对生态环境利益的考察应当以对自然科学的事实判断为前提，但在此基础上必须加入人性关怀。

在对社会经济利益的认识方面，应当以传统部门法学及其他人文社会科学的理论为基础，并着重社会经济利益与生态环境利益相冲突和相一致的内容。长久以来，社会经济利益一直是传统部门法的调整范畴，环境法诞生以来也并没有对这一状况形成颠覆或冲击。环境法更多的是将生态环境利益或环境考量引入法学的视野，从而对传统部门法的框架进行有限度的改良和更新。因此，对社会经济利益的认识和判断，应当以传统部门法学的理论为基础，其他人文社会科学中关于社会经济需求、效益的理论也能够在一定程度上作为判断社会经济利益的背景。但传统部门法学及其他人文社会科学对社会经济利益的判断过程是较少或几乎不涉及生态学原理的，因而也是远离环境考量的。而要使得对社会经济利益的判断在环境法的利益衡量中具有意义，则必须在环境的视角下考察社会经济利益。实际上，所谓在环境的视角下考察社会经济利益，很大程度上是指为了平衡社会经济利益与生态环境利益而考察社会经济利益，或者说在可持续发展的含义下考察社会经济利益。因此，这一考察视角要求探讨那些与生态环境利益存在价值关联性的社会经济利益。在社会发展的不同阶段，社会经济利益会在不同程度上与生态环境利益发生冲突，但二者的冲突并不是绝对的，社会经济利益与生态环境利益也存在相互一致的一面。在这一背景下，环境法建立了自身对于社会经济利益的认识。

---

[1] 参见蔡守秋：《"休谟问题"与近现代法学》，载《中国高校社会科学》2014年第1期。

在对生态环境利益和社会经济利益都有了准确判断的基础上，则要在环境行政处罚裁量中寻求二者的相互协调与融合。对生态环境利益和社会经济利益进行平衡的目的就是促进二者的协调与融合。所谓协调，具有"分""权衡"的含义，是认识到了生态环境利益和社会经济利益都是可欲且正当的利益，它们之间存在相互冲突的情况，在裁量中则要衡量二者的权重，以协调这一冲突。所谓融合，具有"合""结合"的含义，是认识到了生态环境利益和社会经济利益虽然是彼此独立的，但并非孤立的，它们之间存在相互一致的一面，在某些情况下还可以相互转化，在裁量中则要尽可能地促进二者在这一方面加以融合，实现共赢和利益的最大化。协调与融合是利益平衡的目标，而在具体的方法上，环境法提供了一系列利益平衡的原则以供遵循。

利益平衡是环境法中的重要内容，学界对于环境法中利益平衡的原则具有不同的看法。一种观点认为，利益平衡有以下原则：环境行政部门在环境决策中必须进行利益衡量；衡量所有可能受到影响的合法利益；要兼顾公益和私益；当可能会对环境造成重大损害性影响或不可逆转的影响时，生态环境利益优先于社会经济利益。[1] 还有一种观点认为，平衡正当利益的四项原则是利益最大化原则、紧迫利益优先原则、利益缺损填补原则、公益本位原则。[2] 对环境行政处罚裁量中的利益平衡来说，第二种观点具有操作层面上的实际意义。本书也以第二种观点作为在环境行政处罚裁量中平衡生态环境利益和社会经济利益所要遵循的原则。

具体而言，利益最大化原则是指，在保障生态环境利益和社会经济利益互不减损的基础上，融合二者相互一致的一面，拓展整体利益的总量和范围，实现生态环境和社会经济的共赢及整体利益最大化。紧迫利益优先原则是指，在平衡生态环境利益与社会经济利益的过程中，应当向特定时空下人们最为必需、最为迫切的利益倾斜。在现实中，资源的稀缺性及其满足人类需要的有限性决定了生态环境利益和社会经济利益之间的冲突状况是常态，人们往往要在二者之间选择优先保护的利益。利益缺损填补原则是指，在平衡生态环境利益和社会经济利益的过程中，往往会发生一种利益处于优先地

---

[1] 参见梅献忠：《论利益衡量思想与环境法的理念》，载《政法学刊》2007 年第 4 期。
[2] 参见李丹：《环境立法的利益分析——以废旧电子电器管理立法为例》，中国政法大学 2007 年博士学位论文，第 2 页。

位而另一种利益遭受一定程度减损的现象，这时则需要在平衡利益冲突的同时对利益缺损的部分进行有效的补偿，实现平衡过程的分配正义。公益本位原则是指，环境法的利益平衡要以生态环境公共利益的实现作为根本出发点和归宿。环境法作为以公益为本位的法，在立法目的中就明确强调了对环境公共利益的确认与保护。《环境保护法》在法律原则中也明确提出"保护优先"。但是，我们不应将"保护优先"理解为环境保护的绝对、不容妥协的优先，而应理解为在生态环境利益与社会经济利益发生冲突且二者权重无显著差距时，以生态环境利益优先。

综上所述，若环境行政处罚裁量基准制定者的预先裁量活动是合理的，则裁量基准实体内容也是合理的。环境行政处罚裁量的合理性源于对生态环境利益和社会经济利益的综合权衡。而环境行政处罚裁量中对生态环境利益和社会经济利益的综合权衡，首先需要以对自然科学的认识为基础，以人为主体对生态环境利益进行识别和衡量；其次以人文社会科学的理论为基础，对受到环境因素影响的社会经济利益进行识别和衡量；最后根据利益平衡的原则，以利益间的协调与融合为目标，权衡生态环境利益和社会经济利益。

第五节　环境行政处罚裁量基准的灵活适用规则

一、一般情况下的适用规则

（一）适用的基础：对内效力

我国各地方制定的行政处罚裁量基准一般以行政通知的形式下发给各基层单位，由各基层单位在实际的执法活动中进行适用。从这一点上来说，行政处罚裁量基准具有内部效力[1]。然而，行政处罚裁量基准并非法规范，脱离裁量基准的行政处罚行为并不当然违法[2]，但可能面临行政机关的内部追责。在这个意义上，可以将行政处罚裁量基准归为一种软法，对基层执法

---

[1] 参见周佑勇：《建立健全行政裁量权基准制度论纲——以制定〈行政裁量权基准制定程序暂行条例〉为中心》，载《法学论坛》2015年第6期。

[2] 参见王天华：《裁量标准基本理论问题刍议》，载《浙江学刊》2006年第6期。

者和行政相对人都有事实上的约束力。

行政处罚裁量基准的对内效力源于我国行政科层制系统内部的指挥监督权。[1] 在我国行政体制下，行政机关之间具有行政隶属关系，上级行政机关对下级行政机关享有指挥监督权。在此关系中，下级机关有义务服从和执行上级机关的命令与决定。行政处罚裁量基准作为上级机关发布的一种行政内部规则，通常以行政通知的形式被下发到各下级机关，具有行政命令的性质。因此，其对下级机关具有当然的约束力。我国行政处罚裁量基准的制度实践普遍采用了这一做法，如天津市原环境保护局在印发《常见水环境违法事实裁量基准（试行）》的通知中明确要求各区县环保局、局机关各处室、有关直属单位"遵照执行"。但是也存在一些例外的情况，如湖南省原环境保护厅在印发《湖南省环境保护厅行政处罚裁量权基准》的通知中，要求各市州环境保护局"参考"。行政通知中用词上的差别体现了制定部门对其所制定的行政处罚裁量基准的适用严格程度的不同要求，也为相关裁量基准赋予了不同强度的内部约束力。在前者语境下，上级机关的裁量基准对下级机关具有较为严格的约束力，要求在实际执法活动中予以适用；而在后者语境下，上级机关的裁量基准仅是为下级机关的执法活动提供参考，下级机关可以在实际执法活动中或在制定本级裁量基准时予以参考。总的来说，行政处罚裁量基准对基层执法人员具有约束力，这一约束力源于法律所规定的上下级行政机关之间的权力关系。

行政处罚裁量基准对内效力的实现还依赖于一系列保障机制，如行政机关的内部考核、责任追究等自我约束机制，这些机制对基层执法者的拘束力有时甚至超过法律。[2] 在实践中，一些地方为保障行政处罚裁量基准的实施，规定了具有针对性的考核办法，对于不执行相关行政处罚裁量基准的基层执法人员，将其行为记入档案并记分[3]；还有一些地方将行政处罚裁量基准的制定和执行情况纳入监督机制[4]。这些约束机制保障了行政处罚裁量基准在行政机关内部的有效实施。

---

[1] 参见周佑勇：《行政裁量基准研究》，中国人民大学出版社2015年版，第72页。
[2] 参考余凌云：《行政自由裁量论》（第3版），中国人民公安大学出版社2013年版，第353页。
[3] 如《淄博市规范行政处罚自由裁量权工作实施方案》（淄政办发〔2005〕59号）。
[4] 如《成都市规范行政执法自由裁量权实施办法》（成都市人民政府令第185号）。

（二）在行政处罚中的角色：作为处罚理由

为了理解行政处罚裁量基准在行政处罚中的适用规则，我们需要对其在行政处罚过程中所扮演的角色有一个清晰的认识。通过对行政处罚行为的观察可以看出，执法者在适用裁量基准时，实际上是将裁量基准作为处罚的理由。[1] 一方面，裁量基准预设了处罚理由，形成了对行政机关的自我约束；另一方面，行政相对人和司法机关可以通过裁量基准了解行政机关作出具体行政行为的理由。

首先应当明确的是，在我国现行行政处罚裁量基准制度下，裁量基准主要解决的是罚多少的问题，而非罚与不罚的问题。也就是说，行政机关对裁量基准的适用是在量罚环节，依据裁量基准判断违法行为在不同情形下的处罚效果。行政机关在适用行政处罚裁量基准进行行政处罚的过程中，实际上同时也公开了作出该行政处罚行为的理由。反之，在没有行政处罚裁量基准的情况下，行政机关的行政处罚行为往往更像是暗箱操作，主观性和随意性较大。而行政处罚裁量基准通过公开处罚情节、判定标准和处罚效果，使行政机关自由裁量权的运行过程变得透明化，对自由裁量权的行使起到了约束作用。

从行政相对人和司法机关的外部视角，可以更为清晰地认识行政处罚裁量基准在行政处罚中作为处罚理由的角色定位。

就行政相对人的视角而言，行政处罚裁量基准在法律规定的范围内为其提供了相对确定的预期。通过将自身可能的违法行为与裁量基准中违法情节的细化规定进行直观对照，潜在的行政相对人可以预知一个相对确定的受处罚幅度。此外，在受到行政处罚时，行政相对人可以通过行政处罚裁量基准了解行政机关作出该行政处罚的具体理由，并可以依法作出更具有针对性的陈述和申辩。由此可见，从行政相对人的视角来看，行政处罚裁量基准是行政机关作出行政处罚所依据的理由，行政相对人可以通过行政处罚裁量基准预测和理解行政机关的行政处罚行为。

就司法机关的视角而言，行政处罚裁量基准并不能成为行政机关的执法依据，而是一种行政机关证明自身行政行为合理性的理由。[2] 虽然执法实践

---

[1] 参见王天华：《裁量标准基本理论问题刍议》，载《浙江学刊》2006 年第 6 期。
[2] 参见周佑勇：《裁量基准的制度定位——以行政自制为视角》，载《法学家》2011 年第 4 期。

中经常使用"行政机关依据相关行政处罚裁量基准进行处罚"的语句，但是其中"依据"的含义与"执法依据"的含义并不相同。这是因为行政处罚裁量基准并非法规范，不具有法律所具有的外部效力，其实施也没有国家强制力作为保障。因此，在对行政处罚行为进行司法审查时，司法机关一般不将行政处罚裁量基准认定为执法依据。但是，行政处罚裁量基准在说服司法机关认可行政行为合理性上具有一定作用。具体来说，体现在两个方面：一是在制定有行政处罚裁量基准的情况下，行政机关予以适用并作出行政处罚行为的，司法机关一般据此认定该行政处罚行为是合理的，除非能够证明行政机关所适用的行政处罚裁量基准本身是不合理的；二是在制定有行政处罚裁量基准的情况下，如果行政机关在行政处罚时没有予以适用且无正当理由，那么司法机关也可以据此认定该行政处罚行为是不合理的。[1] 由此可见，在对行政处罚行为的司法审查中，行政处罚裁量基准是行政处罚行为合理性的证明。

因此，有学者指出，就公开处罚理由这一点来说，行政处罚裁量基准制度与说明理由制度体现出了内在的关联性，行政处罚裁量基准制度发挥了说明理由制度的功能。[2] 总之，无论是从行政机关的内部视角，还是从行政相对人和司法机关的外部视角来看，行政处罚裁量基准在被适用时一般是作为处罚理由发挥作用。

（三）适用中的操作规则

行政处罚裁量基准以情节细化和效果格化为技术结构，基于这样的技术结构，在实际操作中，执法人员首先根据案情判定情节和确定格次，然后在效果格次内适当选择最终处罚效果。

1. 根据案情判定情节和确定格次。由于行政处罚裁量基准具有一定的技术性，执法者在适用裁量基准进行行政处罚时，有相对结构化的一系列具体操作方法，这些具体操作方法也作为适用规则内含在行政处罚裁量基准制度框架中。行政处罚裁量基准以情节细化和效果格化作为其技术结构，因此裁量基准适用中的具体操作规则主要解决的是执法者如何根据个案的实际情况判定违法情节的有无、轻重，以及如何根据情节的判定结果确定该行政处罚

---

[1] 参见周佑勇：《裁量基准的正当性问题研究》，载《中国法学》2007年第6期。
[2] 参见王天华：《裁量标准基本理论问题刍议》，载《浙江学刊》2006年第6期。

的效果格次。

在确定了单位和个人特定环境行为违法并应当承担行政责任的前提下，才涉及适用行政处罚裁量基准的问题。在适用过程中，执法者首先要依据裁量基准中所规定的情节细化内容对违法者的行为进行进一步的判断，依据裁量因素及其判定标准，确定违法情节的轻重。比如，对于超标排放大气污染物的违法行为，在确定行为人违法并应当负行政责任的情况下，应考虑行政处罚裁量基准中所规定的"超标倍数"等裁量因素，根据各裁量因素的判定标准，如"超标倍数"的判定标准为"1倍以上2倍以下""2倍以上4倍以下""4倍以上"等，确定情节的轻重。

根据细化后的情节对违法行为进行判定之后，则可以通过一定的方式得出效果的格次。就我国现行行政处罚裁量基准制度的两种主要模式来讲，在列举标准模式中，一般可以通过情节的判定直接对应到特定的效果格次，效果格次为一个相对较小的处罚幅度区间；在构成因素模式下，一般需要通过计算，即将情节判定结果作为变量、裁量权重或裁量比例作为常量，从而得出一个确定的处罚数额，这一数额从严格意义上讲并非一个"效果格次"。但是，鉴于我国行政处罚裁量基准在效果格化中广泛地采用基础值法[1]，即便是列举标准模式下所得出的处罚幅度区间，也是从一个确定的数额开始的，因此也可以认为构成因素模式在处罚效果的细化上采用了效果格化的技术。

2. 在效果格次内适当选择处罚效果。根据行政处罚裁量基准确定的处罚效果格次，并不是最终的处罚效果，执法者在适用行政处罚裁量基准的过程中，可以在确定的效果格次内围绕基础值选择最终的处罚效果。正如有的学者所说，对裁量基准的适用应当将裁量基准视为一条基础轴线，实际的行政裁量要围绕该轴线"因时、因地、因势地上下微微摆动，就像鱼儿一样优雅自如地游动"[2]。虽然上述说法并不是针对效果选择而言，而是在更广泛的意义上讨论裁量基准的灵活适用问题，包括逸脱适用的问题，但是这一比喻可以较为形象地反映执法者在效果格次中确定最终处罚效果的行为过程。总之，在适用裁量基准的情况下，执法者依然享有在适当范围内选择最终处罚

---

[1] 参见周佑勇：《行政裁量基准研究》，中国人民大学出版社2015年版，第108页。
[2] 余凌云：《行政自由裁量论》（第3版），中国人民公安大学出版社2013年版，第356页。

效果的裁量权。[1]

　　这一在适当范围内进行选择的裁量权是规则与裁量相平衡的结果。行政处罚裁量基准的目的是控制裁量权而非剥夺裁量权，裁量基准在以规则实现建构、限定和约束裁量权的同时，也为执法者根据实际情况追求个案实质正义留有必要的空间。因为裁量基准的规则难以适应不断变化的社会生活，其也无法将当前和未来所有与行政处罚裁量相关的考虑因素都规定为情节细化的内容，这是以规则主义为外观的行政处罚裁量基准固有的制度缺陷。此外，执法者获得法律授予的根据个案的实际情况追求实质正义的裁量权，也是由于法律作为规则所具有的局限性。因此，行政处罚裁量基准制度为执法者保留了在适当范围内根据实际情况选择最终处罚效果的自由，而这一适当范围是根据效果格次来确定的。

　　所谓"适当范围"，在列举标准模式中，就是以一定处罚幅度范围为内容的效果格次；而在构成因素模式中，则是以计算结果为基础值"上下摆动"的范围。由此可见，在构成因素模式下，并没有清晰地界定"适当范围"，而是需要更进一步明确"适当范围"中"适当"的含义，但这一概念是比较模糊的。在我国行政处罚裁量基准的制度实践中，执法者在适用构成因素模式的裁量基准时，一般直接以计算后的数值作为处罚结果，因此也就不涉及对"适当范围"的界定。这是实践中执法者的习惯做法。这一做法实际上是执法者放弃了自身所享有的这部分裁量权，甚至在很多情况下，执法者根本没有意识到在行政处罚裁量基准的这种制定模式下，其仍有选择最终处罚效果的权力。这一习惯做法虽然规避了"适当范围"的界定问题，但不利于执法者在个案中追求实质正义。因为这实际上是以裁量基准制定者的裁量代替了执法者的裁量，虽然能够保证地区内处罚理由的统一性，但无法灵活应对个案的实际情况，从而使得执法者自身的裁量变为一种机械裁量，成为一种受到裁量基准羁束的行政行为。[2]

　　总之，执法者在行政处罚活动中有必要相对灵活地适用行政处罚裁量基准，运用好其为执法者保留的在适当范围内决定最终处罚效果的裁量权。归根结底，行政处罚裁量基准是把强裁量化为弱裁量，将广泛选择权削减为有

---

[1] 参见周佑勇：《行政裁量基准研究》，中国人民大学出版社2015年版，第125页。
[2] 参见周佑勇：《裁量基准的制度定位——以行政自制为视角》，载《法学家》2011年第4期。

限选择权。[1] 僵化、机械地看待并适用行政处罚裁量基准的规则，将造成规则与裁量之间的失衡，阻碍对个案正义的追求。

二、特殊情况下的逸脱规则

（一）在特殊情况下逸脱的正当性

行政处罚裁量基准的逸脱是指，在特殊情况下，执法者出于立法目的和立法旨意的考虑，认为现有行政处罚裁量基准中的相关规定不适用于特定个案，而在行政处罚裁量的过程中脱离裁量基准。[2] 也可以将这一规则称为行政处罚裁量基准的逸脱适用规则，属于在个别情况下行政处罚裁量基准的适用规则，是行政处罚裁量基准内部效力的一种例外。[3]

逸脱规则与一般情况下行政处罚裁量基准的适用中所包含的执法者在适当范围内灵活选择最终处罚效果的规则是有区别的。前者是执法者对是否适用相关裁量基准的裁量，而后者则是执法者在适用裁量基准的过程中，在裁量基准提供的范围内选择何种效果的裁量。它们虽然都存在执法者的自由裁量，但所适用的场合和条件不同，规则与裁量之间的平衡状态也不同。虽然两个规则中都要求执法者"根据实际情况"，但前者更强调情况的"特殊性"，这一"特殊性"是就个案实际情况相对于裁量基准中所规定的一般情况而言的，并且应当达到一定的程度。

那么，执法者为什么可以在行政处罚中脱离裁量基准的规定？我们需要从两方面来探讨关于逸脱规则的正当性问题：

一方面，从行政处罚裁量基准的效力角度来看，其对内效力并不是绝对的，而是具有例外情形。[4] 行政处罚裁量基准对执法者的约束力源于其作为行政命令或行政规则而具有的在行政系统内部的效力。但这种对内效力在很多情况下并不是绝对的，执法者违反裁量基准的规定作出的行政处罚并不当

---

[1] 参见余凌云：《行政自由裁量论》（第3版），中国人民公安大学出版社2013年版，第358页。
[2] 参见周佑勇：《在软法与硬法之间：裁量基准效力的法理定位》，载《法学论坛》2009年第4期。
[3] 参见吴兰：《论行政裁量基准制度——以法治政府的建立为视角》，载《长白学刊》2010年第1期。
[4] 参见周佑勇：《建立健全行政裁量权基准制度论纲——以制定〈行政裁量权基准制定程序暂行条例〉为中心》，载《法学论坛》2015年第6期。

然违法。首先，在一些地方的行政处罚裁量基准或其所附的裁量规范中，明确地规定了在例外情况下，经由"集体讨论"等方式可以影响或脱离裁量基准的规定。[1] 但是，《环境行政处罚指导意见》对此并未规定。其次，执法者的裁量权是法律所赋予的，目的是根据实际情况追求个案正义，当裁量基准的规定明显违背个案正义时，执法者有权基于立法的要求考虑实际情况脱离裁量基准的规定。最后，行政处罚裁量基准并不是法律，上级机关制定的裁量基准并不是要剥夺下级机关的裁量权，基层执法者在个案中因考虑实际情况而脱离裁量基准是具有权力基础的。[2] 在国外，也认为"行政法认可使用指导方针、指令和手册等的正当性，因为它们建构着裁量运作，但同时也要求决定的做出者应当根据个案的需要，去逸脱这些指导方针，以避免裁量受到束缚"[3]。

另一方面，从行政处罚裁量基准作为处罚理由的角度来看，如果执法者能够提出其他正当理由，则可以不采用裁量基准作为处罚理由。裁量权的行使并不是任意的，而是具有一定的判断标准，即证明裁量权行使的正当性。[4] 行政处罚裁量基准就是上级机关为裁量权的行使所预先设定的判断标准，符合立法授权目的的行政处罚裁量基准所设定的判断标准是能够作为行政处罚的正当理由的。如果执法者要脱离裁量基准的规定，即不使用其所设定的判定标准作为自身行政处罚行为的理由，那么就必须有其他的正当理由。[5] 就此而言，若逸脱规则中"特殊情况"的"特殊性"达到一定程度，则可以作为一项理由，但是否正当要根据法律的授权目的和立法旨意来判断。[6] 对行政机关作出行政处罚行为来说，可能存在多个正当理由，但不同的理由可能会导向不同的裁量过程和处罚结果。只要行政机关具有不同于裁量基准的判定标准的其他正当理由，在予以说明后，就可以脱离裁量基准的规定，根据个案实际情况进行裁量。[7]

环境问题的复杂性和多变性加大了执法实践中对逸脱规则的需求。环境

---

[1] 如2023年《金华市生态环境行政处罚裁量基准规定》（金环发〔2023〕55号）。
[2] 参见周佑勇：《行政裁量基准研究》，中国人民大学出版社2015年版，第75页。
[3] 周佑勇：《行政裁量基准研究》，中国人民大学出版社2015年版，第75页。
[4] 参见姜明安：《行政裁量的软法规制》，载《法学论坛》2009年第4期。
[5] 参见周佑勇：《在软法与硬法之间：裁量基准效力的法理定位》，载《法学论坛》2009年第4期。
[6] 参见周佑勇：《行政裁量基准研究》，中国人民大学出版社2015年版，第76页。
[7] 参见章志远：《行政裁量基准的兴起与现实课题》，载《当代法学》2010年第1期。

行政处罚裁量基准所预先设立的判断标准，尤其是有关环境要素的内容，受制于科学的局限性，在一些特定的区域、时间、物理条件下，其合理性将受到影响，甚至可能出现严重不合理或与立法目的相偏离的情况。在这些特殊情况下，执法者可以脱离环境行政处罚裁量基准的规定，针对特定环境下各环境要素的特点，以及与环境问题相关的社会经济问题的特点，作出符合立法目的和旨意的行政处罚决定。[1]

另外，从司法审查的角度也可以看到，目前我国司法机关，尤其是基层法院，对于行政机关逸脱行政处罚裁量基准的态度是比较保守的，在司法实践中十分尊重行政机关适用逸脱规则的自主性。[2] 总之，在特殊情况下，执法者可以根据实际情况，探求立法授权的目的和旨意，脱离环境行政处罚裁量基准的规定作出行政处罚行为。这一权力包含在执法者的裁量权之中，上级机关制定的环境行政处罚裁量基准并不能当然地剥夺这一权力。

（二）逸脱规则的适用条件

行政处罚裁量基准制度的建立初衷是预防裁量权的滥用，如果没有特殊情况，原则上在执法过程中不能脱离行政处罚裁量基准的规定。[3] 允许执法者在行政处罚裁量中脱离裁量基准的逸脱规则，实际上是规则主义的一个例外，同时也为裁量权的滥用打开了"口子"。逸脱规则本质上是规则与裁量在特殊情况下达成的一种平衡，在这种平衡状态下裁量的空间得到了扩大，甚至在某种意义上可以与制定裁量基准之前的裁量空间相提并论。因此，行政处罚裁量基准逸脱规则的适用不可能是无限度的、随意的，而是要满足一定的条件。

在我国现阶段行政处罚裁量基准制度下，与逸脱规则的适用具有紧密联系的主要是集体讨论制度和说明理由制度。集体讨论制度，就其在现实中的一般意义来说，是执法机关内部针对个案特殊情况进行的集体讨论，并不涉及多元共治意义下的集体协商、讨论和听证。说明理由制度，在行政处罚裁量基准语境下，是指执法机关在脱离行政处罚裁量基准的规定，根据个案实际情况作出处罚时，需要说明这样做的理由。由此可见，无论是通过集体讨

---

[1] 参见章志远：《行政裁量基准的兴起与现实课题》，载《当代法学》2010年第1期。
[2] 参见周佑勇：《行政裁量基准研究》，中国人民大学出版社2015年版，第168页。
[3] 参见余凌云：《行政自由裁量论》（第3版），中国人民公安大学出版社2013年版，第310页。

论制度，还是通过说明理由制度，执法者都是为了探讨和证明在特定个案中适用逸脱规则的正当性，也即证明"个案特殊情况"是适用逸脱规则的正当理由。

因此，执法者在执法过程中适用行政处罚裁量基准逸脱规则的前提条件是，"个案特殊情况"使行政处罚裁量基准的规定不再适合于在特定个案中追求实质正义，而需要执法者基于实际情况进行处罚。但这样的抽象表述仍不足以规范执法者在实际执法过程中对逸脱规则的适用。就目前的研究来看，学界通常只是原则性地规定"个案特殊情况"必须构成不同于裁量基准的其他正当理由，但在实践中很难运用这一认识来判断特定个案是否属于"特殊情况"。[1] 在某种意义上，正是执法者普遍对"个案特殊情况"的概念认识不清，才造成逸脱规则的滥用问题。"个案特殊情况"不仅是适用逸脱规则的起点，也是在脱离裁量基准的规则后合理行使裁量权的基础。为了进一步明确执法者适用逸脱规则的前提条件，必须厘清"个案特殊情况"的概念。具体来说，"个案特殊情况"包括以下内涵：

其一，"个案特殊情况"的考量因素应当是对违法行为进行行政处罚的相关因素。合理的行政处罚裁量应当考虑相关因素，不考虑不相关因素。行政处罚裁量基准通过对裁量因素的列举，促使执法者在执法过程中实现对相关因素的合理考虑。但在脱离行政处罚裁量基准的情况下，不能保证执法者在个案执法过程中不受不相关因素的影响。因此，有必要明确的是，在考虑"个案特殊情况"时，应当考虑与违法行为相关的因素，而不得考虑不相关因素。

其二，"个案特殊情况"的特殊性应当达到一定的程度。行政处罚裁量基准通过情节细化和效果格化技术，将立法赋予行政机关的较大裁量权控制在一个相对较小的合理空间，减小了法律适用的误差，使相似的案件情况能够得到相似的处罚结果。而社会生活是纷繁复杂的，在很多情况下个案中都会存在裁量基准规定以外的相关因素，若完全按照裁量基准进行处罚，则会在很大程度上忽视这些相关因素，这既是规则主义的固有缺陷，也是逸脱规则的价值所在。但并不是所有相关因素都会对行政处罚结果具有显著影响，过分强调裁量基准以外的相关因素，可能造成逸脱规则的滥用。为了保证裁

---

[1] 参见周佑勇：《建立健全行政裁量权基准制度论纲——以制定〈行政裁量权基准制定程序暂行条例〉为中心》，载《法学论坛》2015年第6期。

量基准在多数情况下能够发挥其控权功能,则有必要强调逸脱规则下"个案特殊情况"的特殊性。相对来讲,较为普遍的裁量基准规定以外的相关因素,不能成为适用逸脱规则的理由。

其三,"个案特殊情况"的正当性来源于对授权法立法目的、旨意和原则的探求。由前述可知,行政处罚裁量基准在执法过程中扮演着执法理由的角色。执法者逸脱裁量基准时,也就不再以裁量基准的判断标准作为处罚理由,那么就应当说明其他正当理由,或者证明"个案特殊情况"是不同于裁量基准判断标准的一项正当理由。[1] 行政处罚裁量并不是绝对"自由"的,而是要探求并遵循授权法的立法目的、旨意和原则;同样,在个案中考虑"特殊情况"的正当性,也要根据授权法的立法目的、旨意和原则来判断。执法者能够确定"个案特殊情况"正当性的前提,在于其对授权法立法目的、旨意和原则的预先探求与掌握。这是逸脱规则得到妥善适用的基础,也是在适用逸脱规则后执法者裁量权不被滥用的根本保证。但是,鉴于环境问题的特殊性,环境法的立法目的和原则与传统行政法的立法目的和原则之间存在一些关键的区别,或者说环境法的立法目的和原则是对传统行政法的立法目的和原则进行了一定的改良。

总之,如果存在个案特殊情况,执法者可以脱离裁量基准,提出其他正当处罚理由。这种对于是否适用裁量基准的选择,其权力源于行政裁量权,作为自制手段的裁量基准并不能当然地剥夺这一权力。

---

[1] 参见周佑勇:《行政裁量基准研究》,中国人民大学出版社2015年版,第76页。

第八章　社会主体行为的环境软法治理机制
——以市民环境公约为代表

我国现代意义上的环境立法一直以政府为主要监管主体，以生产企业为主要规制对象，对于社会公众，则往往是在原则层面强调公众参与的重要性，而缺乏充分的制度关注。这一以硬法为主的立法模式在一段时期内使工业源污染得到了有效的防控，但是在城市生态环境治理中却陷入了无法有效规范公众环境行为的尴尬境地。生活垃圾分类等制度实践已经表明，现有的制度措施虽有助于提高社会公众的生态环境保护意识，但是在促进其自觉践行方面作用有限。[1]

我们不禁要问：为何刚性手段在城市生态环境治理中的实效不尽如人意？如何实现城市生态环境治理中的全民守法？为解决这一问题，必须反思城市生态环境的治理困局，寻找合适的规范进路，为城市生态环境保护建立"规则之治"。为此，本章通过分析城市生态环境治理中硬法的局限性和软法的有效性，论证以市民公约为代表的软法是回应城市生态环境治理需求的"更优"选择，继而提出在城市生态环境治理中运用市民公约、实现公众环境自律的可行路径。

第一节　硬法在城市生态环境治理中的局限性

在城市生态环境治理中，治理主体和治理对象呈现出多元化的发展趋向，社会公众逐渐成为城市生态环境治理的主要对象。[2] 在这种发展趋向下，城市生态环境治理表现出了治理活动的复杂性、治理对象的分散性和治理目标的全民性等特点。新时期城市生态环境的治理特点对环境立法提出了

---

〔1〕　参见生态环境部环境与经济政策研究中心发布的《公民生态环境行为调查报告（2020年）》。
〔2〕　参见秦天宝、段帷帷：《多元共治助推环境治理体系现代化》，载《世界环境》2016年第3期。

严峻的挑战。如果将有无国家强制力保障其实施作为硬法和软法的界分标准[1]，那么以政府监管为主要规制手段的国家环境立法无疑属于硬法范畴。在城市生态环境治理中，硬法表现出了治理重心高、治理成本高和治理效能低的局限性，难以完全匹配城市生态环境的治理特点。

一、治理重心高：任意裁量与"一刀切"的双重困惑

城市生态环境治理的重点在于城镇居民生活污染源的治理，其治理活动与城镇居民的具体行为和生活方式直接相关，从而表现出了高度的复杂性。这种复杂性要求治理手段必须因地制宜，而非着重于顶层设计、长远规划。硬法过于追求普遍性而不注重个案特殊性的特点，使其难以处理复杂的个案情况。硬法"治理重心过高"与城市生态环境治理复杂性之间的矛盾，在很大程度上使得基层生态环境治理长期存在任意裁量和"一刀切"的双重困惑。

任意裁量，是指执法者对裁量权的不合理运用。[2] 硬法的普遍性使其难以确保在个案中实现实质正义，因此硬法往往赋予执法者一定的自由裁量权，使执法者能够根据个案实际情况作出符合实质正义的决定。[3] 但这一理想的运作模式往往因裁量权的滥用而难以实现。在区域发展不平衡、执法人员素质参差不齐的当前阶段，我们很难寄希望于执法者都能自觉规范自身的裁量行为，在每一个个案中合理解释国家环境立法中的"不确定法律概念"，得出符合立法旨意和原则的法律效果。因此，在城市生态环境治理中，硬法过高的治理重心使其难以触及基层的具体事务，无法根据特定社区、小区的实际情况设定相应的行为模式和法律后果，其过多地依赖于基层执法者的裁量行为，具有较大的任意裁量风险，难以有效避免"权力寻租"的问题。

"一刀切"，是指执法者不区分治理目标和对象，采取高度相似的手段进行环境执法。"一刀切"问题在实践中是较为普遍的，为此，生态环境部曾专门下发《禁止环保"一刀切"工作意见》。"一刀切"本质上也是执法者对裁量权的不合理运用，即所谓的"机械裁量"。"一刀切"问题并不是孤立

---

[1] 参见程信和：《硬法、软法的整合与经济法范式的革命》，载《政法学刊》2016年第3期。
[2] 参见王锡锌：《行政自由裁量权控制的四个模型——兼论中国行政自由裁量权控制模式的选择》，载《北大法律评论》2009年第2期。
[3] 参见余凌云：《对行政自由裁量概念的再思考》，载《法制与社会发展》2002年第4期。

的、浅层次的现象，而是源于"不出事逻辑"的普遍执法问题。[1] 这种执法方式无法应对城市生态环境治理的复杂性，无法实现个案的实质正义。这集中反映出硬法的治理重心过高、在基层生态环境治理中可操作性有限的法治难题。

硬法的治理重心过高问题并不是将立法权下放到地级市就可以解决的，这一问题是硬法本身依靠国家强制力的特点所决定的。在充满复杂性的城市生态环境治理中，治理重心过高的硬法必然导致裁量正义难题。若要追求裁量正义，则必须将治理重心向基层下移，而这是硬法所难以实现的。

二、治理成本高：分散式监管的不经济问题

城市生态环境治理所涉及的主体主要是社会公众，社会公众不同于污染企业，具有高度的分散性。每一个原子化的个人都是城市生态环境治理中的污染者和参与者。硬法以政府监管为主要规制方式，这使其在面对具有高度分散性的社会公众时，很难实现普遍而直接的监管。从法经济学的视角来看，法的实施具有一定的成本，合理的法律制度应当符合"成本－收益"的考量。这一决策方法在美国颇受推崇，美国环境管理部门通常基于"成本－收益"的考虑来作出环境决策。[2] 虽然我国在立法上并没有明确法经济学决策方法的地位，但是法经济学已经成为法学研究的一个重要研究范式。[3] 从"成本－收益"的角度来看，硬法在城市生态环境治理中具有较高的治理成本，存在较为严重的不经济问题。

一方面，社会公众在组织形式上的分散性使政府监管具有较大难度。在单位制解体以后，我国社会治理体系下"国家－单位－个人"结构中的中间环节缺失，社会公众的组织形式日趋分散化。[4] 组织形式的分散性使社会公众的利益关切具有多元性。居住在不同社区、不同环境中的公民对于环境公共事务的敏感度、关注重点和参与意愿都是不同的。生活垃圾分类等制度需

---

[1] 参见杨建国：《基层政府的"不出事"逻辑：境遇、机理与治理》，载《湖北社会科学》2018年第8期。
[2] 参见秦虎、张建宇：《中美环境执法与经济处罚的比较分析》，载《环境科学研究》2006年第2期。
[3] 参见冯玉军：《法经济学范式研究及其理论阐释》，载《法制与社会发展》2004年第1期。
[4] 参见徐选国、徐永祥：《基层社会治理中的"三社联动"：内涵、机制及其实践逻辑——基于深圳市H社区的探索》，载《社会科学》2016年第7期。

要人人参与的特点增加了城市生态环境治理的难度[1]。与此同时，在生态环境保护公共事务中，社会公众往往表现出"搭便车""顺水舟"的行为倾向[2]。这种组织形式和行为倾向上的分散性，使得社会公众成为一个难以被硬法有效监管的主体。

另一方面，社会公众对环境施加影响的原因是其本能环境利用行为，这使得对其监管存在一定难度。社会公众的本能环境利用行为，本质上是对环境享有权的行使，不仅不具有道德可责难性，还会伴随生命的持续而不断进行[3]。这与生产企业的污染行为存在多方面的差异。城市生态环境法律治理的目的，是将公众本能环境利用行为对生态环境造成的短期和长期影响限制在法律所能容忍的限度之内。这一质的规定性决定了从外部对社会公众环境行为的监管必须具有很强的持续性，而无法依靠"攻坚战""整治运动""绿色动员"来实现。若想通过硬法的严格监管实现这样持续、长期的控制，则需要付出极大的制度成本。

从实践经验来看，我国各地方在城市生态环境治理中都不同程度地存在不经济问题，这严重影响了城市生态环境治理的可持续性。在硬法监管模式下，政府要负担起从微观到宏观的各项生态环境保护工作，运用有限的社会资源处理复杂的城市生态环境治理问题，难以保证治理效果。比如，各地方在推行生活垃圾分类制度时，普遍采取"强制分类"的方法，聘用大量的"生活垃圾分类监督员"来规范市民的生活垃圾投放行为[4]。市县政府往往需要聘用数千名"生活垃圾分类监督员"才能实现对市县区域生活污染源的全覆盖。这使得"生活垃圾分类监督员"机制的实施需要较大的人力和财力保障，具有较高的制度成本，可持续性比较有限。归根结底，城市生态环境治理所具有的分散性特点，使硬法的实施难度很大、监管成本过高，通过硬法监管来实现城市生态环境治理的路径存在着严重的不经济问题。这一问题无法由导致这一问题的治理策略解决，必须突破"命令－控制"的硬法监管路径，才能找到治理成本更低的规制路径。

---

[1] 参见秦天宝：《绿色发展理念下生活垃圾分类立法的完善》，《垃圾分类管理的立法思路及公众权利保障研究（笔谈）》，载《河南社会科学》2020年第1期。

[2] 参见［美］埃莉诺·奥斯特罗姆：《公共事物的治理之道：集体行动制度的演进》，余逊达、陈旭东译，上海译文出版社2012年版，第45—86页。

[3] 参见汪劲：《论环境享有权作为环境法上权利的核心构造》，载《政法论丛》2016年第5期。

[4] 参见郭沛然：《持续教育引导强化细节监管激活社会责任，垃圾分类长效化还需下细功夫》，载西安网2019年12月26日，http://m.yybnet.net/xian/news/201912/10049101.html。

三、治理效能低：被动守法的法治困境

城市生态环境治理的目标是规范社会公众的环境行为，因此城市生态环境治理具有很强的全民性特点。在城市生态环境治理中，社会公众既是污染者，也是受害者；既是参与者，也是治理者。硬法在城市生态环境治理中对社会公众所实现的监督管理，在一定程度上使社会公众陷入被动守法的状态，而难以真正实现生态环境保护的自觉自为和多元共治。社会公众在硬法规制下的被动守法，不仅冲击了环境法的运行逻辑，而且难以取得较高的治理效能。

首先，硬法对公众环境行为的直接干预，冲击环境的运行逻辑，造成法治理念上的混乱。在公共信托理论中，公民与国家是信托人与被信托人的关系，国家为了公民的利益而采取措施保护生态环境这一全民共有物。[1] 有的学者根据环境法理论和实践提出，环境法的法权结构是"权力－责任""权利－义务"的二维构造，也具有一定的解释力。[2] 虽然环境法一直遵循公权力手段介入私权利领域的原理，但这更多的是对公权力限制污染企业经济发展权的解释，而不涉及对公民本能环境享有权的限制。从这一意义上来讲，在城市生态环境治理中，硬法对公众环境行为的规制是难以按照现行环境法律架构来进行的。

其次，硬法监管不符合回应型法理念下全民守法与多元共治的制度需要，难以取得良好的实施效果。如果将法的发展阶段分为压制型法、自治型法和回应型法，那么在城市生态环境治理中所运用的环境法，无疑属于回应社会和时代需求而产生的回应型法。[3] 城市生态环境治理的实现归根结底在于社会公众的自觉守法和多元共治，即自觉履行环境保护义务的同时参与到环境公共事务之中，可以将此归纳为公众的"自治"与"共治"。[4] 为回应城市生态环境治理对公众"自治"与"共治"的需求，环境法则应当明确社

---

[1] 参见吴真：《公共信托原则视角下的环境权及环境侵权》，载《吉林大学社会科学学报》2010年3期。
[2] 参见史玉成：《环境法的法权结构理论》，商务印书馆2018年版，第27页。
[3] 参见[美] P. 诺内特、P. 塞尔兹尼克：《转变中的法律与社会：迈向回应型法》，张志铭译，中国政法大学出版社2004年版，第14页。
[4] 参见秦天宝：《法治视野下环境多元共治的功能定位》，载《环境与可持续发展》2019年第1期。

会公众作为治理主体之一的应然地位,并给予这一治理主体更大的发挥其主观能动性的空间。[1] 习近平总书记很早便提出"环境保护要靠自觉自为",这一观念也成为习近平生态文明思想的重要组成部分。[2] 然而,硬法的监管手段则更多的是要求社会公众被动地遵守环境法,履行生态环境保护的义务。在这种模式下,社会主体与行政主体之间缺乏常态的利益沟通和交流,企业、公众等社会主体处于被动地位,对政府环境决策往往表现出抵触、不信任的情绪,不利于环境决策的实施。近年来,环境群体性事件时有发生。从自然科学和法律规定的角度来看,不少事件中公众所反对和质疑的环境行政决策本身并无大的问题,但由于公众被排除在行政决策之外,无法了解环境决策过程中的全部考量,因此相关行政决策难以为公众所接受和认同。这难以促进社会公众对绿色发展理念的自觉践行和在环境公共事务中的共同参与,难以满足城市生态环境治理对公众"自治"与"共治"的需求。

硬法在城市生态环境治理中治理效能较低的根本原因在于法治理念上的不契合。因此,我们必须突破硬法以监督管理为主的思维框架,从软法柔性治理的角度探讨城市生态环境的治理策略。在众多软法规范之中,市民公约对公众环境行为具有直接而明显的规范作用。

第二节 市民公约:城市生态环境治理需求的软法回应

一、市民公约在我国的发展

市民公约,一般是指城市居民自行约定或公共管理主体制定的、不具有国家强制力的、指引和约束城市居民行为的社会规范。[3] 在全面推进社会治理现代化的新时期,市民公约得到了如火如荼的发展,它在规范和引导公众文明行为方面发挥着重要作用。从市民公约在我国实践中的发展来看,它已经成为社会规范体系的一个重要组成部分。[4]

---

[1] 参见张海荣、方印、吴羽纶:《我国环境治理的法律模式选择:硬法和软法优化组合》,载《福建行政学院学报》2017年第4期。
[2] 参见徐祥民:《习近平法治思想的整体认读》,载《浙江工商大学学报》2018年第4期。
[3] 参见姜明安:《完善软法机制,推进社会公共治理创新》,载《中国法学》2010年第5期。
[4] 参见刘作翔:《构建法治主导下的中国社会秩序结构:多元规范和多元秩序的共存共治》,载《学术月刊》2020年第5期。

我国早在 1982 年《宪法》中便规定"通过在城乡不同范围的群众中制定和执行各种守则、公约，加强社会主义精神文明的建设"，这一条款一直延续至今。《中共中央关于全面推进依法治国若干重大问题的决定》也明确提出，要"发挥市民公约、乡规民约、行业规章、团体章程等社会规范在社会治理中的积极作用"。进入新时期，我国社会的基本矛盾发生深刻变化，"简政放权""激发社会自我治理"成为施政方向。所谓"社会自治"，其核心要义是政府从社会中抽离，使社会公共事务的管理回归社会本身，从而激发社会活力，缓解政府的执法压力。在这一背景下，市民公约的柔性特点高度契合社会自治的理念，各地方纷纷根据现实需要制定或修改各层级市民公约。据笔者了解，我国大部分市级政府部门均制定了市民公约类文件，如《蚌埠市市民文明公约》《临沂市市民文明公约》《信阳文明 20 条》等，各社区、小区以及公共休闲场所的市民公约更是不胜枚举，如《下沃社区市民公约》《红领巾广场文明守则》等。

二、市民公约的软法属性及其柔性治理特点

如果将软法定义为不直接依赖国家强制力而依赖社会约束力保障其有效约束人们行为的行为规则[1]，那么市民公约无疑属于软法的范畴。软法是一个概括性的法学概念，是相较于硬法而言的。硬法是对国家治理基本框架的建构，为主体行为设定底线意义上的限制，而软法则是在这一基本框架下补充更多的道德因素、提出更高的要求，约束、激励和引导主体作出符合法治追求的行为选择[2]。与硬法相比，软法具有更多的沟通性、灵活性、实效性和目的性[3]。

市民公约的软法性质主要体现在三个方面：其一，市民公约的创制主体是多元的，既有国家部委制定的，也有基层自治组织制定的，还有城市居民间自行约定的；其二，市民公约不以国家强制力为保障，其虽非国家立法，不具有法律效力，但可以通过各主体的自我约束和相互约束而产生事实上的约束力；其三，市民公约只在一定区域范围内适用，追求实质正义甚于形式

---

[1] 参见程信和：《硬法、软法的整合与经济法范式的革命》，载《政法学刊》2016 年第 3 期。
[2] 参见罗豪才、宋功德：《认真对待软法——公域软法的一般理论及中国实践》，载《中国法学》2006 年第 2 期。
[3] 参见沈岿：《软法概念之正当性新辨——以法律沟通论为诠释依据》，载《法商研究》2014 年第 1 期。

正义。作为一种软法，市民公约具有较强的沟通性、灵活性、实效性和目的性，这种柔性特点使其在公共治理中具有独特的优势。

第一，市民公约对人们行为的限制源于社会约束力而非国家强制力，这使其能够在社区基层治理中弥补硬法的不足。[1] 为实现法所具有的宣示、指示、教育、评价、预测、惩罚等基本功能，软法主要采取教育与引导的方式通过建议来影响主体的行为选择，而硬法则偏重于运用命令和控制的手段来迫使主体作出某种行为选择。[2] 硬法主要是以义务性规定来划定人们行为的底线，通过严格监管使这些"反向禁止"产生实效。市民公约主要是宣传"应当怎么做"，而非着重要求"不准怎么做"。若违反了市民公约的相关规定，相关个人则可能会受到社会和舆论上的不利影响。这一规制进路体现了软法的柔性治理特点。与硬法不同的是，软法效力的基础并不是国家强制力，而是社会约束力，这种约束力源于居民之间的社会关系。在社区基层语境下，这种社会约束力往往更能发挥约束、规范人们行为的作用。[3] 同时，市民公约不依赖于监管的特点也在很大程度上缓解了基层政府的执法压力。

第二，市民公约的生成体现了一种程序民主的商谈政治，因而其具有比硬法更强的灵活性和有效性。我国软法研究一般以哈贝马斯的商谈理论为基础。"商谈政治"作为哈贝马斯程序民主思想的核心概念，被用于解释市民公约等软法规范的生成问题。[4] 这一概念强调法律共同体自我消失在一些无主体的交往形式之中，通过这些交往形式而形成商谈性意见和意志。这种程序民主观念下的商谈政治着眼于一致意见的形成。从这一理论视角来看，市民公约的生成过程体现了程序民主的商谈政治。首先，它体现为一种程序政治，通过居民的相互作用和本身固有的雪球效应强化自身的效力。其次，它体现为一种商谈民主，不同于西方的代议制民主，市民公约的民主存在于共同体所有成员之间的交流和商谈中，并经由商谈而达成合意。这种进路使市民公约能够有效地产生合法性，并使其更加难以被拒绝。最后，它

---

[1] 参见翟小波：《"软法"及其概念之证成——以公共治理为背景》，载《法律科学（西北政法学院学报）》2007年第2期。
[2] 参见罗豪才、宋功德：《软法亦法：公共治理呼唤软法之治》，法律出版社2009年版，第385页。
[3] 参见张淑芳：《软法在行政法治体系中的地位研究》，载罗豪才主编：《软法与治理评论》（第2辑），法律出版社2016年版，第115页。
[4] 参见[德]哈贝马斯：《在事实与规范之间——关于法律和民主法治国的商谈理论》，童世骏译，生活·读书·新知三联书店2003年版，第380页。

强调灵活性和有效性。拉德布鲁赫指出，法的合法性和正当性之间存在普遍的矛盾。[1] 相较于硬法，市民公约等软法规范更加强调效率而非合法的生成程序，这使其能够灵活地应对某些领域的复杂问题，更好地追求实质正义。

第三，市民公约的实施本质上是主体间动态合作博弈的过程，有助于发挥主体的主观能动性。从博弈论的视角来看，市民公约是社区共同体内各成员之间在相互博弈下所形成的具有约束力的协议，它既是上一次博弈的结果，也是下一次博弈的前提。其实施过程也是一种主体间的合作博弈。[2] 在市民公约的实施中，参与博弈的主体为社区居民，社区居民可以根据其他居民的做法对自身的具体实施方式作出相应调整，并会试图达成一种社区语境下的共识。这种动态的博弈过程有助于发挥社区居民的主观能动性，使社区居民得以在公共管理主体的引导下调整自身的行为方式，并对社区共同体内其他居民的行为选择产生影响，最终达到博弈均衡的结果，形成社区共同体内的某种共识。

第三节 市民环境公约的正当性

市民环境公约作为一种软法，具有国家制定法所不具有的柔性治理特点，更能够回应城市生态环境治理的现实需要。而且，市民环境公约推动生态环境治理重心向社区基层下沉，能够最大限度地促进社会主体在生态环境公共事务中的参与。因此，市民环境公约具有其正当性。这种正当性体现在两个方面：一是以市民公约这种形式来推动社区基层生态环境治理具有正当性；二是专门规定生态环境内容的市民公约，即狭义的市民环境公约，具有正当性。这两方面的正当性都源于城市生态环境治理的特殊性，在本书语境下不再对两方面的正当性进行具体区分。理论上，市民环境公约的正当性基础主要有三：公民环境权、基层治理与社会自治及环境治理全民行动体系。

---

[1] 参见［德］G. 拉德布鲁赫：《法哲学》，王朴译，法律出版社2005年版，第32页。
[2] 参见［美］艾里克·拉斯缪森：《博弈与信息——博弈论概论》（第2版），姚洋译，北京大学出版社、生活·读书·新知三联书店2003年版，第5页。

一、公民环境权

公民环境权理论是现代环境法学的基础理论。[1] 市民环境公约虽然对社会主体环境行为形成了一定程度上的指引和约束，但正是通过这种指引和约束，更大程度地保障了公民环境权。因此，市民环境公约正当性的基础之一，是其对公民环境权的保障和维护。

公民环境权理论诞生已久，最早由美国的萨克斯教授提出，旨在阐释环境保护视野下国家和公民之间的法律关系，为公民要求国家保护环境提供法理依据。据统计，公民环境权作为一项公民基本权利或基本人权，已经被写入世界100多个国家的宪法和法律。[2] 虽然我国并未在宪法和法律中明文规定公民享有环境权利，但是从宪法规定的国家环境保护职责以及一些法律规定中可以推导出对公民环境权的承认、保障和维护。公民环境权理论也是现代环境法学理论的基础之一。公民环境权理论是一种权利本位的环境法学观，已经在我国学界被探讨了近30年，取得了丰厚的成果。反对权利本位论的学者或持义务本位论，或持义务重心论，而旨在调和权利本位论和义务本位论的学者则提出了法律体系论、法权结构论等。各种相关理论学说可谓百花齐放。但归根结底，公民环境权作为自现代环境法产生之初便随之诞生的基础理论，有其坚实的法理基础和实践认同，仍然可以将其作为构建环境法律体系的基础和证成环境法律决策的理由。因此，基于本书的研究目的，本书不再就公民环境权理论的相关争议展开评述，也不再就法权结构等具有一定解释力的相关理论展开论证。这样做的主要原因是，市民环境公约主要指引和约束公民的个人行为。它与公民环境权，尤其是公民作为个体所享有的环境权之间具有较为直接的关联。因此，本书将公民环境权作为市民环境公约的正当性基础之一，而不再考虑与公民环境权相关的一些争议和理论。

目前，虽然尚未对公民环境权的概念和内容界定达成共识，但我们可以大概地认识到，这一权利包含公民有权享有良好环境这一基本内容。至于如何界定"良好"，则是另一个更深入的问题。就这一基本内容而言，可以将

---

[1] 参见吕忠梅：《再论公民环境权》，载《法学研究》2000年第6期。
[2] 参见张震：《宪法上环境权的证成与价值——以各国宪法文本中的环境权条款为分析视角》，载《法学论坛》2008年第6期。

公民环境权进一步划分为实体和程序两方面。在实体方面，公民有权利在良好的环境中生活和工作，这里的公民在一些语境下不仅包括当代人，还包括后代人；在程序方面，公民有权利要求在良好的环境中生活和工作，这种要求表现为环境公共信息的知情权和环境公共事务的参与权。

就公民环境权的实体性内容和程序性内容而言，市民环境公约能够起到保障和维护作用。在实体性内容方面，公民环境权强调公民对良好生活环境和工作环境的享有。虽然无论是在理论上还是在各国实践中，对其中"良好"标准的界定存在争议，但其最基本的要求应当是物理意义上的环境"无害于"公民的生存和健康，更进一步地，"有助于"公民的发展。这种"良好"的标准也与公民个人的主观感受分不开，生活在生态良好的自然保护区周边的居民很难接受工业区长时间的空气污染状态。就此而言，市民环境公约中所可能规定的内容直接涉及公民对想要享有的环境的定义，而且具有很强的地方性。义务的施加和权利的保护是一种辩证关系，市民环境公约通过对市民环境行为的约束可以实现对公民环境权的维护。比如简单的"爱护花草树木"，从中可以推导出对"花草树木长期存在、不受破坏的环境"的公民环境权。在程序性内容方面，公民环境权强调公民对环境公共信息的知情和对环境公共事务的参与。这项要求进一步被转化为各项环境法律制度中的公众参与机制；在国家环境管理向环境治理转变的过程中，以环境公众参与为核心要素的环境多元共治也成为各项环境法律制度的发展方向。在市民环境公约的生成和执行中，最基本的要求是公众对市民环境公约及其内容的知晓，在这个过程中公众实现了对相关区域环境公共信息的获取，公众环境公共信息的知情权得到了维护；市民环境公约并不依靠外力保障，而主要依靠社会主体的"自愿"遵守，在这个过程中公众通过自身的环境行为实际参与到了环境公共事务之中，公众环境公共事务的参与权得到了保障。

总之，市民环境公约对公民环境权的维护，使其具有权利基础上的正当性。

二、基层治理与社会自治

市民环境公约不仅在生态环境治理方面能够发挥维护公民环境权的作用，而且在社会治理方面有利于我国当前时期推行的基层治理与社会自治。

党的十八大以来，我国将社会治理创新作为全面深化改革的重要环节。社会体制改革有助于缓解由经济、产业相关调整所带来的社会性风险。因此，党的十九大、二十大进一步强调，社会治理重心要向基层下移，形成政府、社会、居民良性互动的发展格局。在理论上，基层治理、社会治理、社会自治、社区自治、居民自治等学说层出不穷。但总的来讲，这些理论的精神内核是相似的，都是将社会或社区作为一个独立的治理单元来看待，在这一治理单元中，国家公权力逐渐退出。从法学角度来说，国家制定法在国家公权力退出的治理单元中作用有限，而市民环境公约等软法的效果则大大强化。

社区是城市发展和居民生活展开的基层单位，直接反映出城市围绕美好生活目标所进行的一系列制度设置和资源配置。现在，我国各地社区治理实验正如火如荼，总结出了很多种模式，如"四社联动""政社分开""融合式社区"等。这种社区治理活动与西方所称的"社区复兴"相似，可以说是后工业社会的一个全世界共同现象。这种现象的成因是传统的行政结构已经难以回应后工业社会的复杂现实，因而需要社会公众和社会组织在政府的引导下参与公共事务，使社区在不依靠政府管制的情况下能够自我组织、自我治理、自我发展。这种社区自组织是基层治理中社会自治的典型样态。它的功能不再是政府自上而下的管控，而是子系统自下而上的治理和发展，最终形成自治理机制。在我国单位制解体之后，"国家-单位-个人"结构的中间环节缺失，形成了"陌生人社会"，大多数社会成员处于孤独的状态。社会自治或居民自治则是为了唤醒人们的社群性。

社会治理的法治化已经成为基本共识。法治首先就是"规则之治"。市民环境公约具有基层治理与社会自治的品格，能够在社区基层形成生态环境保护的"规则之治"。市民环境公约的生成和执行都依赖于社区、小区层面的实践，尤其强调社区居民在生态环境保护公共事务之中扮演各自的角色并共同参与。市民环境公约运行状态下的社会自治是法治化的而非杂乱无章的。

总之，从社会治理的角度来说，市民环境公约具有基层治理和社会自治品格，能够在社区基层建立起"规则之治"，具有正当性。

三、环境治理全民行动体系

党的十八大提出"科学立法、严格执法、公正司法、全民守法"，这是新时期我国依法治国的十六字方针。其中,"全民守法"是新法治十六字方针的一大亮点。[1] 全民守法是法治社会建设的基石,在新时期全面依法治国中具有重要地位。生态环境法治也面临着以生态守法为逻辑中心转型的现实需要。[2] 2020年3月,中共中央办公厅、国务院办公厅印发了《关于构建现代环境治理体系的指导意见》,对国家生态环境治理体系的现代化作出了原则性指引。《关于构建现代环境治理体系的指导意见》将"全民行动体系"作为环境治理体系的一个重要组成部分,要求推进各社会主体在生态环境治理中的共同参与。[3] 生态环境治理的法治化是全社会的基本共识。在生态环境法治的视野下,"全民行动体系"是一种以全民守法为依归的治理体系。

党的十八大以来,因应时代需求而对生态环境管理体制进行了一系列改革,生态环境治理体系的现代化成为当前时期的崭新课题。从我国生态环境管理体制的新变化中可以看到,社会公众在环境事务中的自律和参与受到了前所未有的重视。在这一背景下,社会公众逐渐走进生态环境法治体系的核心。在现代生态环境法治体系下,社会公众更多的不是被动的被监管者,而是主动的参与者和治理者。但同时也应当看到,当前我国生态环境管理体制仍处于改革进程中,很多生态环境保护政策和措施尚未充分适应社会公众在生态环境治理中的角色转变,致使公众参与的实践状况与其应然角色定位还存在一定距离。目前,社会公众在生态环境治理中所能起到的作用还相对较小,难以满足新时期生态文明建设的现实需要。新时期的生态环境法治,应以习近平生态文明思想为根本指引,围绕"政府为主导、企业为主体、社会组织和公众共同参与"的总要求,因应"全民行动"之自律、监督和共治的特点,以全民性的建构为基础,以环境公共事务中的实质性参与为重点,以自我治理和多元共治为主要策略,以软硬结合的约束机制保障"全民行动"的实施。

市民环境公约不仅是对社会公众环境行为的指引和约束,其制度实施中最重要的是社会公众的遵守和行动,这与环境治理全民行动体系的基本理念

---

[1] 参见刘作翔:《关于社会治理法治化的几点思考——"新法治十六字方针"对社会治理法治化的意义》,载《河北法学》2016年第5期。

[2] 参见肖爱:《生态守法论——以环境法治的时代转型为指向》,载《湖南师范大学社会科学学报》2020年第2期。

[3] 参见郭红燕:《加快建立健全环境治理全民行动体系》,载《环境》2020年第4期。

相契合。在我国现行生态环境法律制度下，社会公众尚不能直接通过司法程序发挥监督环境违法行为的作用，而更多的是在具体的环境管理制度中行使举报环境污染和生态破坏行为的权利以及一些程序性的参与权利。比如，在我国现行环境影响评价制度中，公众可以通过问卷调查、咨询专家意见、座谈会、论证会、听证会等方式参与到环境影响评价程序之中，监督政府和企业环境行为的实施，预防可能造成的生态环境损害。但总体而言，目前社会公众环境监督机制还很不完善，在很大程度上社会公众对环境公共事务的了解只能源于日常生活的直观体认，而缺少足够的知情渠道。社会公众在目前的生态环境治理中，更多的还是作为被宣传、被教育的对象，而非积极主动参与和监督环境公共事务的主体。甚至在生活垃圾分类等制度实践中，社会公众的身份存在监督者与被监督者的错位。社会公众在生态环境法治中监督者与被监督者的双重身份，实际上都是相对于公共管理主体而言的。社会公众的环境行为受到公共管理主体的监督，但同时他们也有监督公共管理主体行使其生态环境职能的权利。所谓公共管理主体，并不限于政府，还包括行使公共管理职能的基层自治组织和社会组织。在政府逐渐从社会中退出的社会治理发展过程中，基层自治组织和社会组织将主要承担起社区基层生态环境保护职能，从而与社会公众发生直接的联系。与此同时，社会公众还能够参与到基层自治组织和社会组织中，在社区层面参与生态环境的治理。这实际上是新时期"全民行动"由监督向共治的演进，标志着社会公众从监督者与被监督者的身份向治理者身份的转变。

总之，从生态环境治理体系和治理能力现代化的角度来讲，环境治理全民行动体系的构建为市民环境公约提供了正当性基础。

第四节 市民公约在城市生态环境治理中的作用

自软法概念创制之初，生态环境治理中的软法现象以及软法在生态环境治理中的功能便被广泛探讨。[1] 市民公约作为一种软法，不仅在社会治理中发挥着独特的作用，而且已经成为城市生态环境法律治理所不可忽视的法源之一。从这一意义上来讲，市民公约是社会治理与生态环境治理的法治结合点，为社会主体参与生态环境保护建立"规则之治"。市民公约在城市生态

---

[1] 参见姜明安：《软法的兴起与软法之治》，载《中国法学》2006年第2期。

环境治理中的作用主要表现在三个方面：

第一，市民公约有助于构建更为严密的生态环境多元规范体系，推动城市生态环境治理重心向社区基层下移，根据实际情况调整主体间的利益关系，以应对城市生态环境治理的复杂性。我国已经建立了内容较为丰富的生态环境法律规范体系，同时也应注意到，在国家和社会生活中，市民公约等社会规范对人们的环境行为也具有规范和指引作用。生态环境社会规范体系、法律规范体系、国家政策体系处于一种相互照应的法治状态，共同组成了生态环境多元规范体系。[1] 生态环境多元规范体系的严密化，不仅是规范体系种类的多样化，而且是规范层级的多样化。市民公约着眼于社区基层的实际问题，具有较低的治理重心，能够弥补硬法追求普遍性而无法照顾到个案实质正义的缺陷，直接对具体语境下的城市、社区、小区、公民的利益进行调整和引导。公民的本能环境享有权既包含利用环境资源的方面，也包含享有健康的、美学的环境的方面。而在现实生活中，由于地域环境、收入水平、文化水平等方面的差异，不同城市、社区、小区，甚至公民个人之间的利益关切都会有所不同。市民公约通过在社区基层的具体语境下调整不同主体之间的利益关系，能够有效应对城市生态环境治理的复杂性，形成符合实际需要的规范内容，弥补硬法普遍性规范的不足。

第二，市民公约以社会的柔性约束代替政府的刚性监管，以社区自治应对城市生态环境治理的分散性，能够极大地降低治理成本。市民公约能够通过其软约束力对公众环境行为产生事实上的约束作用。市民公约通过义务性规定的设置，对公众环境行为加以约束，将公众对环境的不利影响限制在可接受范围内。与硬法相比，市民公约可以对公众环境行为提出更高的道德要求。市民公约的实施一般不需要严格的监管，而主要依靠社会约束力对个人的影响以及个人的自律，相较于政府的外部监管，这体现了一种社区自治的进路。社区自治的进路能够很好地应对城市生态环境治理的分散性，通过将原子化的个体纳入社区共同体，以实现分散化守法向组织化守法的发展，治理成本相较于硬法的监管模式显著降低。

第三，市民公约有助于实现主体自律，培育生态环境保护全民守法的良好社会风尚，与城市生态环境治理的全民性相契合，提升治理效能。习近平

---

[1] 参见徐以祥：《我国环境法律规范的类型化分析》，载《吉林大学社会科学学报》2020年第2期。

新时代中国特色社会主义思想首次将"全民守法"放在突出位置，生态环境法治也面临着以生态守法为逻辑中心转型的现实需要。[1]"全民行动体系"已经成为现代环境治理体系的重要组成部分。[2] 为此，硬法中规定了大量的守法激励内容。[3] 然而，硬法中守法激励的目的，更多的是促进公众在政府主导的管理型环境治理模式下的被动守法。在现代生态环境法治体系下，社会公众更多的不是被动的被监管者，而是主动的参与者和治理者。市民公约实施过程中的合作博弈，能够有效促进社会公众的这一角色转变，使其更加主动地参与到城市生态环境治理中，并从中受益。这有利于减轻"搭便车""顺水舟"行为倾向的影响，促进社会公众对绿色生活和绿色消费理念的认同与自觉实践，在全社会营造保护环境的良好风尚和秩序。这在一定程度上提升了生态环境治理效能，回应了新时期我国生态文明建设对于"全民行动"的现实需要。

第五节　市民环境公约的实效评估

市民环境公约是为解决生活源污染现实问题而生的，相较于国家立法，其强调实效性甚于体系性。为了回答市民环境公约在我国实践中究竟"是什么"的问题，本书以实践样本为重要研究面向，选取我国五个省区市进行调研。一方面，尽可能获取五个省区市范围内各层级市民环境公约文本，选取适当因素开展大数据统计分析；另一方面，选取具有代表性的，尤其与生成机制和执行机制相关的市民环境公约典型案例进行实地调研，分析具体层面市民环境公约在实践中表现出的特点。通过大数据统计之"面"和典型案例调研之"点"，"点面结合"考察市民环境公约的实践情况，并运用法经济学、法社会学方法就此评估市民环境公约的实施效果，分析影响其实施效果的因素。最终目标在于明确市民环境公约的实践难点，使后续对规范内容和生成程序的规范化建构能够有的放矢。

---

[1] 参见肖爱：《生态守法论——以环境法治的时代转型为指向》，载《湖南师范大学社会科学学报》2020年第2期。
[2] 参见郭红燕：《加快建立健全环境治理全民行动体系》，载《环境》2020年第4期。
[3] 参见巩固：《守法激励视角中的〈环境保护法〉修订与适用》，载《华东政法大学学报》2014年第3期。

一、市民环境公约的实践样态——基于五个省区市的调研分析

本书以我国五个省区市的市民环境公约为样本[1]设计社会调研方案,遵从规范法学研究的基本逻辑,选择适当因素对市民环境公约的规范样本进行数据统计,以期从数据中分析我国市民环境公约在现实运行中的一些特点。

(一)调研方案的设计

本书以实践样本为重要分析维度,以大数据统计和典型案例调研为两大内容设计社会调研方案。

1. 调研样本范围

本书在具体层面以两类信息为调研样本,分别为2019—2023年各地市民环境公约文本以及市民环境公约实施情况相关信息。

市民环境公约文本主要被用于开展我国各地市民环境公约的文本分析,总结市民环境公约在实践中的制定模式和主要内容。此类调研样本的获取途径主要是网络媒体和实地调研等。一般而言,各地市民环境公约的实施是当地管理者的政绩,公共管理主体具有公开市民环境公约的现实动机。这使得相关信息在网络上较易获取,尤其是市级的市民公约。对于一些具有代表性的社区、小区市民环境公约,也可以见诸报端。除此之外,笔者还以实地调研的方式弥补网络信息可能对分析结论造成的偏差,经过实地走访获取更具有普遍性的市民公约样本。

市民环境公约实施情况具体包括市民环境公约的签订、执行、实施成效等信息。此类调研样本的获取途径主要是学术文献、新闻报道和实地调研。就市民公约这一议题而言,其生成与执行(具体包括签订、实施、纠纷解决等环节)是国内外学界研究的主要方面。一些学术文献涉及市民环境公约的实施情况,这些文献可以作为本书对市民环境公约实施情况调研的辅助材料。需要说明的是,本书对市民环境公约实施情况的调研属于实证研究路径,因此并不将学术文献内容作为调研样本,而更多的是将其作为获取调研

---

[1] 本小节对市民公约、狭义的市民环境公约、广义的市民环境公约等概念都有所涉及,狭义的市民环境公约和广义的市民环境公约都是市民公约的下位概念,我国实践中的市民公约大部分都属于广义的市民环境公约(因其规定有生态环境保护内容),而小部分属于狭义的市民环境公约(仅规定生态环境保护内容)。如果不作特殊说明,后文不再具体区分市民公约、广义的市民环境公约和狭义的市民环境公约。

样本的"索引"。在社会治理体系日益健全的背景下，网络媒体等新型信息获取渠道中存在大量社区市民公约实施的新闻报道。从这些信息中，我们可以捕捉到实践中市民环境公约的一些特点。在实地调研过程中，本书课题组在收集整理市民公约文本的同时，也注重对市民公约实施情况的记录。

为实现研究成本可控性和研究结论可靠性之间的平衡，本书选取了我国五个省区市作为调研样本的地理范围，分别是北京市、福建省、广西壮族自治区、吉林省、湖北省。五个省区市的选取考量因素包括：（1）地理位置，五个省区市包括东北、华北、华中、华南以及东南沿海地区；（2）经济发展水平，五个省区市中北京市、福建省、湖北省经济发展水平相对较好；（3）生态环境状况，五个省区市均位于"胡焕庸线"以东，但在生态环境禀赋和人口环境承载能力方面存在差异；（4）以福建省为调研样本的主要地理范围，本书在实证研究中以福建省实践样本为主，对福建省各设区市的市民环境公约文本进行较为详尽的收集，并对福州市、厦门市、泉州市等代表性城市市民环境公约文本的收集工作深入社区、小区层级。

2. 大数据统计方案

对于所收集到的市民环境公约文本，本书选择适当因素进行大数据统计分析。分析因素主要包括：

（1）公约层级的数据统计。市民环境公约的层级，是指市民环境公约的适用范围。市民环境公约的适用范围一般与其制定主体紧密相关，如《厦门市市民文明公约》的制定主体为厦门市委文明办，其适用范围为厦门市所辖各区县，因此可以将其层级界定为地市级。值得说明的是，市民环境公约作为一种软法，并没有法律意义上的法律位阶，所谓"公约层级"更多地具有学理意义。对于公约层级的统计，有助于我们了解实践中市民环境公约的治理重心。

（2）公约文本的条文数量。公约文本的条文数量是评价公约立法质量的重要参考指标。对于一些不具有明显条文序号的公约文本，本书根据不同的公约展现形式（如公告栏、宣传手册中的内容），选择"行""分句"等与条文作类比，以便统计。

（3）公约文本中环境保护条文数量及其占比。实践中，狭义的市民环境公约较少，通常是在综合性的市民公约中以一些条文规范市民环境保护活动。因此，基于研究目的，本书对所收集到的所有公约文本中的环境保护条文数量及其占公约文本条文总数的比重进行统计。这项统计有助于我们认识实践中环境公共事务在市民公约治理活动中的地位。

(4) 公约文本形式。市民环境公约作为一种软法，其制定方式较为灵活，这突出表现为实践中其文字表现形式（或称文本形式）的多样性。整体而言，主要有诗文形式和条文形式。诗文形式，是指市民环境公约文本采取四言、五言、七言等传统诗文形式，但一般并不讲求合辙押韵，且各句无明显序号；条文形式，是指市民环境公约文本中标有明显序号，但并未在字数上体现明显规律。对于这一因素的统计，有助于我们了解实践中公约制定者的偏好及其对公约宣传效果的考虑，还可以在一定程度上评价公约内容的合理性。

(5) 公约文本中环境保护内容类别。与市民绿色生活方式相关的具体事项有很多种类，如烟气、水、公共土地等环境要素的保护，噪声、光等能量型污染的防控，生活垃圾分类等环保活动，增强环境意识等宣教活动，爱护花草等自然保护活动，节能低碳等绿色消费活动，等等。对实践中市民环境公约所规范的环境保护内容的统计，有助于我们了解各种市民环境行为受市民环境公约规范的情况。

对于上述分析因素，本书根据样本实际情况选取适当标准进行统计，旨在从整体的角度了解我国市民环境公约的实施情况及其主要特点。

3. 社会调查问卷方案

市民环境公约的生成与执行直接面向社会公众，社会公众对市民环境公约的知晓和实践程度是评价其实施效果的重要参考。为此，本书制定了社会调查问卷方案，通过微信转发、现场投放等方式，向周边社区居民收集调查问卷的信息。

首先，在调研对象主体范围的选择方面，社会调查问卷以具有一定受教育程度的小范围居民作为调研对象。从国内外现有研究中可以发现，对市民环境公约的知晓与践行存在着受教育程度这一主要影响因素。一般而言，受教育程度相对较高的人群对市民环境公约遵守情况的敏感度也较高，既有更明显的依据公约规范自身行为的偏好，也更加注意其他人是否遵守公约的要求。[1] 但本书并不旨在验证上述结论的可靠性，而是在上述社会规律的理论认识基础上，判断市民环境公约的公众知晓度和参与度。因此，本书直接选取厦门大学所在社区，即厦门市思明区滨海街道白城社区和演武社区，以在

---

[1] See Kundo, "Citizen's Charter for Improved Public Service Delivery and Accountability: The Experience of Land Administration at the Local Government in Bangladesh", *International Journal of Public Administration*, Vol. 41, 2018, p. 3.

校师生为主要调研对象。通过对上述调研对象的社会调查，可以就具有一定受教育程度的群体对市民环境公约的知晓度和参与度得出初步结论。现有研究表明，这一结论有助于我们认识市民环境公约现阶段在整体上公众知晓度和参与度的相对上限。

其次，在社会调查问卷的问题设置方面，主题涉及《厦门市市民文明公约》的生成过程和履行情况，形式以选择题为主。具体而言，主要包括的问题有：（1）受调查者的性别；（2）受调查者的文化程度；（3）对《厦门市市民文明公约》的了解程度；（4）在《厦门市市民文明公约》内容征集中的参与程度；（5）《厦门市市民文明公约》对自己的帮助；（6）对所在社区居民公约（如《白城社区居民公约》）的了解程度；（7）在所在社区居民公约（如《白城社区居民公约》）内容征集中的参与程度；（8）所在社区居民公约（如《白城社区居民公约》）的实际作用。

4. 典型案例调研方案

为深入分析市民环境公约实施中存在的问题，本书在五省区市样本的基础上，按照调研目标，选取其中具有代表性的案例作为典型案例进行实地调研和深入分析。相对于大数据统计分析之"面"的特点，典型案例调研具有"点"的特点。"点面结合"有助于我们更加全面、深入地认识市民环境公约的实施情况、评估其实施效果、明确其实践难点。

本书在所收集到的五省区市市民环境公约文本的基础上，进一步通过网络信息收集整理关于五省区市范围内各社区市民环境公约的社会新闻报道。这些报道一般由当地媒体发布，具有一定的真实性和可靠性。从这些报道中，我们能够在一定程度上了解当地市民环境公约的生成过程和执行情况，并从中选出具有代表性的典型案例。遵循以问题为导向的研究思路，本书围绕生成机制、执行机制两个主题选择典型案例。在典型案例的选择上，本书兼顾地区之间的差异并对福建省重点关注，选取了福州市晋安区乐西社区、泉州市洛江区桥南社区、武汉市汉阳区怡畅园社区等作为典型案例。除此之外，我们还发现，一些农村所制定的村规民约虽然并不属于本书所讨论的市民环境公约范围，但其生成过程与执行情况也具有一定的代表性和借鉴意义。因此，对于厦门市海沧区渐美村等农村的村规民约及其生成过程与执行情况，在典型案例分析中也会有所涉及。需要再次强调的是，本书的研究目标是为市民环境公约建立理性基础，为城市居民生活方式的绿色转型建立"规则之治"，由于城市和农村在生态环境治理与社会治理方面的种种差异，研究成果并不一定适用于农村地区。

(二) 调研样本的数据统计分析

1. 公约层级的数据统计分析

(1) 数据统计。表8.1a 至表8.1f 分别是福建省、广西壮族自治区、湖北省、北京市、吉林省及五省区市整体的市民环境公约样本的层级数据统计,具体如下:

表8.1a 公约层级的数据统计(福建省样本)

公约层级	公约数量/个	占样本总量的比值/%
地市	7	13.2
区县	4	7.5
街道、乡镇	20	37.7
社区、小区	22	41.5

表8.1b 公约层级的数据统计(广西壮族自治区样本)

公约层级	公约数量/个	占样本总量的比值/%
地市	13	34.2
区县	2	5.3
街道、乡镇	15	39.5
社区、小区	8	21.1

表8.1c 公约层级的数据统计(湖北省样本)

公约层级	公约数量/个	占样本总量的比值/%
地市	12	19.4
区县	15	24.2
街道、乡镇	2	3.2
社区、小区	33	53.2

表8.1d 公约层级的数据统计(北京市样本)

公约层级	公约数量/个	占样本总量的比值/%
地市	1	12.5
区县	2	25.0
街道、乡镇	0	0
社区、小区	5	62.5

表 8.1e　公约层级的数据统计（吉林省样本）

公约层级	公约数量/个	占样本总量的比值/%
地市	5	20.0
区县	7	28.0
街道、乡镇	0	0
社区、小区	13	52.0

表 8.1f　公约层级的统计数据汇总（五省区市样本）

公约层级	公约数量/个	占样本总量的比值/%
地市	38	20.4
区县	30	16.1
街道、乡镇	37	19.9
社区、小区	81	43.5

（2）数据分析。根据对五省区市市民环境公约样本的层级数据统计，可初步作以下分析判断：

第一，各地市一般都制定了在本地市范围内适用的市民环境公约。这是因为就福建省、广西壮族自治区、湖北省、吉林省收集到的地市级市民环境公约数量，仅略少于或等于该省区所辖设区市的数量。考虑到收集准确性和详尽程度等误差，可以基本推断出上述结论。

第二，社区、小区是市民环境公约实践的主要场景。本书的样本收集工作有详略之分，即对福建省内的市民环境公约进行了较为细致的收集，但并未对其余四省区市的市民环境公约进行同种程度的收集。即便如此，本书所收集到的样本中，社区、小区层级的市民环境公约仍然占比相对较大。这一方面表明社区、小区层面市民环境公约数量较多，另一方面表明社区、小区层级市民环境公约的可获得性较强（更容易从网络渠道获取），进一步可以推知社区、小区工作中对市民环境公约较为重视。

2. 公约条文数量的数据统计分析

（1）数据统计。表 8.2a 至表 8.2e 分别是五省区市市民环境公约样本的条文数量数据统计，具体如下：

表 8.2a　公约条文数量的数据统计（福建省样本）

条文数量区间	公约数量/条	占样本总量的比值/%
10 条以下	22	40.7

续表

条文数量区间	公约数量/条	占样本总量的比值/%
10 条以上 20 条以下	20	37.0
20 条以上 40 条以下	9	16.7
40 条以上	3	5.6

表 8.2b 公约条文数量的数据统计（广西壮族自治区样本）

条文数量区间	公约数量/条	占样本总量的比值/%
10 条以下	18	48.6
10 条以上 20 条以下	16	43.2
20 条以上 40 条以下	2	5.4
40 条以上	1	2.7

表 8.2c 公约条文数量的数据统计（湖北省样本）

条文数量区间	公约数量/条	占样本总量的比值/%
10 条以下	33	63.5
10 条以上 20 条以下	17	32.7
20 条以上 40 条以下	2	3.8
40 条以上	0	0

表 8.2d 公约条文数量的数据统计（北京市样本）

条文数量区间	公约数量/条	占样本总量的比值/%
10 条以下	3	37.5
10 条以上 20 条以下	3	37.5
20 条以上 40 条以下	2	25.0
40 条以上	0	0

表 8.2e 公约条文数量的数据统计（吉林省样本）

条文数量区间	公约数量/条	占样本总量的比值/%
10 条以下	14	73.7
10 条以上 20 条以下	2	10.5
20 条以上 40 条以下	2	10.5
40 条以上	1	5.3

（2）数据分析。根据对五省区市市民环境公约样本的条文数量数据统计，可初步作以下分析判断：

第一，各地市民环境公约较注重条文的简洁性。从统计数据中可以看出，条文数量在 20 条以下的占各省区市市民环境公约的大部分，有的省份甚至有超过七成样本的条文数量在 10 条以下。这表明各地市民环境公约条文并不复杂，而是具有较高程度的简洁性。这在一定程度上与市民环境公约系面向社会公众有关，较为简洁的条文设置有利于社会公众获取关键信息，突出特定市民环境公约的规范重点。

第二，各地市民环境公约并不倾向于对具体行为进行细致规定。如果要对某一具体行为进行细致规定，则市民环境公约往往需根据该行为的特点通过多个条文从不同角度进行规定。比如，绿色消费行为可能涉及减污、降碳、循环利用等目标，以及绿色出行、绿色食品、绿色装修等具体事项。但实践中，市民环境公约条文数量一般少于 20 条，这表明其一般并不会对具体行为进行细致规定。这一判断与我们对市民环境公约条文的直观感受相符合。

3. 公约文本表现形式的数据统计分析

（1）数据统计。表 8.3a 至表 8.3e 分别是五省区市市民环境公约样本的文本表现形式数据统计，具体如下：

表 8.3a 公约文本表现形式的数据统计（福建省样本）

文本形式	公约数量/个	占样本总量的比值/%
诗文形式	36	67.9
条文形式	14	26.4
其他	3	5.7

表 8.3b 公约文本表现形式的数据统计（广西壮族自治区样本）

文本形式	公约数量/个	占样本总量的比值/%
诗文形式	27	71.1
条文形式	9	23.7
其他	2	5.3

表 8.3c 公约文本表现形式的数据统计（湖北省样本）

文本形式	公约数量/个	占样本总量的比值/%
诗文形式	17	68.0
条文形式	7	28.0
其他	1	4.0

表 8.3d　公约文本表现形式的数据统计（北京市样本）

文本形式	公约数量/个	占样本总量的比值/%
诗文形式	7	87.5
条文形式	1	12.5
其他	0	0

表 8.3e　公约文本表现形式的数据统计（吉林省样本）

文本形式	公约数量/个	占样本总量的比值/%
诗文形式	17	68.0
条文形式	7	28.0
其他	1	4.0

（2）数据分析。根据对五省区市市民环境公约样本的文本表现形式数据统计，可明显得出这一判断：各地市民环境公约较多采用诗文形式（如四言、五言、七言、骈文等），而较少采用平铺直叙的条文形式。由此我们可以作出以下三项推论：

第一，市民环境公约较为注重传播性。诗文形式"朗朗上口"，相对于条文形式具有更强的传播性，更易于在社区居民间传播。这是因为市民环境公约的执行相较于国家立法更加依赖于民众的自觉遵守，而民众自觉遵守的前提则是对市民环境公约文本内容的了解。因此，我们可以合理推断，市民环境公约对传播性的重视是其大量采用诗文形式的原因。

第二，市民环境公约一般不涉及详细的行为模式。相较于条文形式，诗文形式一般无法描绘出具体、细致的行为模式，因而更具抽象性。这样的抽象性，一方面有利于应对社会生活的复杂性，保持软法所特有的灵活性，而不落入硬法滞后性的窠臼；但另一方面，使市民环境公约的规范内容存在较大的解释空间，在适用中难以涵涉具体行为，存在内容合理性的问题，易于被虚置化，沦为纯粹的道德宣教。

第三，市民环境公约不仅面向具有完全或限制行为能力的人，还面向无行为能力人。民法中的行为能力，是按照年龄进行划分的。在我国推动生活方式绿色转型的相关活动中，少年儿童一直是主要的工作对象。此类工作中对"小手拉大手"的强调，使市民环境公约的行为主体相较于国家立法而言更加宽泛。诗文形式则更有利于少年儿童理解和记忆。因此，行为主体的特殊性也是诗文形式被大量采用的合理理由之一。

4. 公约环境保护条文数量的数据统计分析

（1）数据统计。表 8.4a 至表 8.4e 分别是五省区市市民公约样本的环境保护条文数据统计，具体如下：

表 8.4a　公约环境保护条文数量的数据统计（福建省样本）

条文数量区间	公约数量/个	占样本总量的比值/%
3 条以下	37	68.5
3 条以上 6 条以下	11	20.4
6 条以上 9 条以下	6	11.1
9 条以上	0	0

表 8.4b　公约环境保护条文数量的数据统计（广西壮族自治区样本）

条文数量区间	公约数量/个	占样本总量的比值/%
3 条以下	31	81.6
3 条以上 6 条以下	5	13.2
6 条以上 9 条以下	1	2.6
9 条以上	1	2.6

表 8.4c　公约环境保护条文数量的数据统计（湖北省样本）

条文数量区间	公约数量/个	占样本总量的比值/%
3 条以下	49	94.2
3 条以上 6 条以下	3	5.8
6 条以上 9 条以下	0	0
9 条以上	0	0

表 8.4d　公约环境保护条文数量的数据统计（北京市样本）

条文数量区间	公约数量/个	占样本总量的比值/%
3 条以下	4	50.0
3 条以上 6 条以下	4	50.0
6 条以上 9 条以下	0	0
9 条以上	0	0

表 8.4e　公约环境保护条文数量的数据统计（吉林省样本）

条文数量区间	公约数量/个	占样本总量的比值/%
3 条以下	19	100.0
3 条以上 6 条以下	0	0

续表

条文数量区间	公约数量/个	占样本总量的比值/%
6条以上9条以下	0	0
9条以上	0	0

(2) 数据分析。根据对五省区市市民公约样本的环境保护条文数量数据统计，可初步作以下分析判断：

第一，实践中专门的市民环境公约数量较少。统计数据表明，各地方市民公约中的环境保护条文数量较少。鉴于本书在收集市民公约样本时侧重于专门的市民环境公约样本，我们可以进一步作出推论，各地方制定的专门市民环境公约数量较少，大多数是在综合性市民公约中以为数不多的条文规定环境保护事项。

第二，综合性市民公约中所规范的环境保护事项平均数量不多。大多数公约样本都是在综合性市民公约模式中规定少数环境保护条文，而仅有的数条环境保护条文难以周密地规定公民绿色生活中涉及的所有事项。因此，就单一市民公约而言，一般仅规定几项环境保护事项，而非对环境保护事项进行详尽的规定。因此，我们可以得出推论，市民公约中所规范的环境保护事项数量的均值较低。

5. 公约环境保护条文占比的数据统计分析

(1) 数据统计。表8.5a至表8.5e分别是五省区市市民公约样本的环境保护条文占比数据统计，具体如下：

表8.5a 公约环境保护条文占比的数据统计（福建省样本）

条文占比区间	公约数量/个	占样本总量的比值/%
5%及以下	4	7.4
5%以上10%及以下	19	35.2
10%以上20%及以下	20	37.0
20%以上	11	20.4

表8.5b 公约环境保护条文占比的数据统计（广西壮族自治区样本）

条文占比区间	公约数量/个	占样本总量的比值/%
5%及以下	5	13.2
5%以上10%及以下	10	26.3
10%以上20%及以下	13	34.2
20%以上	10	26.3

表 8.5c 公约环境保护条文占比的数据统计（湖北省样本）

条文占比区间	公约数量/个	占样本总量的比值/%
5% 以下	19	100.0
5% 以上 10% 以下	0	0
10% 以上 20% 以下	0	0
20% 以上	0	0

表 8.5d 公约环境保护条文占比的数据统计（北京市样本）

条文占比区间	公约数量/个	占样本总量的比值/%
5% 以下	7	87.5
5% 以上 10% 以下	1	12.5
10% 以上 20% 以下	0	0
20% 以上	0	0

表 8.5e 公约环境保护条文占比的数据统计（吉林省样本）

条文占比区间	公约数量/个	占样本总量的比值/%
5% 以下	19	100.0
5% 以上 10% 以下	0	0
10% 以上 20% 以下	0	0
20% 以上	0	0

（2）数据分析。根据对五省区市市民公约样本的环境保护条文占比数据统计，可初步作以下分析判断：

第一，环境保护事项在综合性市民公约所规范的事项中占有一定比重，是综合性市民公约的主要内容之一。从统计数据来看，五省区市的市民公约样本中一般都规定有环境保护事项。其原因可能在于环境保护是社区治理的一项主要工作，以及国家对绿色低碳简约适度生活方式的提倡和推动。

第二，环境保护事项在综合性市民公约中的受重视程度存在明显的地区差异。从统计数据可以明显看出，在福建省、广西壮族自治区相当一部分样本中，环境保护条文数量占公约条文总量的十分之一到五分之一，还有少数样本中上述占比超过五分之一。福建省和广西壮族自治区的共同点是，自然环境条件都较好。而在湖北省、北京市、吉林省样本中，环境保护条文数量占比较少，其原因可能在于样本条文总量相对较多或市民公约并不以环境保护为治理重点。

6. 公约环境保护内容类别的数据统计分析

（1）数据统计。表 8.6a 至表 8.6e 分别是五省区市市民环境公约样本的环境保护内容类别数据统计，具体如下：

表 8.6a 公约环境保护内容类别的数据统计（福建省样本）

内容类别	规定该内容类别的公约数量/个	占样本总量的比值/%
生态保护观念	23	43.4
节约能源资源	4	7.5
践行绿色消费	0	0
选择低碳出行	2	3.8
分类投放垃圾	15	28.3
减少农业和生活污染物产生	7	13.2
野生动物保护	1	1.9
房前屋后环境保护	15	28.3
参加环保公益活动	4	7.5
监督环境不法行为	3	5.7
宠畜粪便治理	7	13.2

表 8.6b 公约环境保护内容类别的数据统计（广西壮族自治区样本）

内容类别	规定该内容类别的公约数量/个	占样本总量的比值/%
生态保护观念	11	28.9
节约能源资源	9	23.7
践行绿色消费	1	2.6
选择低碳出行	3	7.9
分类投放垃圾	9	23.7
减少农业和生活污染物产生	15	39.5
野生动物保护	4	10.5
房前屋后环境保护	8	21.1
参加环保公益活动	3	7.9
监督环境不法行为	3	7.9

表 8.6c 公约环境保护内容类别的数据统计（湖北省样本）

内容类别	规定该内容类别的公约数量/个	占样本总量的比值/%
生态保护观念	52	83.9
节约能源资源	9	14.5

第八章 社会主体行为的环境软法治理机制——以市民环境公约为代表

续表

内容类别	规定该内容类别的公约数量/个	占样本总量的比值%
践行绿色消费	5	8.1
选择低碳出行	0	0
分类投放垃圾	20	32.3
减少工农业和生活污染物产生	9	14.5
野生动物保护	1	1.6
房前屋后环境保护	9	14.5
参加环保公益活动	4	6.5
监督环境不法行为	16	25.8
注重个人环境卫生	27	43.5

表8.6d 公约环境保护内容类别的数据统计（北京市样本）

内容类别	规定该内容类别的公约数量/个	占样本总量的比值/%
生态保护观念	8	100.0
节约能源资源	1	12.5
践行绿色消费	0	0
选择低碳出行	0	0
分类投放垃圾	5	62.5
减少工农业和生活污染物产生	2	25.0
野生动物保护	0	0
房前屋后环境保护	2	25.0
参加环保公益活动	0	0
监督环境不法行为	1	12.5
注重个人环境卫生	3	37.5

表8.6e 公约环境保护内容类别的数据统计（吉林省样本）

内容类别	规定该内容类别的公约数量/个	占样本总量的比值/%
生态保护观念	21	84.0
节约能源资源	2	8.0
践行绿色消费	0	0
选择低碳出行	0	0
分类投放垃圾	7	28.0
减少农业和生活污染物产生	2	8.0
野生动物保护	1	4.0

续表

内容类别	规定该内容类别的公约数量/个	占样本总量的比值/%
房前屋后环境保护	8	32.0
参加环保公益活动	1	4.0
监督环境不法行为	7	28.0
注重个人环境卫生	12	48.0

（2）数据分析。根据对五省区市市民环境公约样本的环境保护内容类别数据统计，可初步作以下分析判断：

第一，市民环境公约中的环境保护内容与《公民生态环境行为规范（试行）》具有较大的重合度。从统计数据来看，各地市民环境公约中的环境保护内容主要集中于生态环境保护观念及个人践行、节约资源、生活垃圾分类、社区生态环境保护等类别。其中，对生态环境保护观念的提倡是最具普遍性的内容。由此可见，市民环境公约中的环境保护内容最基本的目标是建立符合生态环境保护观念的价值判断标准。一方面，可以从生态环境部门对《公民生态环境行为规范（试行）》中各项公民生态环境行为的社会调查结果中获取一些数据，这些数据有助于分析市民环境公约的实施背景；另一方面，由于内容上的重合性，生态环境部门制定的《公民生态环境行为规范（试行）》与市民环境公约之间有建立衔接和转进关系的可行性。

第二，市民环境公约中的环境保护内容具有明显的地域性和区域性特点。从统计数据中可以发现：首先，除少数在五省区市样本中占比均较大或较小的类别外，有些内容类别存在明显的地域性。如节约能源资源类环境保护内容，在广西壮族自治区占比相对较大，但在其他省市则占比较小，有的不足10%。虽然节约用水、节约用电在我国长期被提倡，但市民生活中节约能源资源的效果仍然较为有限。又如减少农业和生活污染物产生类内容，在广西壮族自治区占比最大，北京市次之，但在其他省份则占比较小。其次，市民环境公约中环境保护内容的区域性明显，即市民环境公约中所规范的市民环境行为一般发生在社区、小区特定场景下。得出这一判断的依据是，绿色消费、低碳出行、野生动物保护、参加环保公益活动等市民环境行为，虽然也是《公民生态环境行为规范（试行）》中所规范的内容，但较少是市民环境公约所规范的内容。究其原因，相当数量的市民环境公约是由社区、小区层级的管理主体制定和发布的[1]，所要解决的是社区、小区居民生态环境行为的规范问题。因此，这些市民环境公约一般以社区、小区场景下可能发生的市民环境行为类别为主要关注对象。

第三，市民环境公约的规范重点是污染防治与废弃物收集，对绿色低碳消费的引导不足。通过对统计数据的进一步分析可以看到，各地市民环境公约的规范内容，除生态环境意识、绿色发展理念等价值塑造外，对市民环境行为的规范集中于污染防治与废弃物收集两部分。生活源污染是日益严峻的生态环境问题之一，也是人类文明对生态环境造成损害的主要表现。污染防治作为市民环境公约中环境保护内容的主要方面，是市民环境行为规范的应有之义。而废弃物收集，或者更具体地称为生活垃圾分类，是近年来国家大力推动的一项环境保护举措。生活垃圾分类的推行，有赖于全体民众的共同参与，因此很多市民环境公约都将生活垃圾分类问题写进其中，这一特点在近些年制定的市民环境公约中表现得更加明显。

（三）社会调查问卷分析

本书课题组共收集到97份有效问卷，问卷题目及统计结果（表8.7至表8.14）如下：

1. 您的性别

表8.7　第1题统计结果

选项	选择人数/人	占总人数的比值/%
女	60	61.9
男	33	34.0
保密	4	4.1

2. 您的受教育程度

表8.8　第2题统计结果

选项	选择人数/人	占总人数的比值/%
小学	0	0
中学/中专/大学专科	4	4.1
大学本科及大学本科在读	59	60.8
研究生及研究生在读	34	35.1

---

[1] 社区、小区层级市民环境公约样本所占比重，详见前文公约层级的统计数据。

3. 您对《厦门市市民文明公约》的了解程度

表 8.9　第 3 题统计结果

选项	选择人数/人	占总人数的比值/%
没有任何印象	45	46.4
听说过，但没见到过	31	32.0
见到过，但不了解内容	13	13.4
基本熟悉，知道大概内容	5	5.2
很熟悉，对具体内容比较了解	3	3.1

4. 您在《厦门市市民文明公约》内容征集活动中的参与程度

表 8.10　第 4 题统计结果

选项	选择人数/人	占总人数的比值/%
从未听说过此类活动	72	74.2
知道此类活动，但从未参加过	22	22.7
参加过此类活动，提交过相关意见建议	3	3.1

5. 您认为《厦门市市民文明公约》对您的帮助（多选）

表 8.11　第 5 题统计结果

选项	选择人数/人	占总人数的比值/%
公约对我的生活几乎没有帮助	22	22.7
我会尽量避免公约中所规定的不文明行为	68	70.1
我会按照公约内容来改善我的日常行为	45	46.4
我会依据公约内容来处理邻里间的矛盾	21	21.6

6. 您对所在社区居民公约（如《白城社区居民公约》）的了解程度

表 8.12　第 6 题统计结果

选项	选择人数/人	占总人数的比值/%
没有任何印象	57	58.8
听说过，但没见到过	20	20.6
见到过，但不了解内容	12	12.4
基本熟悉，知道大概内容	5	5.2
很熟悉，对具体内容比较了解	3	3.1

7. 您在所在社区居民公约（如《白城社区居民公约》）内容征集活动中的参与程度

表8.13　第7题统计结果

选项	选择人数/人	占总人数的比值/%
从未听说过此类活动	69	71.1
知道此类活动，但从未参加过	23	23.7
参加过此类活动，提交过相关意见建议	5	5.2

8. 您认为所在社区居民公约（如《白城社区居民公约》）的实际作用（多选）

表8.14　第8题统计结果

选项	选择人数/人	占总人数的比值/%
公约对我的生活几乎没有帮助	25	25.8
我会尽量避免公约中所规定的不文明行为	64	66.0
我会按照公约内容来改善我的日常行为	49	50.5
我会依据公约内容来处理邻里间的矛盾	27	27.8

对以上调查问卷统计结果，可以作如下分析：

第一，公众对市民环境公约的知晓度较低。从统计数据来看，本次调查问卷的受访者受教育程度普遍较高。另一组统计结果显示，大部分受访者对市民公约的知晓度较低。鉴于现有研究表明受教育程度较高的人群对市民公约更加敏感，结合上述统计结果可进一步推论，现阶段整体人群对市民环境公约的知晓度较低。

第二，公众在市民环境公约生成过程中的参与程度较低。市民环境公约的内容征集活动是其内容生成的主要路径之一，但从统计数据来看，公众在此类内容征集活动中的参与程度较低。

第三，公民在遵守市民环境公约方面主要是被动地规避违背公约的行为，市民环境公约对公众改善日常行为具有一定作用，但其解决纠纷作用不强。从统计数据来看，大部分公众都能够有意识地规避可能会违反市民环境公约的行为。这主要属于原子化个人的被动守法模式。约半数受访者认为自己会按照公约内容改善日常行为，这体现了市民环境公约在规范公民行为方面的作用。在定分止争方面，市民环境公约的作用相较国家立法显然要逊色，公众依据市民环境公约处理邻里间矛盾的意识尚有待提高。

第四，不同层级市民环境公约在公众知晓度和参与度方面并不存在显著差异。从统计数据来看，《厦门市市民文明公约》与社区层级的居民公约（如《白城社区居民公约》）在公众知晓度和参与度方面并无显著差异。从理论上讲，社区层级的居民公约对公众而言具有更高的可得性和实用性。但从统计数据来看，公众对社区居民公约的知晓程度甚至低于市级市民公约。这可能是由于《厦门市市民文明公约》的宣传力度较大。

（四）典型案例分析

为了进一步分析各地市民环境公约的实践样态，本书在数据统计分析的基础上，选取典型案例进行调研分析。基于本书的研究目的，笔者以生成机制、执行机制为切入点，选取在这两方面表现较好的典型案例分别进行分析，从实践做法中提炼经验、总结不足。

1. 市民环境公约生成机制的典型案例及分析

案例1：福建省福州市长乐区西关社区2021年4月16日经社区居民会议讨论通过了居规民约。在修订该市民公约之前，西关社区就公约内容及其语言表达、宣传方式等方面征求意见，并针对居民较为关注的内容进行协商讨论。该市民公约的拟定主要是在社区"两委"会议上进行讨论。

案例2：福建省泉州市洛江区桥南社区在组织制定《洛阳桥保护公约》的过程中，主要是由社区党组织牵头，驻区单位配合，广大党员、干部、居民共同参与。最终实现党员签约率达100%，居民签约率达70%以上。

案例3：福建省莆田市城厢区太平社区依托"党建为引领、综治为枢纽、网格为底座"的社区综治（网格）中心，制定居民议事的规范化制度和流程，拓展议事堂、协调会等议事形式，对于社区重大事件，居民能参与并表达意见和诉求，在自治中解决问题。在此基础上，结合入户征求群众意见、组织居民代表讨论等方式，制定了具有太平社区特色的"居民公约"。

案例4：北京市左安浦园社区通过线上线下多途径"微投票"的方式，由居民自主制定并票选出具有社区特色的"文明公约"。另外，该社区还举办了具有仪式感的签字活动。该社区党委书记表示，此做法是用"公开约定"把"小区公约大家定"的理念根植于居民心中。

案例5：湖北省武汉市汉阳区怡畅园社区新时代文明实践站通过网格群向辖区居民发出倡议，让居民通过线上平台参与本社区绿色环保公约的制定。该社区党委书记表示，此次活动中广大居民围绕绿色环保议题进行了充分的讨论协商，集体制定了绿色环保居民公约，这有助于增强居民的责任意识和主人翁意识。

案例6：湖北省黄石市飞云社区在拟定居民公约（草案）的过程中，组织党员、居民代表40余人召开讨论会。该社区党委书记就此说明，居民公约应在党委领导下，引导居民群众实行自我管理、自我教育、自我服务、自我监督，以自治、法治、德治相结合的模式推动基层社会治理。

案例7：广西壮族自治区来宾市兴宾区向阳社区在公约内容方面，注重的是不使用"应该""禁止"等生硬措辞，强调循循善诱和谆谆教导，力求公约内容简单明了、通俗易懂。

案例8：湖北省黄冈市浠水县民政局要求，各地在制定居民公约时，要突出居民关系事项，体现正面倡导和负面约束两方面的内容，在修订完善过程中同步明确执行各条规约相对应的奖励措施，针对违约的情形，提出适当、合理的惩戒措施，既明确"该做什么""不该做什么"，又规定"违反后怎么办"，防止千篇一律。同时，可根据群众意愿和违约行为轻重，采取批评教育、道德红黑榜曝光、警告、责令改正、扣除积分、取消相关荣誉评选资格、取消社区相关优惠待遇或福利等具体奖惩措施。

案例9：湖北省仙桃市清水湾社区通过开展专题宣传讲座、培训等方式，将生活垃圾分类写入居民公约。针对垃圾分类事宜，该居民公约增加了多项条款。该社区相关负责人介绍，此次将生活垃圾分类写进居民公约，目的是利用居民公约的约束性，进一步强化居民的垃圾分类意识，提高居民参与垃圾分类的积极性，推动垃圾分类工作的开展。

从以上典型案例中，我们可以作以下分析：

第一，市民环境公约的生成程序主要是由基层管理者牵头，居民共同参与并提供建议。从案例中可以发现，市民环境公约的生成一般都有牵头主体，这样的牵头主体在社区、小区层级通常为基层党组织或者基层自治组织，在市、县（区）层级通常为党委文明办或政府民政局。而"自下而上"由民众自发缔结的市民公约极少见诸报道。在市民环境公约的生成过程中，居民的主要参与方式是参与讨论和提供建议，属于形式上的公众参与范畴。这种"自上而下"的基层管理者牵头与"自下而上"的公众参与的结合，是我国市民环境公约生成实践中的一个特色。

第二，有些地方注重市民环境公约签约的仪式性，取得了较好的效果。法的仪式性能够增强守法者对法的信赖，政府、法院对规范性文件和司法裁判书加盖公章的做法是最直接体现法的仪式性的例子。市民环境公约作为软法，其仪式性也能起到类似的效果，这一点从实践案例中能够得到很好的印证。市民环境公约的签约仪式能够提高民众对市民环境公约的知晓度，同时也有助于增强民众对市民环境公约的信赖。

第三，市民环境公约的内容合理性越来越受到关注，相关文件初步提出了市民环境公约内容合理性的标准。从整体来看，实践中各地市民环境公约虽然存在一定的形式差异，但必须注意的是，内容的同质化程度较高。而市民环境公约应当体现当地的地方性知识，不同地方的地方性知识不可能完全相同。为此，一些案例中对市民环境公约负有相关职责的政府部门下发了旨在进一步规范市民环境公约的规范性文件，为市民环境公约的内容合理性设定了粗略的标准，如"体现正面倡导和负面约束两方面的内容，在修订完善过程中同步明确执行各条规约相对应的奖励措施，针对违约的情形，提出适当、合理的惩戒措施"等。

第四，将一些新的环境保护事项，如生活垃圾分类写入市民环境公约，这表明市民环境公约的内容具有灵活性和开放性。虽然生活垃圾分类在我国由来已久，但国家在近些年逐渐加大了推动力度，提高了其在社区治理和生态环境治理中的地位。为此，一些市民环境公约及时进行了修订。这不仅体现了市民环境公约内容的灵活性和开放性，也体现了市民环境公约作为一种规制方式的灵活性和开放性。

2. 市民环境公约执行机制的典型案例及分析

案例1：福建省福州市鼓楼区利用文明宣传栏、LED屏等，在小区楼道口、社区门口等显著位置展示《福州市市民公约》。鼓楼区各社区还结合实际，从贴近居民日常生活的行为入手，在社区醒目位置张贴各具特色的"居民文明公约"，与《福州市市民公约》"大方向"相呼应。

案例2：福建省福州市晋安区乐西社区3000多户居民分布在10个小区，其中7个是无物管小区。在党建引领下，社区发动群众广泛参与小区治理，如世欧王庄A区的"近邻驿站"，是小区联合党支部、业委会、楼长协会、物业公司及居民协商议事的场所。为了执行社区居民公约，乐西社区采取"党建引领、多元共治"的社区治理创新路径。

案例3：福建省厦门市思明区自2023年以来常态化开展近邻党建引领小区综合治理，全覆盖建立"一小区一居民公约""一楼栋一楼长""一月一联席会"制度，强调居民自治互助。由党员、群众共同制定邻里公约，引导居民走出家门、相互交流、合理发声、主动参与小区治理。

案例4：福建省厦门市海沧区渐美村梳理形成《渐美村村规民约》作为村民的行为准则，并将文明创建日常检查情况设置"红黑榜"。该村参照厦门市志愿服务积分和外地市市民积分方法建立村民积分制度，将村民参与志愿服务、垃圾分类等行为纳入积分内容，根据贡献大小给予不同的积分，作为评选"美丽庭院"等荣誉称号的主要依据，并建立村民积分兑换超市，村民可利用积分兑换生活用品。这创新性地将村民参与村庄治理的行为进行量化和月度公开，形成良性的正向守约激励。

案例5：湖北省宜昌市夷陵区将党的建设与居民公约相结合，强调协同治理、力量聚合。该区建立社区党组织统领的"一核多元"协商共治机制，拓宽党员、群众参与社区事务的路径，完善社区、小区党支部、业委会、物业公司、小区志愿者参与的"五方共建"小区治理模式，与小区党支部、业委会、居民代表、社区共同讨论制定居民公约、党员公约；推动小区党支部与业委会"双向培养、交叉任职"，推行小区党支部书记与业委会主任"一肩挑"。

案例6：北京市昌平区花果山村在执行村规民约的过程中，一方面采取传统学习方式，按照干部、志愿者"领学+讨论"的模式，向每位村民发放村规民约细则，组织党员、群众在新时代文明实践站进行充分讨论学习；另一方面采取新形式、新方法，通过微信群转发、"村村响"大喇叭、张贴宣传海报、入户实地宣讲等方式，扩大村规民约的知晓度，同时通过问答竞赛等寓教于乐的方式，用通俗易懂的语言与村民进行问答互动。

案例7：湖北省十堰市郧西县东方社区将整个社区划分为十三个网格，成立了网格工作专班，由县直单位下沉包联。结合"双报到、双报告""三认三评"工作机制，组织38名干部下沉包联，上门为居民宣传共同缔结市民公约的理念、方法和路径，通过上门询问、召开庭院会等方式收集大家关心的事项。在庭院会中，共同商议讨论了小区居民公约和小区公益爱心积分制方案，将爱心积分作为小区"十星级文明户""卫生清洁户"等的评选依据。

案例8：湖北省黄冈市罗田县提出，实施村规民约必须遵循正确的工作方法。在实施过程中，尤其强调广泛宣传，坚持党员干部带头，以激励为主、激励与约束并举。通过评比先进树标杆，让居民学有方向、赶有目标；将执行村规民约纳入评比先进和文明户的重要条件，经常对居民户和居民执行村规民约的情况开展检查评比，利用"红黑榜"予以公示；对违反村规民约的行为依规进行处理处置，并及时在一定范围内曝光，以儆效尤。

案例9：吉林省四平市梨树县依托微信工作群，健全镇、村、小组三级环境整治网格化管理机制，将市民公约作为人居环境整治工作的依据。在执行市民公约的责任分工上，实行环境整治纵向到底、横向到边的"捆绑"机制，将工作责任层层细化分解，促进人居环境持续改善、全面提升。

案例10：吉林省白城市洮北区军民社区的居民依托居民公约自发在小区内建立居民议事亭。社区通过议事亭能够及时了解居民遇到的问题，并快速解决。在议事亭机制的协调下，居民践行居民公约的积极性明显提高。

从以上典型案例中，我们可以作以下分析：

第一，基层党组织在市民环境公约的执行中发挥着重要作用。在很多案例中，基层党组织都扮演着市民环境公约的主要宣传者和实施者的角色。党员在遵守市民环境公约方面也起到了模范带头作用。这是我国市民环境公约实施的一个巨大优势。

第二，市民环境公约的执行较多依靠社区治理机制。在一些案例中，基层管理者将市民环境公约的执行融入社区治理机制，依托社区治理的常态化路径来处理特定的市民环境公约执行问题。在我国推动社区治理体系建设和社会治理法治化的背景下，上述实践特点表明依托社区治理体系的市民环境公约执行路径具有实践可行性。

第三，居民自主执行市民环境公约的主要方式是建立议事平台。市民环境公约的效力基础在于其社会约束力，社会约束力的基础是主体间频繁、持续、稳定的互动交流。而居民议事亭等议事平台的建立，能够在基层自治的框架之外，为社区居民提供一个稳定的互动交流渠道。这类居民议事平台在执行市民环境公约方面的有效性已经得到实践案例的证实。

第四，一些创新方法有助于推动居民遵守市民环境公约，如积分制。市民环境公约作为软法，其守约所带来的好处和违约所带来的不利后果都相对模糊，这对居民遵守市民环境公约的积极性和主动性造成阻碍。在实践中，为解决上述问题，一些地方创制了积分制来对居民遵守市民环境公约的情况进行量化评价，通过积分的增减来体现市民环境公约的奖惩效果是这种方法的主要特点。

第五，市民环境公约之间存在衔接关系。在一些案例中，公约制定者明确表明其所制定的社区、小区层级的市民环境公约与市、县（区）层级的市民环境公约之间具有衔接关系，这为我们建立体系化的市民环境公约模式提供了有益的实践经验。

二、市民环境公约的实施效果评估

本书根据我国实践中市民环境公约生成与执行的特点，采用法经济学分析方法，在数据统计分析、调查问卷分析和典型案例分析的基础上，对市民环境公约的实施效果进行评估。具体包括两种分析工具：一是供给-需求分析；二是成本-效益分析。

（一）市民环境公约的供给-需求分析

市民环境公约是为解决生活源污染的现实问题而生的，其制度供给能否满足社区基层生态环境治理的制度需求，是评估市民环境公约实施效果的一个重要维度。对此，可以运用法经济学的供给-需求分析工具来进行分析。

在制度需求方面，与市民环境公约相对应的是社区基层对生态环境治理秩序的需求。国家环境立法的治理重心偏高，因此难以触及社区基层以及原子化的个人。而生活源污染所具有的社群性、全民性、分散性特点，则要求生态环境治理的全民参与和自觉践行。近年来，绿色低碳消费活动的推动，为社区基层生态环境治理注入了新的内涵。为此，社区基层亟须一套规范体系。这种规范体系不同于以国家立法为代表的硬法体系，需要具有更强的地方性、灵活性和民主性。社区基层生态环境治理对"规则之治"的需求，是市民环境公约的制度供给所要满足的对象。

反观制度供给方面，我国各地制定了包括市、县（区）、社区、小区等层级的市民环境公约，其中既有包含环境保护内容的综合性市民公约，也有专门规范环境保护事项的狭义的市民环境公约。这些公约已经逐渐形成体系化结构，能够满足社区基层生态环境治理对规则框架体系的需要。但从内容上来看，现阶段各地市民环境公约的内容相对宽泛，在提升公众绿色环保思想认识方面较为重视，而在具体行为规范方面则较少深入。

总之，市民环境公约现有内容所体现的制度供给尚不足以完全满足制度需要，仍有较大的改进空间。

（二）市民环境公约的成本－效益分析

法律的运行是有成本的，市民环境公约也是如此。市民环境公约在生成与执行中所能带来的社会效益相比于推行市民环境公约所需的社会成本是否较高，是评估其实施效果的又一维度。对此，可以运用法经济学的成本－效益分析工具来进行分析。

从成本角度来看，市民环境公约的实施成本可以按照其实施过程分为生成过程的成本和执行过程的成本。公约在实践中的生成过程一般是：先由制定者组织拟定草案和征求意见，最后进行颁布。因此，生成过程的成本主要是制定者为拟定公约草案和组织线上、线下意见征集活动所付出的时间、经济和机会成本。如果举行签约仪式等活动，则成本将显著提高。另外，有必要说明的是：如果公约的通过需要取得社区居民的合意，那么所需赞同的比例越高，通过难度越大、成本越高、民主性越高；反之，则通过难度越小、成本越低、民主性越低。这在"自下而上"的公约生成过程中表现得较为突出。例如，如果公约的通过需要社区居民过半数同意，那么这种合意模式相较于需要社区居民三分之二以上同意来讲，达成合意的难度更小、成本更低，但其中所体现的民主性则相对较低。在执行过程中，市民环境公约的成本主要有三个方面：宣传教育、日常管理和纠纷解决。市民环境公约的效力主要依托社区共同体中自然产生的社会约束力，因此市民环境公约在执行中所需成本相较于国家立法更低，但仍需要基层管理者在宣传教育、日常管理和纠纷解决等方面做出努力。

从效益角度来看，市民环境公约有多方面的功能预期，有望取得较高的社会效益。但是从数据统计、问卷调查和典型案例所体现出的实践效果来看，我国各地市民环境公约的实际效益与其功能预期相去甚远。尤其是，公众对市民环境公约的认同和践行程度仍然较低，其社会约束力并未完全发挥作用。

总之，市民环境公约相较于国家立法，其制度成本更低，但在实践中市民环境公约尚未完全发挥其功能、产生预期的社会效益。

（三）市民环境公约实施效果的影响因素分析

在对统计数据和典型案例进行深入分析后，可以从法社会学的角度总结出对市民环境公约实施效果具有显著影响的四个因素，即规范结构、实体内容、社会认同和软法效力。除此之外，国家战略、社会治理重心、基层治理者个人倾向和个人威望等也会影响市民环境公约的实施，但在法社会学视角下，这些因素有的过于宏观，有的又过于微观，不具有研究意义。因此，本书主要对前述四个因素分别进行分析。

1. 规范结构

所谓规范结构，主要是指市民环境公约与综合性市民公约之间、不同层级的市民环境公约之间、市民环境公约与相关国家法规政策之间的联系。从市民环境公约的软法属性来看，上述联系具有软硬法协同的特点，对于市民环境公约的实施具有重要意义。因此，规范结构的体系性对市民环境公约的实施效果具有一定影响。

2. 实体内容

虽然对于市民环境公约的实际效用可能存在一些争议，但能达成基本共识的是，市民环境公约能够发挥实际效用的前提是其实体内容具有合理性。因此实体内容是否合理，是影响市民环境公约实施效果的一个重要因素，甚至可以说是最主要的因素。从实践来看，实体内容的合理性不仅取决于内容本身能否实现生活源污染治理的目标，而且取决于内容是否符合社会治理的需要，是否易于为人们所接受。

3. 社会认同

市民环境公约的效力基础源于社会约束力，而社会约束力的产生则依赖于共同体的广泛认同。因此，社会公众，尤其是特定的社区共同体的认同，是影响市民环境公约实施效果的重要因素之一。从实践来看，社会认同度与知情度和参与度具有很强的相关性。在社区居民知晓市民环境公约并自觉参与制定和执行市民环境公约的情况下，社会认同度一般比较高；反之，则社会认同度可能相对较低。

4. 软法效力

市民环境公约虽然不具有国家立法的法律效力，但是可以凭借社会约束力发挥软法效力。实际上，如果将软法也纳入法的范围，那么市民环境公约所具有的软法效力无疑也是一种法的效力。而这种软法效力在现实生活中有没有发挥实际的作用，尤其是实践中是否运用市民环境公约的规则和方法来解决社区环境纠纷，是影响市民环境公约实施效果的最直接因素。

（四）市民环境公约实施效果的评估结论

通过对市民环境公约实施过程的法经济学分析，可以初步得出其实施效果的评估结论。

第一，市民环境公约作为一种软法，具有灵活性、有效性、社会性和相对体系性，比较符合社区生态环境治理的特点，有望满足社区生态环境治理对规则的需要。但就目前实践来看，专门规范环境保护事项的市民环境公约较少，不同层级市民环境公约之间、市民环境公约与民法和环境法规范之间并未建立起明确的衔接关系，体系化程度较低；现有条文内容可操作性较差、合理性欠缺。

第二，市民环境公约的生成和执行较为灵活，不需要遵循国家立法模式，治理成本较低，应对新型治理需求的能力较强。但在当前实践中，市民环境公约尚未完全发挥其应有功能，公众在市民环境公约生成与执行中的参与程度较为有限，其社会效益和环境效益并不显著。

总之，市民环境公约因其治理特点而有望在社区生态环境治理领域成为社会治理和生态环境治理的法治结合点，产生较大的社会效益和环境效益。但在实践中，市民环境公约存在体系结构混乱、规定内容泛化、社会认同缺失、约束效力虚置等难题，这些问题严重阻碍着其发挥治理功能。

三、市民环境公约的实践难点

（一）结构混乱

在我国当前实践中，市民环境公约尚未完成科学化和体系化，其最突出的实践难点在于结构混乱，具体包括内容结构混乱和体系结构混乱。

一方面，从内容结构上来看，市民环境公约虽然在理论上是一种软法，但从现实表现来看尚无法成为介于道德规范与硬法规范之间的软法规范，而更接近于道德规范与软法规范之间的过渡性规范。原因主要有三点：一是市民环境公约的适用场景主要是社区、小区，适用对象包括成年人和少年儿童，因此其所具有的教育功能被放大，而规范功能则相对被弱化。二是市民环境公约较注重传播性，往往采取诗文形式，这种形式难以承载完整的"行为模式＋法律后果"的规范结构。三是在教育功能和传播性两方面考虑的影响下，市民环境公约进一步弱化了惩罚后果，以降低公众的抵触心理。

另一方面，从体系结构上来看，不同层级的市民环境公约之间、市民环境公约与《公民生态环境行为规范（试行）》等软法之间、市民环境公约与民法和环境保护立法之间在内容和目标上存在一定程度的重合，但实践中我国市民环境公约尚未基于上述种种联系而形成体系化。这导致市民环境公约与其他社会规范和法律规范难以在社区生态环境治理领域形成合力，市民环境公约本身内容的合理性也得不到保障。

（二）内容泛化

研究表明，市民环境公约的内容存在较为严重的泛化问题，其往往将重心放在生态环境保护意识的提升方面，而对社区生态环境问题的具体特点和措施缺乏认识。

其一，狭义的市民环境公约较少，环境保护事项往往被规定在综合性市民公约中且着墨不多。从调研样本来看，我国现阶段实践中直接以"市民环境公约"命名专门规范环境保护事项的市民公约较少，绝大部分是在综合性市民公约中规定少量环境保护内容。根据前文理论研究部分可知，社区生态环境治理具有特殊性，专门制定市民环境公约是十分必要的。目前，在综合性市民公约中规定环境保护内容的做法，不利于市民环境公约功能的发挥。

其二，市民环境公约条文内容过于抽象，并没有规定完整的"行为模式＋法律后果"。从市民环境公约的调研样本中可以直观看出，大多数市民环境公约内容都具有高度的抽象性，往往只规定了某一类环境保护事项的基本精神，如"绿色低碳"，并未规定具体行为模式和法律后果。相较而言，《公民生态环境行为规范（试行）》虽然规范内容较为庞杂，但是更为明确、具体。

其三，各地市民环境公约同质化程度较高，对地方性知识把握不足。市民环境公约之所以能够弥补国家立法的不足，就在于它具有更强的灵活性和有效性，能够根据地方实际情况和治理经验（地方性知识）开展治理活动。但从实践来看，各地市民环境公约对地方性知识的把握明显不够，这集中体现为内容雷同的现象。在新近颁布的相关规范性文件中，各级主管部门针对这些问题明确要求市民公约要加强内容建设。

（三）认同缺失

从市民环境公约的治理目标和效力基础来说，社会公众对市民环境公约的认同尤为关键。但是，从我国实践情况来看，市民环境公约显然并未获得充分的社会认同，社会公众对其知晓度有限。

一方面，市民环境公约的适用对象既包括成年人，也包括少年儿童，后者在民事立法中属于限制行为能力人和无行为能力人。适用对象的广泛性和复杂性使得市民环境公约通过自身内容难以直接获得适用对象的认同，而要更多地依靠基层治理主体的主动推动和宣传。但在基层治理主体推动和宣传市民环境公约积极性和主动性有限的情况下，市民环境公约难以获得公众的广泛认同。

另一方面，社会公众对市民环境公约的知晓度和参与度较低，导致市民环境公约发挥其功能的社会基础尚不完备。市民环境公约应当是与社会公众日常生活联系最为密切的生态环境保护规范，但是社会公众往往对国家立法和更高层级的市民公约表现得更为了解，反而对本社区市民环境公约了解较少。市民环境公约的主要适用场景是社区、小区，对市、县（区）市民公约的强调一定程度上淡化了社区、小区层级市民环境公约的作用，这也导致市民环境公约总体社会认同度不高。

（四）效力虚置

市民环境公约作为软法，具有"软约束力"，即其效力源于社会约束力。但从我国制度实践来看，市民环境公约的效力存在虚置化的问题，其并未充分发挥作用。

第一，社会公众对市民环境公约的知晓度和参与度较低，不仅是市民环境公约缺乏社会认同的表现，也导致市民环境公约难以产生效力的问题。社会约束力源于主体间频繁、长期的社会交往，较低的参与度则意味着社区居民之间在市民环境公约框架下的交往活动比较有限，难以有意识地运用市民环境公约来评判彼此的行为，继而决定以后的交往方式。

第二，社会公众倾向于被动地遵守市民环境公约，而非主动践行。在认识到市民环境公约的前提下，社会公众往往倾向于避免违约行为并适当调整自身行为。根据其基本理论可知，市民环境公约强调社会公众的组织化践行，而非原子化的个人被动履约。显然，现实情况与市民环境公约的功能预期相去甚远。

第三，市民环境公约的定分止争功能并未得到充分发挥。市民环境公约作为一种软法，具有法的约束力。法作为定分止争的工具，能够为主体间的利益纠纷提供一个常态化的解决途径。就此意义而言，市民环境公约能够为社区居民之间在社区生态环境保护方面的纠纷提供一个不同于国家立法的、常态有效的解决途径。但从现实来看，市民环境公约更多地停留在道德宣教的阶段，而未在社会实践中被充分运用。

第六节 市民环境公约规范内容的规范化建构

市民环境公约在规范内容方面的特点主要有：一是市民环境公约将社区基层场景下的市民环境行为作为规制对象，以社区环境社会关系作为调整对象；二是市民环境公约的规范内容通俗易懂，易于为社区居民所接受；三是市民环境公约不得背离法律规范、党的政策等；四是市民环境公约应当体现特定社区共同体的价值观念和地方性知识；五是市民环境公约注重实质正当性甚于形式正当性，即市民环境公约的形式较为灵活，不必严格采用法律用语。总体来说，市民环境公约的内容应主要包括以下五类：

一、价值观念类

法是对行为的规范，而市民环境公约作为一种软法，其中还包含了生态环境保护理念、绿色发展理念、绿色低碳消费理念等价值观念层面的内容，旨在塑造市民的生态环境保护意识，推动形成有利于环境保护的良好社会风气。

价值观念类内容在市民环境公约中的规范有其正当性。首先，从我国市民环境公约实践来看，大多数市民环境公约以及相当部分的综合性市民公约中都规定有生态环境保护价值观念的内容，一些综合性市民公约甚至只规定了生态环境保护价值观念的内容。其次，从市民环境公约的功能预期来看，生态环境价值观念的塑造是其功能预期之一。而价值观念类内容在市民环境公约中的规范，具有塑造市民价值观念的积极作用。最后，从生态环境价值观念的公共传播角度来看，当今社会中的生态环境价值观念有很多取向，市民环境公约对符合习近平生态文明思想的生态环境保护观念的明确，有助于凝聚社会公众的生态环境保护意识，形成生态环境保护合力。当今时代，世界范围内生态环境问题频仍，各种生态环境保护思想异军突起。而在我国，习近平生态文明思想是生态环境管理与保护的根本遵循，我们必须在市民环境公约中明确习近平生态文明思想的指导地位，发挥其对社会公众生态环境保护价值观念的指引作用。

但必须注意的是，市民环境公约仍然主要是对行为的规范。其可以将价值观念类内容作为引领，但不能作为主干，更不能仅规定价值观念类内容。否则，市民环境公约的约束力将大打折扣，逐渐沦为一种单纯的道德宣教。

二、污染防治类

生活源污染是社区基层生态环境治理所需解决的主要问题之一。因此，污染防治类内容是市民环境公约的规范重点。这类内容随着生活源污染问题的变化而变化。比如，2020年11月27日十二部委联合印发《关于进一步推进生活垃圾分类工作的若干意见》后，生活垃圾分类成为市民环境公约中污染防治类内容的主要方面。除此之外，畜禽污染、宠物污染等问题也是市民环境公约的规范重点。

污染防治类内容在市民环境公约中的规范具有坚实的基础。从现代环境法的起源来看，污染防治与公害应对从环境法诞生起便是其主要内容。但早期环境法所面对的是大型排污企业向生态环境中无序排污的问题，主要整治工业源污染。随着人们生活水平的不断提高，我国城乡工业源污染问题得到有效遏制，企业违法成本不断增大。与此同时，生活源污染问题日益严峻，"垃圾围城"成为不可忽视的问题。对此，我国开始开展生活垃圾分类工作，旨在促进生活垃圾的集约化和再利用。各个地方根据实际情况对生活垃圾进行了分类，如厨余垃圾和其他垃圾的分类，干垃圾、湿垃圾和有害垃圾的分类，等等。生活垃圾分类的推进归根结底要靠社会公众的广泛认同和参与。市民环境公约是与市民日常生活关系最为密切的社会规范，其中关于生活垃圾分类的内容有助于规范社区居民的垃圾投放行为。

结合我国当前实践来看，污染防治类内容在具体的层面上主要包括：生活垃圾的减量化、生活垃圾的分类投放、饲养动物的环境卫生、噪声的减量化等。这些内容均与生活源污染问题直接相关，且社会公众的遵守难度较小。

三、资源节约类

节约资源是我国长期提倡的环境保护理念，市民日常生活中的资源消耗行为应当具有合理的限度。这一限度由容纳了地方性知识的市民环境公约所界定。市民环境公约中的资源节约类内容应主要包括三个方面：自然资源的节约使用、人工产品的节约使用和能源的节约使用。

第一，自然资源的节约使用是资源节约最基本的含义。市民在日常生活中接触的自然资源较为有限，一般不会涉及森林、草原、矿藏、河流等公共属性较强的自然资源，而主要涉及的是水资源。我国是一个水资源匮乏的国家，人均淡水资源较少，工业用水占比较大。对水资源的节约利用，是我国公民环境保护义务的应有之义，也应是市民环境公约的主要内容。从实践来看，相当一部分市民环境公约规定了节约用水的内容。

第二，人工产品的节约使用。很多人工产品被废弃后，可能会产生一系列的环境影响。比如电子产品被废弃后，其电子元件中的重金属元素可能通过土壤进入地下水，后流入河流、海洋，最终在动植物体内富集，危害人身健康和生态安全。而对人工产品的节约使用，有助于从根本上缓解废弃产品危害环境的问题。

第三，能源的节约使用。市民在日常生活中一般会用到电和煤气、汽油、液化天然气、煤炭等化石燃料。这些能源中的天然气、煤炭等是不可再生能源，而电力方面则较多是依赖火力发电，这种形式的电能归根结底也是从化石燃料燃烧所产生的热能转化而来。因此，市民对电和化石燃料的节约使用，能够降低资源消耗速度和二氧化碳排放量，推动实现"双碳"目标。市民环境公约应将能源的节约使用作为重点内容。

四、低碳消费类

绿色低碳消费，是市民环境行为的规范重点。但是，其内涵目前尚未被清晰界定。从一般意义上讲，绿色低碳消费指的是市民在购买和使用消费品的过程中，遵守绿色、低碳的具体要求。比如，购买节能型电灯、能耗较低的家用电器，设置空调温度不低于26℃，等等。从某种意义上讲，绿色低碳消费是居民消费视角下的资源节约，二者核心理念相通。

在早期环境法中，市民消费行为并不是其规制对象。环境权理论的主导地位，是现代环境法与民权运动相伴产生的背景所决定的。公众在环境法视野中主要扮演着权利人的角色，而非义务的承担者角色。而且，从实用主义的角度来看，对消费行为的规制存在难点。相较于污染企业，公众的守法成本较低，而对市民具体环境行为的监管难度较大，执法成本很高。因此，对于公众的消费行为，环境法更多地规定"鼓励和支持"类的柔性规范内容，而不强调环境保护义务的履行。但是，从人与自然关系的角度来说，环境法是人类对自身行为的自我限制。中国式现代化是一种"人与自然和谐共生的现代化"，绿色发展理念不仅要求高污染、高排放发展方式的转变，而且要求高能耗、高浪费生活方式的转变。在当前及今后一段时期，绿色与低碳是生态环境治理的主要目标，使市民消费行为绿色化、低碳化是其主要任务之一。市民消费行为绿色化、低碳化的实现，既在于市民的自我约束，也在于规范的外部约束。这就需要市民环境公约在对市民消费行为形成外部约束的基础上，进一步强化市民对自身消费行为的自我约束。

五、环境监督类

在环境法发展早期，监督行为就作为公民环境行为的重要形式进入其视野。公众参与本质上是一种功能性的制度安排，旨在发挥"公民行动战略"的作用。同时，它还有助于对政府环境行为的监督和预防，应对行政失灵的风险。公众参与之下，社会主体成为环境损害的监督者，以此介入政府履行生态环境职能的过程。当前政府职能正在经历转变，市民环境公约应当将环境监督行为作为其重要内容之一。

社会公众有监督者角色和权利人角色，二者相伴而生。为了应对"市场失灵"，环境法律将公权力引入私法领域。继而，政府的公权力行使可能出现权力滥用、权力寻租等问题，进一步可能导致行政失灵，最终损害公民环境权益。因此，世界各国均认识到公众有必要对政府环境职能的履行进行监督，以降低行政失灵的风险。公共信托理论的提出，回答了环境保护视野下国家和公民之间关系的理论命题，这进一步催生了以私人检察总长理论为基础的公民诉讼制度。这一理论认为，在环境公共利益受损时，私人主体可以为保护公共利益代位行使检察总长的权力，对损害者提起诉讼，请求法院救济损害者对生态环境造成的损害。我国学界对公民诉讼制度进行了广泛而全面的研究，并结合我国实践，形成了我国环境民事公益诉讼理论。

市民环境公约主要适用于社区、小区层级，依靠社区共同体的社会压力解决环境问题和环境纠纷。街坊邻居之间的环境纠纷，诉诸社区共同体运用市民环境公约可能相较于向政府部门举报是更为适合的解决途径。因此，市民环境公约应当为这种纠纷解决作出制度安排。

第七节 市民环境公约生成程序的规范化建构

一、市民环境公约生成程序的模式

合理的市民环境公约生成程序，既是其规范内容能够合理体现利益均衡的保证，也是其社会约束力得以实现的保障。因此，市民环境公约生成机制的程序性内容也是其重要组成部分。为此，有必要首先探讨市民环境公约生成程序的模式选择。

市民环境公约的生成与执行主要是在社区、小区层面进行，其所涉及的主体主要是基层治理者和社区居民。鉴于基层治理者在社区基层治理中本就负有不可推卸的职责，因此市民环境公约生成程序的模式选择，关键在于社区居民参与程度的高低，也即市民环境公约生成程序中的公众参与问题。

市民环境公约生成程序中公众参与的模式可以按照适当因素进行类型化划分。其一，按照公众意见在公约生成中的影响程度，可以将公众参与分为实质上的公众参与和形式上的公众参与。前者指公约制定者（在社区、小区层面通常为基层治理者）要在实质意义上考虑公众意见，即从公众意见中识别和确认各方利益，以使公众意见能够在公约生成中得到一定程度的体现；后者指上述公约制定者只在形式意义上考虑公众意见，只要有考虑的行为即可，并不要求公众意见对公约生成产生影响。其二，按照公约生成中参与人数占社区共同体人数的比例，可以将公众参与分为较高程度的公众参与和较低程度的公众参与。参与人数比例既可以是实际参与的人数比例，也可以是达成合意所必需的人数比例。如我们所熟知的简单多数决为过半数同意即可通过决策，而三分之二以上同意方可通过的表决形式则体现了更高程度的公众参与，也体现了更高的民主价值。

市民环境公约生成程序的模式选择，即选择实质上的公众参与还是形式上的公众参与、选择较高程度的公众参与还是较低程度的公众参与，体现了一定的价值衡量，主要涉及民主价值与效率价值之间的关系问题。

实质上的和较高程度的公众参与显然蕴含了更高的民主价值，对市民环境公约功能的实现具有推动作用。一方面，环境法追求环境民主，并将公众参与作为基本原则。这是因为环境问题不只是技术层面的问题，也是社会和经济层面的问题；不只是事实判断的问题，也是价值判断的问题。事实判断与价值判断之间的矛盾在环境法中得以调和。由于市民环境公约主要适用于社区、小区层面，其中所规定的"不确定概念"，是以经验性内容为主的。对于这些经验性内容，比如"共同呵护美好环境"，很难单纯从科学技术上进行解释。因为这一概念中蕴含着人们对"良好环境"的价值判断。特定社区的居民对当地自然环境状况和社会经济状况有着最为直接的经验性感受，他们的意见对市民环境公约具有重要的价值。另一方面，市民环境公约归根结底规范的是市民的环境行为，社区居民对市民环境公约的知晓和参与，既能够加强社区居民对市民环境公约的认同，促进自律守法，也能够在社区层面建立一种稳定的社会关系，以加强市民环境公约的社会约束力，最终推动其功能的发挥。

但反过来说，实质上的和较高程度的公众参与也会影响效率价值。一方面，实质上的公众参与要求基层治理者深入考察各类意见，可操作性较低。不同的人对生态环境问题的关注程度和关注角度是不同的，其中所包含的利益关系也错综复杂。在错综复杂的利益关系下，基层治理者的利益衡量必然是一种价值妥协的结果，这一过程往往牵涉甚广，很难让各利益主体都满意。另一方面，较高程度的公众参与意味着合意达成的难度提高。法经济学相关理论认为，如果进行一项公共决策所需达成合意的表决人数比例越高，那么决策通过的难度越大。[1] 这是因为每个人都有自己特殊的价值好恶，倾向于赞同自己所偏好的，反对自己所厌恶的。因此，虽然较高的表决人数比例意味着民主价值得到更好的实现，但这在现实中将严重影响效率价值。

总之，公众参与的模式本质上是民主与效率的平衡。因此，为保证效率，需要适当简化市民环境公约生成程序中的公众参与设计。在公众参与的程度上，应采取形式性的公众参与模式。市民环境公约作为一种软法，其灵

---

[1] 参见[美]詹姆斯·M. 布坎南、戈登·图洛克：《同意的计算——立宪民主的逻辑基础》，陈光金译，上海人民出版社2014年版，第32页。

活性和有效性使其能够弥补国家立法的不足。为保证其灵活性和有效性，市民环境公约的制定权应有限地集中在基层治理者手中。因此，实质性的公众参与模式并不适用于市民环境公约生成程序。此外，社区居民的意见更多的是经验主义的，这可以在一定程度上对决策过程产生积极影响。而作为软法的市民环境公约的另一个重要特点是其效力基础的特殊性，社会约束力的有无最终决定了市民环境公约能否发挥实效。即便规范内容具有价值正当性和合理性，但如果缺少必要的社会约束力，则市民环境公约也无法为社区基层建立生态环境治理的有效秩序。因此，市民环境公约生成程序中的公众参与还应当是一种较高程度的公众参与，即尽可能吸引社区共同体中的成员参与其中，其理想状态是一种全民的共同参与。

二、市民环境公约起草程序中的公众参与

市民环境公约生成程序可以被细分为起草程序和签约程序，其公众参与模式主要体现为起草程序中的公众参与和签约程序中的公众参与。为使本书研究更能回应实际需要、解决实际问题，本节将落脚点放在市民环境公约起草程序和签约程序中公众参与的具体做法上。市民环境公约主要是一种地方实践，需要基层治理者根据本社区、小区的实际情况开展，较少有放之四海而皆准的操作方式和操作方法。因此，本书所言市民环境公约起草程序和签约程序中的公众参与，主要是基于前文对市民环境公约生成程序中公众参与模式的理论认识，并结合当前实践中市民环境公约起草和签约的程序性内容，所总结出的具有一定代表性、可操作性和可推广性的对策建议。

在此需先行探讨的是市民环境公约起草程序中的公众参与。所谓起草程序，主要是指市民环境公约文本内容的编写和拟定。如前所述，这一过程的合理性判断标准在于是否畅通了不同主体的利益表达通道，或者说在文本内容中是否体现了各方的利益均衡。基于形式性的全民参与的应然公众参与模式，在市民环境公约起草程序中，公众参与主要是在条款拟定过程中的征求意见环节。在当前实践中，向市民或社区居民征求意见是较为普遍的做法。但从效果来看，公众参与的有效性还有待加强。

首先，在征集公众意见之初，适宜开展广泛的宣传工作，提高市民对市民环境公约起草工作的知情度。全民性的公众参与模式要求参与主体尽可能广泛，而非小范围的。由于实践中社会公众对环境公共事务的关心程度有所

区别，因此并不一定都会对市民环境公约的内容征集工作感兴趣。但进一步而言，市民环境公约具有增强市民环境保护意识的作用，提高社会公众对环境公共事务的关注度也是实现其功能的一个有效途径。因此，良好的宣传是广泛公众参与的保障。

其次，市民环境公约制定者在收集意见后，应当查阅所有公众意见，并从形式上考虑这些意见，适当地将其纳入公约规范内容。形式性的公众参与模式并不要求市民环境公约的制定者（通常为基层治理者）实质性地考虑公众意见并将公众意见全部纳入市民环境公约，因此制定者只需在程序上考虑所有公众意见。这应当是一项约束性要求。

最后，在发布市民环境公约草案时，应当在适当程度上附具所收集的公众意见，并说明采纳与不采纳的理由。关于市民环境公约，所收集的公众意见的数量是有限的，尤其是社区、小区层级的市民环境公约。从可操作性上来说，这就使得市民环境公约的公众参与程序可以参照环境影响评价制度中的公众参与程序，在所拟定的公约草案之后附具所收集的公众意见并说明采纳或不采纳的理由。这种做法的优点在于明示利益均衡的考量过程，并提升公众在市民环境公约生成过程中的参与感，进而增强其认同感。

三、市民环境公约签约程序中的公众参与

市民环境公约签约程序中的公众参与，虽然并非传统意义上的公众参与公共决策，但也是生成程序中公众参与的重要内容之一。签约程序中的公众参与，其主要目的是增强市民环境公约作为软法的仪式性，从而增强公众对市民环境公约的认同。在形式性和全民性的市民环境公约生成程序公众参与模式下，签约程序中的公众参与主要包括两方面内容：

其一，签约程序中的公众参与具有较强的形式性。法的仪式性是其特点之一。而市民环境公约的仪式性不仅体现为将其张贴在小区宣传栏的显著位置，也体现在其生成程序之中，尤其是签约程序之中。通过实际签约，社区居民对市民环境公约必然能够建立起基础的认知，提升市民环境公约的知晓度。同时，签约也能够增强社区居民对公约内容的认同感，为公约的实际执行奠定社会约束力的基础。

其二，签约程序中的公众参与要求更高的全民性，尽量做到社区共同体的全体成员都能够参与其中。签约程序的公众参与成本较低，对效率价值影

响较小，同时能发挥提升公众对市民环境公约知晓度和认同度的重要作用。因此，在全民性的公众参与模式下，应当尽可能多地吸引社会公众参与到公约签署过程中。实践中已有相关案例表明，社区、小区层级市民环境公约签约过程的全民参与能够取得较好的实施效果。

结　语

本书对于环境软法治理机制的研究阐述到这里已接近尾声。

软法，这一自现代意义上的环境法诞生起便在环境法律治理中广泛存在的法规范类型，却在环境法学研究中近乎失语。在很长一段时期内，环境法都受困于执行力度不强、惩罚效果不佳的问题，而学者更多的是痛心疾首于环境法的执行难题，大力呼吁环境法的严格化、"长牙齿"。在这个背景下，一些带有柔性规制特点的法律规范，比如循环经济法律法规中的"鼓励和支持"类条款，成为被广为诟病的对象。

时至今日，环境法的严格化、严密化仍然是主要的发展趋势。但与此同时，生活源污染问题日益严重。随着环境治理和公共治理理念的兴起，人们逐渐认识到，法的严格化、严密化不仅是在国家强制力保障下的严格化、严密化，还要追求范围和层次上的严格化、严密化。而环境软法以其独特的治理功能，能够弥补国家立法（硬法）的不足，实现更深层次、更广范围的严格化、严密化。因此，环境软法及其治理机制的相关研究是非常必要的。

本书运用环境法原理改良和发展软法的一般理论，力图形成符合生态环境治理特点的一套模式化的环境软法治理机制理论。通过以上研究，本书基本能够得出一些主要论断：首先，环境软法相较于一般意义上的软法，区别在于"环境"，即要符合环境问题的特殊性。简言之，生态环境治理具有复杂性、地域性、长期性、全民性等特点，这些特点使得环境软法具有自然科学面向，而不单单与公共治理相联系。其次，环境软法相对于环境硬法来说，具有自身的独特价值。这种独特价值体现为，环境硬法是通过外部的压力迫使主体服从，体现的是一种他制，而环境软法主要是运用社会约束力引导和激励主体的自治与共治。最后，"环境保护最终要靠人们的自觉自为"，这句通俗的话语隐含着深刻的道理，即生态环境治理要靠主体的自治和共治来实现。这意味着环境法律治理永远离不开环境软法的作用。环境软法可能在发展过程中发生变化，但无论如何，其基本的促进主体自治与共治的功能将贯穿环境法律治理的始终。

  作为一项总结性的研究，本书基本完成了既定的任务，但囿于笔者的学识和阅历，在总论中对环境软法治理机制基本理论的探讨深度仍较为有限，在分论中所列举的具体治理机制并未穷尽所有情况。实际上，环境软法治理机制仍在快速发展变化，其更深层次的发展规律尚有待进一步探索。希望本书对环境软法治理机制的研究能够抛砖引玉，提升学界对环境软法的重视程度，改变唯监管论的环境治理思维，切实促进国家环境治理模式由环境管理到环境治理的转变。

参考文献

一、中文文献

（一）著作类

张文显：《法理泛在：法理主题致辞集》，法律出版社 2020 年版。

史玉成：《环境法的法权结构理论》，商务印书馆 2018 年版。

吕忠梅主编：《环境法学概要》，法律出版社 2016 年版。

徐维编著：《软法研究这十年》，中国法制出版社 2016 年版。

梁剑兵、张新华：《软法的一般原理》，法律出版社 2012 年版。

罗豪才、宋功德：《软法亦法：公共治理呼唤软法之治》，法律出版社 2009 年版。

韩大元、林来梵、郑贤君：《宪法学专题研究》（第 2 版），中国人民大学出版社 2008 年版。

罗豪才等：《软法与公共治理》，北京大学出版社 2006 年版。

袁曙宏、宋功德：《统一公法学原论——公法学总论的一种模式》（下卷），中国人民大学出版社 2005 年版。

陈新民：《德国公法学基础理论》，山东人民出版社 2001 年版。

［美］弗雷德里克·肖尔：《依规则游戏：对法律与社会生活中规则裁判的哲学考察》，黄伟文译，中国政法大学出版社 2015 年版。

［美］克利福德·格尔茨：《地方知识——阐释人类学论文集》，杨德睿译，商务印书馆 2014 年版。

［德］托马斯·莱塞尔：《法社会学导论》（第 4 版），高旭军等译，上海人民出版社 2008 年版。

［德］G. 拉德布鲁赫：《法哲学》，王朴译，法律出版社 2005 年版。

［美］罗斯科·庞德：《法理学》（第 1 卷），邓正来译，中国政法大学出版社 2004 年版。

［德］哈贝马斯：《在事实与规范之间：关于法律和民主法治国的商谈理论》，童世骏译，生活·读书·新知三联书店2003年版。

［美］艾里克·拉斯缪森：《博弈与信息——博弈论概论》（第2版），姚洋译，北京大学出版社、生活·读书·新知三联书店2003年版。

［美］E. 博登海默：《法理学：法律哲学与法律方法》，邓正来译，中国政法大学出版社1999年版。

［英］弗里德利希·冯·哈耶克：《自由秩序原理》，邓正来译，生活·读书·新知三联书店1997年版。

［奥］凯尔森：《法与国家的一般理论》，沈宗灵译，中国大百科全书出版社1996年版。

［日］千叶正士：《法律多元——从日本法律文化迈向一般理论》，强世功等译，中国政法大学出版社1997年版。

［美］P. 诺内特、P. 塞尔兹尼克：《转变中的法律与社会：迈向回应型法》，张志铭译，中国政法大学出版社1994年版。

［美］汉密尔顿、杰伊、麦迪逊：《联邦党人文集》，程逢如等译，商务印书馆1980年版。

［英］戴雪：《英宪精义》（卷六），雷宾南译，商务印书馆1930年版。

（二）论文类

张文显：《习近平法治思想的理论体系》，载《法制与社会发展》2021年第1期。

张璐：《公民环境法律义务的法理与实践——以垃圾分类投放为研究样本》，载《中国政法大学学报》2021年第3期。

何志鹏、申天娇：《国际软法在全球治理中的效力探究》，载《学术月刊》2021年第1期。

刘清生：《论中国道路的法律人性基础：个人法到社会法》，载《法学》2021年第8期。

刘作翔：《构建法治主导下的中国社会秩序结构：多元规范和多元秩序的共存共治》，载《学术月刊》2020年第5期。

郭红燕：《加快建立健全环境治理全民行动体系》，载《环境》2020年第4期。

刘友宾：《推动公众参与生态环境社会治理　促进生态环境治理体系和

治理能力现代化》，载《环境与可持续发展》2020 年第 1 期。

李嵩誉：《环境保护责任共担的法治进路——对破解环境保护"搭便车"难题的思考》，载《现代法学》2020 年第 5 期。

肖爱：《生态守法论——以环境法治的时代转型为指向》，载《湖南师范大学社会科学学报》2020 年第 2 期。

徐以祥：《我国环境法律规范的类型化分析》，载《吉林大学社会科学学报》2020 年第 2 期。

吕忠梅：《论环境法的沟通与协调机制——以现代环境治理体系为视角》，载《法学论坛》2020 年第 1 期。

秦天宝：《法治视野下环境多元共治的功能定位》，载《环境与可持续发展》2019 年第 1 期。

杨三正、苟学珍：《论基于经济治理的经济法软法之治》，载《重庆大学学报（社会科学版）》2019 年第 5 期。

魏胜强：《论绿色发展理念对生态文明建设的价值引导——以公众参与制度为例的剖析》，载《法律科学（西北政法大学学报）》2019 年第 2 期。

孙佑海：《从反思到重塑：国家治理现代化视域下的生态文明法律体系》，载《中州学刊》2019 年第 12 期。

范文宇、薛立强：《历次生活垃圾分类为何收效甚微——兼论强制分类时代下的制度构建》，载《探索与争鸣》2019 年第 8 期。

冯林玉、秦鹏：《生活垃圾分类的实践困境与义务进路》，载《中国人口·资源与环境》2019 年第 5 期。

陈天昊：《行政协议的识别与边界》，载《中国法学》2019 年第 1 期。

刘作翔：《当代中国的规范体系：理论与制度结构》，《中国社会科学》2019 年第 7 期。

石佑启、杨治坤：《中国政府治理的法治路径》，载《中国社会科学》2018 年第 1 期。

魏昂德、梅沙白：《中国改革道路的历史意义》，载《国外理论动态》2018 年第 9 期。

毕雁英：《法律社会化视角下的软法责任》，载《行政法学研究》2018 年第 4 期。

刘云亮：《经济法的软法形式、理性与治理》，载《南京社会科学》2018 年第 4 期。

吕忠梅：《新时代环境法学研究思考》，载《中国政法大学学报》2018年第4期。

毕雁英：《软法：社会治理机制进化的结果》，载《人民法治》2018年第17期。

胡苑、张锋：《上海城市生活垃圾综合治理的瓶颈与建议》，载《党政论坛》2018年第9期。

陈洪超、张春杨、王琳：《软法视野下粤港澳大湾区合作治理机制研究》，载《特区经济》2018年第3期。

王瑞雪：《我国软法理论的溯源、建构与发展》，载《学习与实践》2017年第9期。

陈倩：《生态法律关系初论》，载《中国人口·资源与环境》2017年第S1期。

张海荣、方印、吴羽纶：《我国环境治理的法律模式选择：硬法和软法优化组合》，载《福建行政学院学报》2017年第4期。

张文明：《"多元共治"环境治理体系内涵与路径探析》，载《行政管理改革》2017年第2期。

汪劲：《进化中的环境法上的权利类型探析——以环境享有权的核心构造为中心》，载《上海大学学报（社会科学版）》2017年第2期。

于文轩：《协同型政府：超越协作型政府的治理形态——〈协同型政府：理论探索与实践经验〉书评》，载《甘肃行政学院学报》2017年第2期。

刘华：《以软法深化周边跨界河流合作治理》，载《北京理工大学学报（社会科学版）》2017年第4期。

赵惊涛、张辰：《排污许可制度下的企业环境责任》，载《吉林大学社会科学学报》2017年第5期。

程信和：《硬法、软法的整合与经济法范式的革命》，载《政法学刊》2016年第3期。

宋方青：《社区治理：在硬法与软法之间》，载《现代法治研究》2016年第1期。

韩永红：《"一带一路"国际合作软法保障机制论纲》，载《当代法学》2016年第4期。

黄茂钦：《论产业发展的软法之治》，载《法商研究》2016年第5期。

徐选国、徐永祥：《基层社会治理中的"三社联动"：内涵、机制及其实践逻辑——基于深圳市 H 社区的探索》，载《社会科学》2016 年第 7 期。

秦天宝、段帷帷：《多元共治助推环境治理体系现代化》，载《世界环境》2016 年第 3 期。

史玉成：《环境法学核心范畴之重构：环境法的法权结构论》，载《中国法学》2016 年第 5 期。

侯佳儒、王明远：《边缘与前沿：当代法学背景中的环境法学》，载《政治与法律》2016 年第 10 期。

刘作翔：《关于社会治理法治化的几点思考——"新法治十六字方针"对社会治理法治化的意义》，载《河北法学》2016 年第 5 期。

张龑：《软法与常态化的国家治理》，载《中外法学》2016 年第 2 期。

汪劲：《论环境享有权作为环境法上权利的核心构造》，载《政法论丛》2016 年第 5 期。

王雨辰、游琴：《基于"反思平衡"方法的环境正义论——评彼得·S. 温茨的"同心圆"理论》，载《吉首大学学报（社会科学版）》2016 年第 1 期。

陈家刚：《基层治理：转型发展的逻辑与路径》，载《学习与探索》2015 年第 2 期。

沈岿：《风险交流的软法构建》，载《清华法学》2015 年第 6 期。

黄茂钦：《论基本公共服务均等化的软法之治——以"治理"维度为研究视角》，载《现代法学》2015 年第 6 期。

李启家：《环境法领域利益冲突的识别与衡平》，载《法学评论》2015 年第 6 期。

秦天宝、段帷帷：《我国环境治理体系的新发展——从单维治理到多元共治》，载《中国生态文明》2015 年第 4 期。

巩固：《守法激励视角中的〈环境保护法〉修订与适用》，载《华东政法大学学报》2014 年第 3 期。

沈岿：《软法概念之正当性新辨——以法律沟通论为诠释依据》，载《法商研究》2014 年第 1 期。

何志鹏、尚杰：《中国软法研究：成就与问题》，载《河北法学》2014 年第 12 期。

胡元聪：《我国法律激励的类型化分析》，载《法商研究》2013 年第 4 期。

罗豪才、周强:《软法研究的多维思考》,载《中国法学》2013 年第 5 期。

方世荣:《论公法领域中"软法"实施的资源保障》,载《法商研究》2013 年第 3 期。

王曦:《环保主体互动法制保障论》,载《上海交通大学学报(哲学社会科学版)》2012 年第 1 期。

郑杭生、黄家亮:《当前我国社会管理和社区治理的新趋势》,载《甘肃社会科学》2012 年第 6 期。

宋方青、宋尧玺:《论我国公众有序参与立法的模式与实现路径》,载《法制与社会发展》2012 年第 6 期。

赵春燕:《对"软法"概念的冷思考——兼谈对卢曼法社会学理论的正确理解》,载《河北法学》2010 年第 12 期。

夏建中:《治理理论的特点与社区治理研究》,载《黑龙江社会科学》2010 年第 2 期。

姜明安:《完善软法机制,推进社会公共治理创新》,载《中国法学》2010 年第 5 期。

周佑勇:《在软法与硬法之间:裁量基准效力的法理定位》,载《法学论坛》2009 年第 4 期。

孙佑海:《推动循环经济 促进科学发展——〈中华人民共和国循环经济促进法〉解读》,载《求是》2009 年第 6 期。

翟小波:《"软法"及其概念之证成——以公共治理为背景》,载《法律科学(西北政法学院学报)》2007 年第 2 期。

程信和:《硬法、软法与经济法》,载《甘肃社会科学》2007 年第 4 期。

李友梅:《社区治理:公民社会的微观基础》,载《社会》2007 年第 2 期。

任志宏、赵细康:《公共治理新模式与环境治理方式的创新》,载《学术研究》2006 年第 9 期。

朱芒:《日本〈行政程序法〉中的裁量基准制度——作为程序正当性保障装置的内在构成》,载《华东政法学院学报》2006 年第 1 期。

张文显:《部门法哲学引论——属性和方法》,载《吉林大学社会科学学报》2006 年第 5 期。

冯仕政:《单位分割与集体抗争》,载《社会学研究》2006 年第 3 期。

罗豪才、宋功德：《认真对待软法——公域软法的一般理论及其中国实践》，载《中国法学》2006 年第 2 期。

王申：《软法产生的社会文化根源及其启示》，载《法商研究》2006 年第 6 期。

姜明安：《软法的兴起与软法之治》，载《中国法学》2006 年第 2 期。

魏娜：《我国城市社区治理模式：发展演变与制度创新》，载《中国人民大学学报》2003 年第 1 期。

杨建顺：《论行政裁量与司法审查——兼及行政自我拘束原则的理论根据》，载《法商研究》2003 年第 1 期。

刘作翔：《权利冲突的几个理论问题》，载《中国法学》2002 年第 2 期。

袁曙宏、宋功德：《论行政法治原则的地域化》，载《南京大学法律评论》2001 年第 2 期。

二、外文文献

（一）著作类

Ulrika Morth, *Soft Law in Governance and Regulation: An Interdisciplinary Analysis*, Edward Elgar Publishing Ltd., 2004.

Lorne Sossin, "The Rule of Policy: Baker and the Impact of Judicial Review on Administrative Discretion", in David Dyzenhaus (ed.), *The Unity of Public Law*, Hart Publishing, 2004.

F. Zimmerman, *Interstate Cooperation: Compact and Administrative Agreements*, Greenwood Press, 2002.

Richard N. L. Andrews, *Managing the Environment, Managing Ourselves: A History of American Policy*, Yale University Press, 1999.

Peter Singer, *Practical Ethics*, Cambridge University Press, 1999.

Jerry L. Mashaw, *Greed, Chaos and Governance, Using Public Choice to Improve Public Law*, Yale University Press, 1998.

Jacqueline Vauqhn Switzer, *Green Backlash: The History and Politics of Environmental Opposition in the U. S.*, Lynne Rienner Publishers, 1997.

Mark Dowie, *Losing Ground: American Environmentalism at the Close of the Twentieth Century*, MIT Press, 1996.

Andrew, Eric Kat, *Introduction to Environmental Pragmatism*, Routledge,

1996.

Bill Deval, *George Sessions*, *Deep Ecology*, *Environmental Ethics*: *Readings in Theory and Application*, Pojman, Jones and Bartlett Publishers, Inc., 1994.

R. Mc Greggor Cawley, *Federal Land*, *Western Anger*: *The Sagebrush Rebellion and Environmental Politic*, the University Press of Kansas, 1993.

Alan Liu, *Wordsworth*: *The Sense of History*, Stanford University Press, 1989.

Paul W. Taylor, *Respect for Nature*: *A Theory of Environmental Ethics*, Princeton University Press, 1986.

Bill Devall, *George Sessions*, *Deep Ecology*: *Living as if Nature Mattered*, Peregrine Smith Books, 1985.

Robin Attfield, *The Ethics of Concern for Nature*, Columbia University Press, 1983.

Albert Schweitzer, *The Philosophy of Civilization*, *Civilization and Ethics*, Charles & Black, 1946.

(二) 论文类

G. Gurung, R. Gauld & P. C. Hill, et al., "Citizen's Charter in a Primary Health-Care Setting of Nepal: An Accountability Tool or a 'Mere Wall Poster'?", *Health Expectations*, Vol. 21, 2018.

Kundo, "Citizen's Charter for Improved Public Service Delivery and Accountability: The Experience of Land Administration at the Local Government in Bangladesh", *International Journal of Public Administration*, Vol. 41, 2018.

Jan Klabbers, "The Undesirability of Soft Law", *Nordic Journal of International Law*, Vol. 67, 1998.

Michael Burger, "Environmental Law/Environmental Literature", *Ecology Law*, Vol. 40, 2013.

Paul Daly, "The Scope and Meaning of Reasonableness Review", *Alberta Law Review*, Vol. 52, 2015.

J. Clarence Davies, "Environmental ADR and Public Participation", *Valparaiso University Law Review*, Vol. 34, 2000.

Barbara French & J. Stewart, "Organizational Development in a Law Enforcement Environment", *FBI Law Enforcement Bulletin*, Vol. 70, 2001.

Shi-Ling Hsu, "Environmental Law Without Congress", *Journal of Land Use & Environmental Law*, Vol. 30, 2014.

Lisa Heinzerling, "Environment, Justice, and Transparency: One Year In, A Reinvigorated Environmental Protection Agency", *New York University Environmental Law Journal*, Vol. 19, 2011.

Alice Kaswan, "Environmental Justice and Environmental Law", *Fordham Environmental Law Review*, Vol. 24, 2012.

David Keenan, "Discretionary Justice: The Right to Petition and the Making of Federal Private Legislation", *Harvard Journal on Legislation*, Vol. 53, 2016.

Leslie Zines, "Federalism and Administrative Discretion in Australia, with European Comparisons", *Federal Law Review*, Vol. 28, 2000.

Albert C. Lin, "Myths of Environmental Law", *Utah Law Review*, Vol. 45, 2015.

Pier Luigi M. Lucatuorto, "Reasonableness in Administrative Discretion: A Formal Model", *Journal Jurisprudence*, Vol. 8, 2011.

John Copeland Nagle, "Humility and Environmental Law", *Liberty University Law Review*, Vol. 10, 2016.

John Nagle, "The Environmentalist Attack on Environmental Law", *Tulsa Law Review*, Vol. 50, 2015.

Jeffrey A. Pojanowski, "Reason and Reasonableness in Review of Agency Decisions", *Northwestern University Law Review*, Vol. 104, 2009.

Ronald H. Rosenberg, "Doing More or Doing Less for the Environment: Shedding Light on EPA's Stealth Method of Environmental Enforcement", *Environmental Affairs*, Vol. 35, 2008.

Nicholas J. Schroeck, "A Changing Environment in China", *Vermont Journal of Environmental Law*, Vol. 18, 2016.

Sherry R. Arnstein, "A Ladder of Citizen Participation", *Journal of the American Planning Association*, Vol. 35, 1969.

A. Dan. Tarlock, "Environmental Law: Then and Now", *Washington University Journal of Law & Policy*, Vol. 32, 2010.

Kevin Tomkins, "Police, Law Enforcement and the Environment", *Current Issues in Criminal Justice*, Vol. 16, 2005.

Wendy E. Wagner, "The Participation-Centered Model Meets Administrative Process", *Wisconsin Law Review*, No. 2, 2013.

Yves Laberge, "Sustainable Development", *Labor Studies Journal*, Vol. 39, 2014.

Javier El-Hage, "Fixing ESG: Are Mandatory ESG Disclosures the Solution to Misleading ESG Ratings?", *FORDHAM J. CORP. & FIN. L.*, Vol. 26, 2021.

Eric W. Orts, "Reflexive Environmental Law", *Northwestern University Law Review*, Vol. 89, 1995.

David A. Wirth, "The Rio Declaration on Environment and Development: Two Steps Forward and One Back, or Vice Versa", *Georgia Law Review*, Vol. 29, 1995.

J. H. H. Weiler, "The Transformation of Europe", *Yale Law Journal*, Vol. 100, 1991.

Naomi Roht-Arriaza, "Shifting the Point of Regulation: The International Organization for Standardization and Global Lawmaking on Trade and the Environment", *Ecology Law Quarterly*, Vol. 22, 1995.

Kal Raustiala, "Compliance and Effectiveness in International Regulatory Cooperation", *Case Western Reserve Journal of International Law*, Vol. 32, 2000.

Geoffrey Palmer, "New Ways to Make International Environmental Law", *American Journal of International Law*, Vol. 86, 1992.

Richard J. Lazarus, "The Tragedy of Distrust in the Implementation of Federal Environmental Law", *Law and Contemporary Problems*, Vol. 54, 1991.

Abbe R. Gluck, Anne Joseph O'Connell & Rosa Po, "Unorthodox Lawmaking, Unorthodox Rulemaking", *Columbia Law Review*, Vol. 115, 2015.

Pierre-Marie Dupuy, "Soft Law and the International Law of the Environment", *Michigan Journal of International Law*, Vol. 12, 1991.

Daniel H. Cole & Peter Z. Grossman, "When is Command-and-Control Efficient? Institutions, Technology, and the Comparative Efficiency of Alternative Regulatory Regimes for Environmental Protection", *Wisconsin Law Review*, Vol. 23, 1999.

John C. Dernbach, "Sustainable Development as a Framework for National Governance", *Case Western Reserve Law Review*, Vol. 49, 1998.

Joshua D. Sarnoff, "The Continuing Imperative (but Only from a National Perspective) for Federal Environmental Protection", *Duke Environmental Law & Policy Forum*, Vol. 7, 1997.

Sheila R. Foster, "The City as an Ecological Space: Social Capital and Urban Land Use", *Notre Dame Law Review*, Vol. 82, 2006.

Margareth Anne Leister, "The Influence of Soft Law on the Environmental Law Formation", *Brazilian Journal of International Law*, Vol. 12, 2015.

Rene von Schomberg, "The Precautionary Principle: Its Use within Hard and Soft Law", *European Journal of Risk Regulation*, Vol. 2, 2012.

Agnes Tahyne Kovacs, "On the Role of Soft Law in an Environmental Regulatory Area", *Iustum Aequum Salutare*, Vol. 14, 2018.

Ágnes Kovács-Tahy, "Introducing the Roles of Soft Law Illustrated by a Regulatory Area in Environmental Law", *Hungarian Yearbook of International Law and European Law*, Vol. 6, 2018.

Diana M. Bowman, "The Role of Soft Law in Governing Nanotechnologies", *Jurimetrics*, Vol. 61, 2020.

Pierre-Marie Dupuy, "Soft Law and the International Law of the Environment", *Michigan Journal of International Law*, Vol. 12, 1991.

James Salzman & J. B. Ruhl, "Currencies and the Commodification of Environmental Law", *Stanford Law Review*, Vol. 53, 2000.

Richard B. Stewart, "The Development of Administrative and Quasi-Constitutional Law in Judicial Review of Environmental Decisionmaking: Lessons from the Clean Air Act", *Iowa Law Review*, Vol. 3, 1977.

Phillip Gil Franca, "Administrative Discretion: Some Elements and Possible Judicial Control", *Law Journal of Public Administration*, Vol. 1, 2017.

Robert L. Rabin, "Job Security and Due Process: Monitoring Administrative Discretion through a Reasons Requirement", *University of Chicago Law Review*, Vol. 44, 1976.

Steven Ferrey, "When a State Does the Circuit: State Administrative Discretion at the Jurisdictional Precipice", *Nexus: Chapman's Journal of Law and Policy*, Vol. 21, 2015–2016.

Beverly A. Ohline, "Clean Air Act-Transboundary Acid Rain Pollution

Abatement-Administrative Discretion Citizen Suit", *Natural Resources Journal*, Vol. 27, 1987.

Steven O. Ludd, "Administrative Discretion and the Immigration and Naturalization Service: To Review or Not to Review", *Thurgood Marshall Law Review*, Vol. 8, 1982 – 1983.

Patricia Baptista Ferreira, "Administrative Discretion and Judicial Review Regarding the Protection of Nation Heritage: The Public Administration Primary Role to Choose among Several Competing Public Interest and the Limits of Judicial and Legislative Intervention on this Subject", *Law Journal of Public Administration*, Vol. 2, 2016.

Abdurrahman Saygili, "Legal Functions of the Concept of Significance in the Process of Environmental Impact Assessment", *Ankara Bar Review*, Vol. 2, 2009.

Jocelyn Stacey, "The Environmental Emergency and the Legality of Discretion in Environmental Law", *Osgoode Hall Law Journal*, Vol. 52, 2015.

R. Eugenia Bec, "An Analysis of Argentine Environmental Law: Legislative, Administrative, Institutional, and Enforcement Aspects", *Pace Environmental Law Review*, Vol. 13, 1996.

Roger C. Cramton, "Citizen Suits in the Environmental Field-Peril or Promise", *Administrative Law Review*, Vol. 25, 1973.

George W. Cornwell, "From Whence Cometh Our Help? Conservationist's Search for a Judicial Forum for Environmental Relief", *University of Florida Law Review*, Vol. 23, 1971.

Xiangbai He, "In the Name of Legitimacy and Efficiency: Evaluating China's Legal Reform on EIA", *Journal of Environmental Law*, Vol. 32, 2020.

Norton F. Tennille Jr., "Federal Water Pollution Control Act Enforcement from the Discharger's Perspective: The Uses and Abuses of Discretion", *Environmental Law Reporter*, Vol. 7, 1977.

J. P. W. B. McAuslan, "Planning Law's Contribution to the Problems of an Urban Society", *Modern Law Review*, Vol. 37, 1974.

Richard B. Stewart, "A New Generation of Environmental Regulation", *Capital University Law Review*, Vol. 29, 2001.

Rudolf Steinberg, "Judicial Review of Environmentally-Related Administrative Decision-Making", *Tel Aviv University Studies in Law*, Vol. 11, 1992.

Eckard Rehbinder, "Environmental Justice in Germany: Legal Aspects of Spatial Distribution of Environmental Quality", *Environmental Policy and Law*, Vol. 37, 2007.

Ma Yun, "Vindicating Environmental Public Interests in China: A Balanced Approach to Institutional Interaction in Public Interest Litigation System", *Environmental Law Review*, Vol. 21, 2019.

David E. S. Marvin, "Environmental Law-Eminent Domain-Judicial Review of Condemnation Necessity Limited to Site Considerations", *Wayne Law Review*, Vol. 21, 1974 – 1975.

David Sive, "Some Thoughts of an Environmental Lawyer in the Wilderness of Administrative Law", *Columbia Law Review*, Vol. 70, 1970.

Thomas Lee Hazen, "Social Issues in the Spotlight: The Increasing Need to Improve Publicly-Held Companies' CSR and ESG Disclosures", *University of Pennsylvania Journal of Business Law*, Vol. 23, 2021.

Lelia Mooney, "Promoting the Rule of Law in the Intersection of Business, Human Rights, and Sustainability", *Georgetown Journal of International Law*, Vol. 46, 2015.

Eoin Jackson, "The Case for Eco-Liability: Post Okpabi Justifications for the Imposition of Liability on Parent Companies for Damage caused to the Environment by their Subsidiaries", *LSE Law Review*, Vol. 7, 2021.

John E. Tyler Ⅲ, "Structuring for Action and Longevity in the Green Economy: Being Intentional about Committing to Social/Green Purposes, Connecting Effort and Impact, and Addressing Harm and Accountability", *UMKC Law Review*, Vol. 86, 2018.

Michael P. Vandenbergh, Jim Rossi & Ian Faucher, "The Gap-Filling Role of Private Environmental Governance", *Virginia Environmental Law Journal*, Vol. 38, 2020.

Stavros Gadinis & Amelia Miazad, "Corporate Law and Social Risk", *Vanderbilt Law Review*, Vol. 73, 2020.

Lawrence J. Trautman & Neal. Newman, "The Environmental, Social, Governance (ESG) Debate Emerges from the Soil of Climate Denial", *University of

Memphis Law Review, Vol. 53, 2022.

Saakshe Jain, "Mainstreaming ESG and Role of the Board", *Indian Journal of Law and Legal Research*, Vol. 5, 2023.

Divya Kumat, "New ESG Reporting and Disclosure Requirements-Changing Landscape in India", *International In-House Counsel Journal*, Vol. 61, 2022.

Jason J. Czarnezki, Joshua Ulan Galperin & Brianna M. Grimes, "Teaching Sustainable Business Law & the Role of ESG Lawyers", *New York University Environmental Law Journal*, Vol. 31, 2023.

Bryant Rivera, "Green Bonds: Reforming ESG Regulation in the United States to Meet the Requisite Funding Demand for a Decarbonized Economy", *Hastings Environmental Law Journal*, Vol. 28, 2022.

Florin Bonciu, "Circular Economy and ESG—A European Perspective for Sustainable Development and Mitigation of Climate Change Effects", *Romanian Journal of European Affairs*, Vol. 23, 2023.

Sierra Anderson, "Criminalizing ESG: A Framework to Hold Corporations Accountable for Incorrect ESG Disclosures", *Journal of Criminal Law and Criminology*, Vol. 113, 2023.

Dušan Jovanović & Nikola Jovanović, "Corporate Governance Challenges in Relation to the ESG Reporting", *Journal for International and European Law, Economics and Market Integrations*, Vol. 9, 2022.

William Howarth, "Aspirations and Realities under the Water Framework Directive: Proceduralism, Participation and Practicalities", *Journal of Environmental Law*, Vol. 21, 2009.

Bonnie Holligan, "Narratives of Capital versus Narratives of Community: Conservation Covenants and the Private Regulation of Land Use", *Journal of Environmental Law*, Vol. 30, 2018.

Martha Pennino, "Noise Control through Education", *EPA Journal*, Vol. 9, 1979.

John E. Behout, "The Citizen as Institution Builder", *National Civic Review*, Vol. 66, 1977.

Laurence R. Helfer & Anne-Marie Slaughter, "Toward a Theory of Effective Supranational Adjudication", *Yale Law Journal*, Vol. 107, 1997.

Bradley C. Karkkainen, "Toward a Smarter NEPA: Monitoring and Managing Government's Environmental Performance", *Columbia Law Review*, Vol. 102, 2002.

Jim Rossi, "Participation Run Amok: The Costs of Mass Participation for Deliberative Agency Decisionmaking", *Northwestern University Law Review*, Vol. 92, 1997.

Daniel C. Esty, "Revitalizing Environmental Federalism", *Michigan Law Review*, Vol. 95, 1996.

Richard J. Lazarus, "Pursuing 'Environment Justice': The Distributional Effects of Environmental Protection", *Northwestern University Law Review*, Vol. 87, 1993.

Victor Moore, "Private Interest and Public Participation", *Urban Lawyer*, Vol. 4, 1972.

Adam Babich, "Can Preemption Protect Public Participation?", *Case Western Reserve Law Review*, Vol. 61, 2011.

Frances Irwin & Carl Bruch, "Information, Public Participation, and Justice", *Environmental Law Reporter News & Analysis*, Vol. 32, 2002.

John N. Nassikas, "Public Participation in Locating Facilities", *Public Participation in Locating Facilities*, Vol. 88, 1971.

Andrew J. Green, "Public Participation, Federalism and Environmental Law", *Buffalo Environmental Law Journal*, Vol. 6, 1999.

Sébastien Jodoin, Sébastien Duyck & Katherine Lofts, "Public Participation and Climate Governance: An Introduction", *Review of European, Comparative & International Environmental Law*, Vol. 24, 2015.

Stephen W. Kleinschmit, "The Role of Public Participation in Environmental Governance", *Public Administration Review*, Vol. 71, 2011.

W. R. Sheate, "Public Participation: The Key to Effective Environmental Assessment", *Environmental Policy and Law*, Vol. 21, 1991.

Bogdana Neamtu, Dacian C. Dragos & Laura Capraru, "Public Participation in Environmental Decision Making in Romania", *International Public Administration Review*, Vol. 12, 2014.

Svitlana Kravchecnko, The Myth of Public Participation in a World of Poverty, *Tulane Environmental Law Journal*, Vol. 23, 2009.

Stephen Stec, "Overview of Public Participation in the Commonwealth of Independent States", *Review of Central and East European Law*, Vol. 23, 1997.

Katy Brady, "New Convention on Access to Information and Public Participation in Environmental Matters", *Environmental Policy and Law*, Vol. 28, 1998.

Ashley C. Schannauer, "Science and Policy in Risk Assessments: The Need for Effective Public Participation", *Vermont Law Review*, Vol. 1, 1999.

Paul Maynard Kakuske, "Clear-Cutting Public Participation in Environmental Law: The Emergency Salvage Timber Sale Program", *Loyola of Los Angeles Law Review*, Vol. 29, 1996.

Shaun Fluker, "The Right to Public Participation in Resources and Environmental Decision-Making in Alberta", *Alberta Law Review*, Vol. 52, 2014.

Sharon Buccino, "NEPA under Assault: Congressional and Administrative Proposals Would Weaken Environmental Review and Public Participation", *New York University Environmental Law Journal*, Vol. 12, 2003.

Mark J. Spaulding, "Transparency of Enivronmental Regulation and Public Participation in the Resolution of International Environmental Disputes", *Santa Clara Law Review*, Vol. 35, 1995.

Wanida Phromiah, "Public Participation: How Can We Make It Work for the Environmental impact Assessment System in Thailand", *Asia Pacific Journal of Environmental Law*, Vol. 21, 2018.

Frona M. Powell, "Environmental Protection in International Trade Agreements: The Role of Public Participation in the Aftermath of the NAFTA", *Colorado Journal of International Environmental Law and Policy*, Vol. 61, 1995.

Victor B. Flatt, "A Dirty River Runs through it (the Failure of Enforcement in the Clean Water Act)", *Boston College Environmental Affairs Law Review*, Vol. 25, 1997.

Joel B. Eisen, "'Brownfields of Dreams?': Challenges and Limits of Voluntary Cleanup Programs and Incentives", *University of Illinois Law Review*, Vol. 4, 1996.

Polonca Kovač, "Mediation and Settlement in Administrative Matters in Slovenia", *Croatian Public Administration*, Vol. 10, 2010.

William A. Goldberg, "Cruise Ships, Pollution, and International Law: The United States Takes on Royal Caribbean Cruise Lines", *Wisconsin International Law Journal*, Vol. 19, 2000 – 2001.

Robert A. Horn, "The Warren Court and the Discretionary Power of the Executive", *Minnesota Law Review*, Vol. 44, 1960.

Koba Kalichava, "Strategic Aspects of Improving Ecological Legislation", *Journal of Law*, Vol. 2, 2012.

Róbert Romanska, "Environmental Protection Principles under Hungarian Legislation", *Law Review of Kyiv University of Law*, No. 4, 2020.

Carol Clayton, H. David Gold & Brent Gurney, et al., "Minimizing Risk under the Clean Water Act", *Energy Law Journal*, Vol. 38, 2015.

Craig N. Johnston, "An Essay on Environmental Audit Privileges: The Right Problem, the Wrong Solution", *Environmental Law*, Vol. 25, 1995.

Browne Lewis, "Analysing the Extraterritorial Application of the National Environmental Policy Act", *Tiberg Foreign Law Review*, Vol. 8, 1999.

Alexandra Wawryk, "Conservation and Access to Land for Mining in Protected Areas: The Conflict over Mining in South Australia's Arkaroola Wilderness Sanctuary", *Journal of Environmental Law*, Vol. 26, 2014.

Martin Harrell, "Organizational Environmental Crime and the Sentencing Reform Act of 1984: Combining Fines with Restitution, Remedial Orders, Community Service, and Probation to Benefit the Environment While Punishing the Guilty", *Villanova Environmental Law Journal*, Vol. 6, 1995.

Alfred R. Light, "CERCLA's Cost Recovery Statute of Limitations: Closing the Books or Waiting for Godot", *Southeastern Environmental Law Journal*, Vol. 16, 2008.

Susan L. Smith, "Shields for the King's Men: Official Immunity and other Obstacles to Effective Prosecution of Federal Officials for Environmental Crimes", *Columbia Journal of Environmental Law*, Vol. 16, 1991.

Edgar Gold, "Learning from Disaster: Lessons in Regulatory Enforcement in the Maritime Sector", *Review of European, Comparative & International Environmental Law*, Vol. 8, 1999.

Marleen Van Rijswick & Andrea Keesen, "The Implementation of the First

Generation River Basin Management Plans in Dutch Water Law: Lessons from the Past, Lessons for the Future", *Romanian Journal of Environmental Law*, 2012.

Chris Whomersley, "Regional Cooperation in the North Sea under Part IX of the Law of the Sea Convention", *International Journal of Marine and Coastal Law*, Vol. 32, 2016.

Gerald F. FitzGerald, "The Proposed Canada-United States Transboundary Air Pollution Agreement: The Legal Background", *Canadian Yearbook of International Law*, Vol. 20, 2016.

Evangelos Raftopoulos, "'Relational Governance' for Marine Pollution Incidents in the Mediterranean: Transformations, Development and Prospects", *International Journal of Marine and Coastal Law*, Vol. 16, 2001.

Erik Jaap Molenaar, "Port State Jurisdiction: Toward Comprehensive, Mandatory and Global Coverage", *Ocean Development and International Law*, 2007.

Tatjana Keselj, "Port State Jurisdiction in Respect of Pollution from Ships: The 1982 United Nations Convention on the Law of the Sea and the Memoranda of Understanding", *Ocean Development and International Law*, Vol. 30, 1999.